Wissensmanagement in unternehmensübergreifenden Forschungsprojekten im internationalen Umfeld

Wertschöpfungsmanagement

Herausgegeben von Hans-Dietrich Haasis

Band 9

PETER LANG

Frankfurt am Main · Berlin · Bern · Bruxelles · New York · Oxford · Wien

Sebastian Lorenz

Wissensmanagement in unternehmensübergreifenden Forschungsprojekten im internationalen Umfeld

PETER LANG
Internationaler Verlag der Wissenschaften

Bibliografische Information der Deutschen Nationalbibliothek
Die Deutsche Nationalbibliothek verzeichnet diese Publikation
in der Deutschen Nationalbibliografie; detaillierte bibliografische
Daten sind im Internet über http://dnb.d-nb.de abrufbar.

Zugl.: Bremen, Univ., Diss., 2010

Umschlaggestaltung:
Olaf Glöckler, Atelier Platen, Friedberg

Gedruckt auf alterungsbeständigem,
säurefreiem Papier.

D 46
ISSN 1863-169X
ISBN 978-3-631-60942-2
© Peter Lang GmbH
Internationaler Verlag der Wissenschaften
Frankfurt am Main 2010
Alle Rechte vorbehalten.

www.peterlang.de

INHALTSÜBERSICHT

INHALTSVERZEICHNIS

11

ABBILDUNGSVERZEICHNIS

TABELLENVERZEICHNIS

ABKÜRZUNGSVERZEICHNIS

Bez.	Bezeichnung
bzw.	beziehungsweise
CPU	Central Processing Unit
CAD	Computer Aided Design
CAM	Computer Aided Manufacturing
CO_2	Kohlendioxyd
d.h.	das heißt
DB	Datenbank
DIN	Deutsche Industrie-Norm
E-Business	Electronic Business
EDV	Elektronische Datenverarbeitung
Engl.	Englisch
et al.	et alii (und andere)
ERA	European Research Area (Europäischer Forschungsraum)
EU	Europäische Union
F&E	Forschung und Entwicklung
FH	Fachhochschule
ggf.	gegebenenfalls
HAW	Hochschule für angewandte Wissenschaften
H_2	Wasserstoff
Hrsg.	Herausgeber
HTML	Hypertext Markup Language
HTTP	Hypertext Transfer Protocol
HTTPS	Hypertext Transfer Protocol Secure
i.d.R.	in der Regel
IT	Informationstechnologie
IuK	Information und Kommunikation
KMU	Kleine und mittlere Unternehmen
KW	Kalenderwoche
LAN	Local Area Network
Nr.	Nummer
OEM	Original Equipment Manufacturer
PC	Personal Computer
SSL	Secure Socket Layer
URL	Uniform Resource Locator
Vgl.	Vergleiche
WWW	World Wide Web
z. B.	zum Beispiel

A. Einführung

1. Ausgangssituation und Motivation

Wissen gewinnt als Ressource vor dem Hintergrund eines immer komplexer werdenden wirtschaftlichen Umfeldes mehr und mehr an Bedeutung.[1] Im Fachgebiet Wissensmanagement werden stetig neue Strategien und Konzepte zum effizienten Umgang mit Wissen in Organisationen entwickelt.[2] Geprägt durch Veränderungen in der Wettbewerbssituation, der Gesellschaft und der Verfügbarkeit neuer Technologien ist ein Trend zum intelligenten Einsatz von Wissen zur Steigerung der eigenen Wettbewerbschancen erkennbar.[3] Diese zunehmende Bedeutung von Wissen als Produktionsfaktor spiegelt sich auch in einer wachsenden Zahl von Publikationen im Gebiet Wissensmanagement wider. So wurde in der Literatur bereits in den 90er Jahren der Übergang in eine neue Zeit der „Wissensgesellschaft"[4] ausgerufen, in der das Wissen sogar als die zukünftig wichtigste Ressource angesehen wird.

Auf nationaler und europäischer Ebene gibt es eine Reihe von Initiativen und Aktionsprogrammen[5] in denen Wissensmanagement als wichtiger Faktor zur Erhaltung der Innovationskraft und der Wachstums- und Wettbewerbsfähigkeit der Standorte identifiziert wird. Der Umgang mit Wissen entscheidet demnach über die zukünftige Konkurrenzfähigkeit von Unternehmen auf den nationalen und internationalen Märkten. Dies wurde von den Vertretern der EU Mitglieds-länder auf der Konferenz von Lissabon im März 2000 erkannt und zur Stärkung der Europäischen Forschungsbemühungen ein Programm zum Aufbau des „Europäischen Forschungsraums" proklamiert.[6] Zur Durchführung von Forschungsprojekten innerhalb von Förderprogrammen dieser Initiative hat die Europäische Kommission Richtlinien zur Durchführung und dem Management

---

1 Vgl. Willke, H. (2001), S. 1; Weissenberger-Eibl, M. (2006), S. 1; Probst, G. / Raub, S. / Romhardt, K. (2003), S. 5 ff; Kluge, J. et al. (2003), S. 11 ff; North, K. (2005), S. 7 ff; Haasis, H. (2008), S. 227 f.

2 Oelsnitz von der, D. / Hahmann, H. (2003), S. 97 ff; Güldenberg, S. (2003), S. 235; Mandl, H. / Reinmann-Rothmeier, G. (2000) S. 19 ff.

3 Vgl. Lehner, F. (2006), S. 6 ff; Wildemann, H. (2003), S. 6 ff; Kluge, J. et al. (2003), S. 29 ff.

4 Vgl. Drucker, P. (1993), S. 1 ff; Senge, P. (1994), S. 1 ff; Nonaka, I. / Takeuchi, H. (1997), S. 16 ff.

5 Siehe z. B. „Informationsgesellschaft Deutschland 2006. Ein Masterplan für Deutsch-lands Weg in die Informationsgesellschaft", BMWi-Initative „Fit für den Wissenswett-bewerb".

6 Vgl. Europäische Kommission (2006), S. 1.

solcher Projekte erarbeitet.[7] Die Anwendung von geeigneten Projektmanage-ment-Techniken wird in diesen Regelungen ebenso gefordert, wie die Anwendung von geeigneten Wissensmanagementstrategien. In der Literatur finden sich weitere Beispiele, die Wissen als wichtige Ressource identifizieren und folgerichtig einen aktiven Umgang mit den Wissensinhalten fordern.[8]

Der gestiegene Wettbewerbsdruck, die Chancen und Förderungen internationaler Zusammenarbeit innerhalb des Europäischen Wirtschaftsraumes sowie die sich aus den technischen Errungenschaften des 21. Jahrhundert ergebenden virtuellen Zusammenarbeitsmöglichkeiten führen zu einer wachsenden Anzahl an unternehmensübergreifenden Forschungsprojekten im internationalen Umfeld.[9] Dies dient als Motivation, den Themenschwerpunkt Wissensmanagement für diesen Anwendungsfall näher zu bearbeiten.

Im Zusammenhang mit der oben erwähnten Ausgangssituation ergeben sich drei wesentliche Themenbereiche für die Bearbeitung des Untersuchungsgegenstandes, die hier im Folgenden näher erläutert werden sollen:

■ Bedeutung der Ressource Wissen in der Forschung
■ Bedeutung von Projektmanagement in der Forschung
■ Bedeutung der internationalen und unternehmensübergreifenden Zusammenarbeit

Die Analyse des Einflusses dieser drei Zielrichtungen soll auch zur Klärung der Relevanz der Themenstellung beitragen. Die Bedeutung der Ressource Wissen in der Forschung bezieht sich hierbei auf die Relevanz von Wissen und somit auch des Wissensmanagements für Forschungsfragestellungen. Für die Klärung der Relevanz von Projektmanagement in der Forschung muss an dieser Stelle der Einfluss des Projektmanagements auf die Durchführung der Forschung identifiziert werden. Schließlich ist noch die Relevanz der internationalen und unternehmensübergreifenden Zusammenarbeit zu klären, um das Thema in die aktuelle Praxis von Forschungsprojekten thematisch einzuordnen.

▶ *Bedeutung der Ressource Wissen in der Forschung*

Im Wettbewerb mit anderen Unternehmen und Marktwirtschaften sind ständige Neuentwicklungen notwendig.[10] Das betrifft Innovationen z. B. aus den Bereichen Prozesse, Techniken, Methoden und Materialien. Deshalb gilt es für ein Unternehmen, strukturiert Forschung und Entwicklung (F&E) zu betreiben.

---

7   Siehe hierzu die Richtlinien des sechsten Rahmenprogrammes der Europäische Kommission (2007).
8   Vgl. Haasis, H. / Kriwald, T. (2001), S. 1; Haasis, H. (2001), S. 141; Wildemann, H. (2003), S. 1; Probst, G. / Raub, S. / Romhardt, K. (2003), S. 1.
9   Vgl. Haasis, H. / Fischer, H. (2007), S. 11 ff; Gassmann, O. (1997), S. 35 ff.
10 Vgl. Nonaka, I. / Takeuchi, H. (1997), S. 1.

Mit diesen Innovationsprozessen sollen Neuentwicklungen erreicht und in den Unternehmen gewinnbringend eingesetzt werden. Insbesondere steht bei Forschungsprojekten, wie im hier zu betrachtenden Fall, als Ziel der "Erkenntnisgewinn" – also der Zuwachs und die Weiterentwicklung von Wissen an sich - im Mittelpunkt. Wissen wird demnach als Ressource direkt angesprochen, eine Weiterentwicklung von Wissen ist Teil des Forschungszieles.[11]

Des Weiteren kann festgestellt werden, dass die Aufgabenstellungen in der Forschung schon allein aufgrund des geforderten Innovationscharakters komplex gestaltet sind. In Forschungsprojekten ergänzen sich Spezialisten aus mehreren Disziplinen mit Erfahrungen, Versuchsgerätschaften, Ausrüstung oder auch Patenten. Forschungsfragestellungen sind neuartig und erfordern deshalb großes Expertenwissen aus unterschiedlichen Bereichen. Es wird während der Durchführung der Forschungsaktivitäten intensiv mit Wissen gearbeitet und der Umgang mit dieser Ressource nimmt eine wichtige Stellung in der Forschung ein.

▶ *Bedeutung von Projektmanagement in der Forschung*

Unternehmen organisieren ihre F&E-Aktivitäten zum Beispiel in Projekten. Auf diese Art und Weise werden Unternehmensressourcen in einer Projektorganisation zusammengeschlossen. Das F&E-Vorhaben soll innerhalb einer definierten Zeitspanne mit einem definierten Ziel erreicht werden.[12] In die hierfür geschaffenen befristeten Projektorganisationen können kompetente Experten und Wissenschaftler eingebunden werden. Ebenso notwendig ist neben der Identifikation von fachlichen Experten aber auch die Einführung eines qualifizierten Projektmanagements. Gerade an diesem Punkt lässt sich gezielt Einfluss auf den Projektablauf nehmen. Wissenschaftler und Experten verstehen sich oft primär als Forscher und nicht als Manager. Management und Führung wir in diesem Kontext oft mit unnötiger Administrationstätigkeit assoziiert und nicht zu den Aufgaben der Wissenschaftler gezählt, da diese vermeintlich von der eigentlichen Forschung ablenken oder die Kreativität behindern. Für die Wissenschaftler ist in der Regel vor allem der Forschungsgegenstand interessant, also z. B. die Eingrenzung der Themenstellung oder die Identifikation des Stands der Technik. Das Management des Problemlösungs-Prozesses tritt dabei naturgemäß in den Hintergrund. An dieser Stelle kann die Verankerung eines Projektmanagements in der Projektorganisation z. B. in Person eines Projektleiters wesentliche Impulse zur systematischen, strukturierten und zielgerichteten Handhabung der Forschungsprozesse geben.

---

11 Zur Bedeutung von Wissen in F&E-Projekten siehe auch Gassmann, O. (1997), S. 26 ff.
12 Vgl. Definition „Projekt" nach DIN 69901.

► **Bedeutung von unternehmensübergreifender und internationaler Zusammenarbeit**

Die durch den zunehmenden Konkurrenzdruck in einer globalisierten Welt gestiegenen Anforderungen führen zu einem wachsenden Anspruch an die Forschung.[13] Die Forschungsthemen werden komplexer und erfordern interdisziplinäre Herangehensweisen, die Nutzung teurer Forschungseinrichtungen und Spezialausrüstungen. An dieser Stelle ist es für die Unternehmen von Bedeutung, nicht nur Experten und Ressourcen aus der eigenen Organisation, sondern auch von externen Quellen einzubinden. Hier schließen sich Unternehmen zu unternehmensübergreifenden Forschungsprojekten zusammen, um Synergien zu nutzen, Kosten zu senken und Know-how zu bündeln. Je nach Ausprägung und Tiefe der Kooperation kann hier z. B. ein Forschungskonsortium gebildet oder externe Forschungsdienstleister in interne Projekte mit eingebunden werden. Auch von Probst, G. / Raub, S. / Romhardt, K. (2003) wird auf die enorme Bedeutung des externen Wissenserwerbs für Unternehmen hingewiesen.[14] Durch diese Kombination von Expertenwissen im Netzwerk wird die umfassende Bearbeitung einer Fragestellung möglich.[15] Dies trifft nicht nur auf KMUs, sondern auch z. B. auf große OEMs der Automobilindustrie zu. Auf diese Art und Weise kommt es zur Zusammenarbeit von Projektteams über die eigenen Abteilungs-, Unternehmens- und oft sogar Ländergrenzen hinweg.

Insbesondere durch die Tendenzen, Forschungsdienstleistungen auf den internationalen Märkten anzubieten oder im Gegenzug zu erwerben, gewinnt der Faktor der internationalen Zusammenarbeit in der F&E an Bedeutung.[16] Gefördert wird dieser Trend durch die Entwicklung des gemeinsamen Europäischen Forschungsraumes ERA durch die Europäische Kommission. Diese Projekt-Beteiligung von Partnern aus unterschiedlichen Ländern führt zu weiteren Anforderungen. So muss berücksichtigt werden, dass die Mitwirkenden aus verschiedenen Kultur- und Sprachräumen kommen. Diese virtuellen Organisationsstrukturen von unternehmensübergreifenden, internationalen Teams und die daraus resultierenden Gegebenheiten müssen bei den geplanten Untersuchungen bedacht werden.

► **Systematisches Wissensmanagement in unternehmensübergreifenden Forschungsprojekten im internationalen Umfeld**

Fasst man die drei erläuterten Strömungen zusammen, lässt sich daraus der Forschungsschwerpunkt und somit der Titel der vorliegenden Arbeit ableiten: Forschungsprojekte werden bei komplexen Fragestellungen in zunehmenden

---

13 Vgl. Gassmann, O. (1997), S. 32.
14 Vgl. Probst, G. / Raub, S. / Romhardt, K. (2003), S. 96.
15 Vgl. Weissenberger-Eibl, M. (2006), S. 240.
16 Vgl. Gassmann, O. (1997), S. 39 ff.

Maße im Rahmen von unternehmensübergreifenden, internationalen Kooperationen organisiert, das Projektmanagement kann dabei einen wertvollen Beitrag zum Gelingen der Projekte leisten und Wissen gewinnt bei F&E-Themen als Ressource mehr und mehr an Bedeutung. Dementsprechend werden systematisch hergeleitete Konzepte für das Management von Wissen benötigt. Das Potential der vorliegenden Untersuchungen liegt in der Unterstützung der Projektarbeit durch Methoden des Wissensmanagements mit dem Ziel ein optimales Umfeld für die Entwicklungspartner zu schaffen. In Abbildung 1 ist die Ableitung des Arbeitstitels zusammengefasst dargestellt.

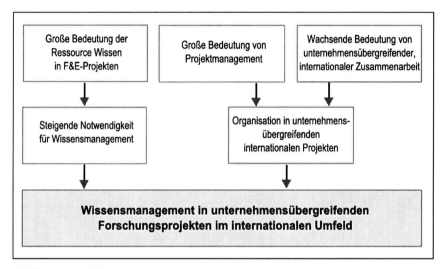

Abbildung 1:   Ableitung des Arbeitstitels

Quelle: Eigene Darstellung

2.   Feststellung der bisherigen theoretischen Bearbeitung des Themengebietes

Das Forschungsvorhaben beschäftigt sich mit der Entwicklung eines Wissensmanagementansatzes im Projektumfeld. Aus diesem Grund sind die zwei Themenbereiche Wissensmanagement und Projektmanagement als wesentlich anzusehen. Die Recherchen zum Stand der Forschung für den Untersuchungsgegenstand konzentrieren sich deshalb auf diese beiden Gebiete. Hierzu ist es notwendig, die relevanten Veröffentlichungen in Form von Büchern und Buchbeiträgen sowie Beiträgen in Zeitschriften und Konferenzen zu identifizieren. Da es sich um ein Forschungsvorhaben mit starkem praktischem Bezug

25

handelt, wird zur Absicherung der Recherche zusätzlich eine Suche im Internet durchgeführt. Dadurch soll ausgeschlossen werden, dass bereits erprobte, öffentlich verfügbare Konzepte aus der Beratungs- und Unternehmensführungspraxis für das Forschungsvorhaben existieren.

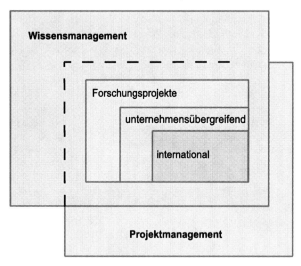

Abbildung 2:   Einordnung und relevante Themengebiete für das Forschungsvorhaben

Quelle: Eigene Darstellung

Für die Recherche lässt sich aus den identifizierten Themengebieten eine Reihe von Suchbegriffen ableiten. Die Suche wird hierbei auf die bedeutungsgleichen Englischen Ausdrücke ausgedehnt, um den Stand der Bearbeitung im angloamerikanischen Sprachraum ebenfalls abzudecken. Als Suchbegriffe wurden an dieser Stelle die folgenden Ausdrücke verwendet:

■ Wissensmanagement
   (Englisch: Knowledge Management)
■ Projektmanagement
   (Englisch: Project Management)
■ Wissensmanagement + Projektmanagement
   (Englisch: Knowledge Management + Project Management)
■ Wissensmanagement + unternehmensübergreifend + Forschungsprojekt
   (Englisch: Knowledge Management + Cross-Company + Research Project)

Recherchiert wurde im OPAC-Verbundkatalog und im Internet mit Hilfe der Suchmaschine Google[17]. Das Ergebnis der Recherche ist in Abbildung 3 dargestellt. Es kann festgestellt werden, dass in der Literatur zahlreiche Publikationen zum Thema Wissensmanagement und Projektmanagement zu finden sind. Für den Berührungspunkt Wissensmanagement in Projekten findet man deutlich weniger Ausführungen. Für den Forschungsgegenstand von Wissensmanagement in unternehmensübergreifenden Forschungsprojekten konnte keine bestehende Publikation identifiziert werden, dies gilt auch für die weitere Detaillierung des Themengebietes um die Internationalität. Gerade für diesen zukunftsweisenden Anwendungsfall stehen demnach in der Literatur keine speziell angepassten Konzepte und Instrumente zur Verfügung. Im Rahmen der weiteren Bearbeitung des Forschungsvorhabens sind die identifi-zierten Publikationen vor allem aus der Schnittmenge aus Projektmanagement und Wissensmanagement zu prüfen. Vor dem Hintergrund der bisherigen mangelhaften theoretischen Bearbeitung des Themengebietes soll in der folgenden Arbeit ein Beitrag zu Wissensmanagement in unternehmensübergrei-fenden Forschungsprojekten im internationalen Umfeld geleistet werden.

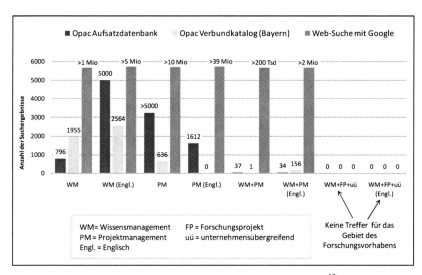

Abbildung 3:   Recherche-Ergebnis für die Suche im Forschungsumfeld[18]

Quelle: Eigene Darstellung

---

17   Internet-Adresse zur Suchmaschine von Google: www.google.de.
18   Die Abbildung zeigt das aktualisierte Ergebnis der Recherche vom 08.11.2009.

3. Forschungsmethodologie und Zielsetzung

3.1. Wissenschaftliche Positionierung

Aufbauend auf der Beschreibung der Problemstellung und der Synthese des Titels erfolgt nun eine wissenschaftstheoretische Positionierung der Arbeit. Forschungsgegenstand der Arbeit sind reale Sachverhalte, weshalb die Untersuchungen der Tatsachenwissenschaft zuzuordnen sind. Gegenstand dieser Realwissenschaften ist zum einen die Identifizierung genereller Gesetze und zum anderen die Erklärung individueller Phänomene durch ihre Einordnung in die gefundenen Gesetze.[19] Hierbei lässt sich die Realwissenschaft wiederum in die Grundlagenwissenschaft und die anwendungsorientierte Wissenschaft unterteilen.[20] Ziel der Grundlagenwissenschaft ist es, durch Hypothesen und Theorien die Realität zu erklären.[21] Dabei ist nicht zwingend ein Praxisbezug notwendig. Dahingegen versucht die anwendungsorientierte Wissenschaft auf Basis der Erkenntnisse der Grundlagenwissenschaften, Regeln, Prozesse und Modelle für praktisches Handeln abzuleiten.[22] Maßgebend sind hierbei konkrete Probleme von Praktikern, zu denen bisher das nötige Wissen fehlt.[23] Die angewandte Forschung positioniert sich demnach zwischen der Grundlagenforschung und der Praxis. Ziel ist es, der Praxis ein wissenschaftsgeleitetes Handeln zu ermöglichen.[24] Diese Arbeit wird in den Bereich der anwendungsorientierten Wissenschaft eingeordnet.

Ein Ziel der Betriebswirtschaftslehre ist die Auswahl der optimalen Handlungsalternative.[25] Im Zentrum der Betrachtungen des entscheidungstheoretischen Ansatzes stehen die Entscheidungen wirtschaftender Individuen.[26] Bei der weiteren Eingrenzung muss innerhalb dieses Ansatzes zwischen den Aufgaben zu Beschreiben, zu Erklären und zu Gestalten unterschieden werden. Während bei der „Beschreibung" das Untersuchungsobjekt gedanklich erfasst und gegliedert werden soll, hat die „Erklärung" zum Ziel, Modelle zu entwickeln, anhand deren Beziehungen und Wirkungszusammenhänge erklärt werden sollen.[27] Als letzten Schritt sieht der entscheidungstheoretische Ansatz der „Gestaltung" vor, Modelle zu entwickeln, mit deren Hilfe optimale Handlungs-

19 Vgl. Carnap, R. (1998), S. 81; Wöhe, G. / Döring, U. (2008), S. 8.
20 Vgl. Wöhe, G. / Döring, U. (2008), S. 10.
21 Vgl. Popper, R. K. (2002), S. 14 ff.
22 Vgl. Schanz, G. (1988), S. 6.
23 Vgl. Ulrich, H. (2001), S. 22.
24 Vgl. Ulrich, H. (1984), S. 179.
25 Vgl. Jung, H. (2009), S. 50.
26 Vgl. Jung, H. (2009), S. 49 ff.
27 Vgl. Heinen, E. (1971), S. 429 ff.

optionen gefunden werden können.[28] Für diese Arbeit wird der Anspruch erhoben, einen Gestaltungsansatz zu erarbeiten, der im Sinne der entscheidungs-orientierten Betriebswirtschaftslehre als Entscheidungsgrundlage für ein Wissensmanagement in unternehmensübergreifenden Forschungsprojekten im internationalen Umfeld dient. Gleichzeitig eröffnet die Wahl dieses Ansatzes die Möglichkeit, bestehende Ansätze des Wissensmanagements aus den etablierten Theorien zu integrieren und zu übernehmen.

3.2. Forschungsdesign

Zum methodischen Aufbau der Arbeit ist es notwendig, eine Forschungsstrate-gie zu begründen und ein Forschungsdesign für den Ablauf der Untersuchungen zu entwickeln. Als theoretisches Fundament stehen etablierte Wissenschaftsthe-orien zur Verfügung. Als Basis der erkenntnistheoretischen Überlegungen für diese Arbeit dienen die Konzepte des Empirismus und des Rationalismus. Der Rationalismus[29] als philosophischer Ansatz legt seiner Erklärung vor allem rationale Schlussfolgerungen zu Grunde. Dem entgegen setzen die Empiristen[30] als Quelle der Erkenntnis auf die sinnliche Wahrnehmung. Innerhalb der Wissenschaftstheorie ist für diese Arbeit vor allem die Wissenschaftslogik von Interesse. Im kritischen Rationalismus wird das Grundproblem des induktiven Schlusses des Rationalismus erörtert.[31] Hierbei wird auf die Kritik eingegangen, dass von der ausschließlichen Beobachtung von auch mehreren besonderen Ereignissen noch nicht eindeutig mittels Induktion auf die Gesamtheit geschlos-sen werden kann. Aufgrund dieser logischen Eigenschaften der Wahrheitstheo-rien wäre es demnach nie möglich, mit letzter Gewissheit eine gesicherte Theorie aufzustellen. Der kritische Rationalismus lehnt deshalb eine vollständi-ge Induktion ab, zur Wahrheitsfindung wird ein Konzept aus systematischer Annäherung an die Wahrheit und das Lernen aus Fehlern gefordert.[32] Demnach können Theorien und Modelle im Prinzip nur falsifiziert, aber nie endgültig verifiziert werden, dennoch können sich Theorien und Hypothesen bewähren und so gerechtfertigt werden.[33] Des Weiteren ist für diese Arbeit der theoriege-

---

28 Vgl. Heinen, E. (1971), S. 429 ff.
29 Vgl. hierzu die grundlegenden Gedankengänge der Begründer des Rationalismus wie Descartes (1596–1650), oder Leibniz (1646-1716).
30 Vgl. hierzu die grundlegenden Gedankengänge von Locke, J. (1632-1704).
31 „Als induktiven Schluß oder Induktionsschluß pflegt man einen Schluß von besonderen Sätzen, die z.B. Beobachtungen, Experimente usw. beschreiben, auf allgemeine Sätze, auf Hypothesen oder Theorien zu bezeichnen", Popper, K. R. (1994), S. 3.
32 Vgl. Schanz, G. (1975), S. 57 ff.
33 Vgl. Popper, K. R. (1994), S. 17 ff.

leitete Empirismus von Bedeutung.[34] Bei diesem Ansatz werden den theoretischen Überlegungen empirische Untersuchungen gegenübergestellt. Die Ergebnisse werden folglich auf Basis von theoretischen Fundamenten erörtert.

Diese Auswahl der beschriebenen Forschungsansätze erfolgt auf Basis der Themeneingrenzung, der Zielsetzung und der für die Erarbeitung des Themengebietes zur Verfügung stehenden Mittel. Wie dargelegt gibt es erprobte Theorien zum Thema Wissensmanagement auf deren Grundlage ein Gestaltungsansatz im Sinne der Fragestellung theoretisch entwickelt werden soll. Als empirischer Beitrag wird in dieser Arbeit der Praxisfall des EU Projektes StorHy (Teilprojekt Kryogene Speicherung)[35] analysiert. Im Sinne einer Falsifizierbarkeit erfolgt der Test über die Analyse des Praxisprojektes. Dieses wird, soweit es im Zuge der realen Gegebenheiten innerhalb eines laufenden Projektes in der Praxis möglich ist, im Sinne des vorgestellten Gestaltungsansatzes entwickelt und evaluiert. Für diese Arbeit ergibt sich somit das in Abbildung 4 dargestellte Forschungsdesign.

Abbildung 4:   Forschungsdesign für diese Arbeit

Quelle: Eigene Darstellung

---

34 Vgl. Schanz, G. (1990), S. 69 f.
35 StorHy, Wasserstoffspeicherung im EU sechsten Rahmenprogramm (Laufzeit 2004-2008).

3.3. Zielsetzung

Aufgrund der dargelegten Problemstellung und Ausgangssituation in Verbindung mit dem identifizierten Mangel an bisherigen theoretischen Arbeiten auf dem Gebiet des Wissensmanagement bei unternehmensübergreifenden Forschungsprojekten im internationalen Umfeld kann folgende Zielsetzung formuliert werden:

Ziel der Arbeit ist die Entwicklung eines Gestaltungsansatzes für die Darstellung von Wissensmanagement in unternehmensübergreifenden Forschungs- und Entwicklungsprojekten (F&E-Projekten) im internationalen Umfeld.

Aus dieser übergeordneten Zielsetzung werden für den Lösungsweg folgende Leitfragen gestellt:

- Welche bestehenden theoretischen Ansätze für Wissensmanagement sind relevant und können zur Ableitung eines Gestaltungsansatzes für das Wissensmanagement für den vorliegenden Fall herangezogen werden?
- Innerhalb welchen Rahmens kann das Wissensmanagement beschrieben werden und wie kann dabei ein Bezug zu bestehenden Theorien hergestellt werden?
- Wie ist das Wissensmanagement zu gestalten?
- Welche Instrumente und Elemente können zur Gestaltung des Wissensmanagement nach den dargelegten Anforderungen verwendet werden?
- Wie können die theoretischen Ergebnisse für die Praxis validiert werden?

Die Beantwortung dieser Forschungsfragestellungen führen zur Entwicklung eines Gestaltungsansatzes für unternehmensübergreifende Forschungsprojekte im internationalen Umfeld. Der Ansatz soll der Praxis ein theoretisch fundiertes Werkzeug zur Verfügung stellen und ermöglichen, dass Wissensmanagement einen wertvollen Beitrag zur Durchführung von F&E-Projekten im Umfeld der Themenstellung leisten kann.

4. Aufbau der Arbeit

Der Aufbau der Arbeit ergibt sich aus dem gewählten Forschungsdesign und den auf der Formulierung der Zielsetzung aufbauenden Leitfragen. Soweit möglich richtet sich die Struktur der Arbeit nach der Vorgehensweise zur Bearbeitung der realen Fragestellung, um die Verständlichkeit der Präsentation der Ergebnisse zu gewährleisten. Die Ausführungen werden an geeigneten Stellen im Sinne der anwendungsorientierten Forschung zur Steigerung der Lesbarkeit und

Nützlichkeit für die Praxis um aussagekräftige Abbildungen ergänzt. Der Aufbau der Arbeit ist in Abbildung 5 dargestellt.

In *Kapitel B* beginnt die Erarbeitung des Gestaltungsmodells mit der Feststellung des Standes der wissenschaftlichen Diskussion für Wissensmanagement in unternehmensübergreifenden Forschungsprojekten im internationalen Umfeld. Zunächst wird der Begriff des „Wissensmanagement" definiert und relevante Ansätze aus Literatur und Praxis diskutiert. Anschließend erfolgen Grundbetrachtungen zum Themengebiet des Projektmanagements. Im Folgenden wird der Stand der Diskussion für den Untersuchungsgegenstand erarbeitet. Das Kapitel schließt mit einer Zusammenfassung der Ergebnisse und leitet ein Fazit für die weitere Bearbeitung des Themengebietes ab.

Im *Kapitel C* erfolgt zu Beginn die Erarbeitung der Konzeptionsgrundlagen. Daraus leiten sich die für die Erstellung eines Anforderungskataloges notwendigen Analysen ab. Hierzu werden der Bereich des Projektmanagements, die Umgebung der Themeneingrenzung und das aktuelle wirtschaftliche Umfeld diskutiert. An dieser Stelle wird ebenfalls der notwendige Bezugsrahmen für Aufbau und theoretischer Einordnung des Gestaltungsansatzes erarbeitet. Darauf aufbauend kann der Gestaltungsansatz vorgestellt werden. Die Präsentation des Gestaltungsansatzes ist nach den Dimensionen des Bezugsrahmens gegliedert. Für jede Gestaltungsdimension werden an dieser Stelle Gestaltungselemente als Instrumentarium zur Umsetzung der Gestaltungsvorgaben abgeleitet.

Das *Kapitel D* beschäftigt sich mit der Ausarbeitung der einzelnen Gestaltungselemente. Die Diskussion erfolgt wiederum innerhalb der durch den Bezugsrahmen vorgegebenen Struktur. Insbesondere erfolgt an dieser Stelle im Anschluss eine Konkretisierung des Instrumentariums im Bezug auf die projektphasenabhängige Gestaltung. Hierzu werden die für die jeweiligen Projektphasen relevanten Elemente jeweils kurz charakterisiert.

In *Kapitel E* erfolgt die empirische Überprüfung des Gestaltungsmodells anhand eines Anwendungsbeispiels. Exemplarisch wird hierbei die Anwendung des theoretischen Ansatzes zum Entwurf eines Wissensmanagementkonzeptes für ein im sechsten Rahmenprogramm der EU gefördertes Forschungsprojekt zur Entwicklung eines Wasserstofftanks bearbeitet. Zunächst werden hierzu zunächst das Design und die Methodik der empirischen Untersuchung definiert. Anschließend wird der Aufbau der Fallstudie beschrieben. Für die eigentliche Analyse der Fallstudie wird zunächst der Projektrahmen dargestellt und die Gestaltung des Wissensmanagements diskutiert. Es folgt eine Analyse des Projektverlaufes im Bezug auf den Einsatz des Wissensmanagement-Instrumentariums sowie eine Auswertung relevanter Statistiken aus dem Projektverlauf. Hier erfolgt auch eine qualitative Einschätzung aus Sicht der Projektbeteiligten. Abschließend wird eine Einschätzung der verwendeten Gestaltungselemente aus Sicht der Praxis vorgenommen und ein Fazit für die Fallstudie gezogen.

Die Arbeit schließt in *Kapitel F* mit einer Zusammenfassung der Ergebnisse und einer Schlussbetrachtung zum Forschungsvorhaben. Hierzu wird zunächst das Forschungsergebnis in akzentuierter Form zusammengefasst. Darauf folgen eine Betrachtung der Auswirkungen dieser Arbeit auf die weitere Forschung und die Unternehmenspraxis. Das Kapitel schließt mit der Schlussbetrachtung zum Forschungsvorhaben.

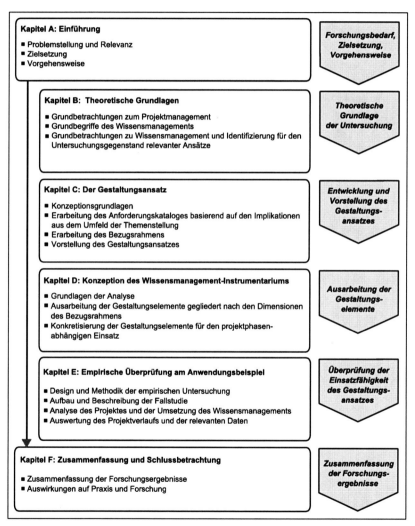

Abbildung 5:   Aufbau der Dissertation
Quelle: Eigene Darstellung

B. Theoretische Grundlagen zu Wissensmanagement und Projektmanagement

1. Aufbau des Kapitels

In diesem Kapitel werden die theoretischen Grundlagen zur Bearbeitung des Forschungsvorhabens erarbeitet. Die Bearbeitung baut auf der in Kapitel A.2 getroffenen Feststellung des theoretischen Umfeldes des Forschungsvorhabens auf. Somit konzentrieren sich die theoretischen Betrachtungen auf die für den Untersuchungsgegenstand relevanten Bereiche aus dem Wissensmanagement und Projektmanagement. Ziel der theoretischen Betrachtungen ist es, sowohl einen Grundstein für die Entwicklung des in dieser Arbeit vorgestellten Gestaltungsansatzes zu legen, als auch einen Bezug zu bestehenden Wissensmanagement-Ansätzen herzustellen. Hierzu werden zunächst Grundbetrachtungen zum Projektmanagement angestellt. Danach erfolgt eine Definition wichtiger Grundbegriffe des Wissensmanagements. Darauf aufbauend werden Grundbetrachtungen zum Wissensmanagement angestellt. Im Folgenden werden bestehende Ansätze für Wissensmanagement in unternehmensübergreifenden F&E-Projekten im internationalen Umfeld identifiziert und analysiert. Das Kapitel schließt mit einer Zusammenfassung und einem Fazit zum Stand der Forschung für das Wissensmanagement in der vorliegenden Problemstellung. Diese Struktur des Kapitels ist in Abbildung 6 dargestellt.

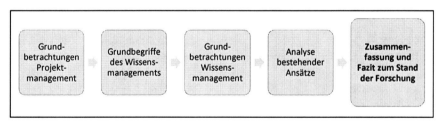

Abbildung 6:   Struktur von Kapitel B
Quelle: Eigene Darstellung

2. Grundbetrachtungen zum Projektmanagement

2.1. Projektbegriff

Neben der Betrachtung der Grundlagen des Wissensmanagements sind für diese Arbeit Grundlagen zum Themenbereich „Projekt" notwendig. Ein Projekt ist ein Vorhaben, bei dem innerhalb einer definierten Zeitspanne ein bestimmtes Ziel erreicht werden soll.[36] Im engeren Sinne ist für ein Projekt charakteristisch, dass es ein im Wesentlichen einmaliges Vorhaben ist.[37] Laut DIN 69901 ist ein Projekt gekennzeichnet durch eine klare Zielvorgabe, außerdem durch zeitliche, finanzielle, und personelle Begrenzungen und durch eine Abgrenzung gegenüber anderen Vorhaben sowie einer projektspezifischen Organisation.

Unternehmen initiieren Projekte, um einzelne Teilbereiche der Aktivitäten abzugrenzen und planbar zu gestalten. Dies kann zum Beispiel zum Zweck der Produktentwicklung, der Neuorganisation, der Einfügung neuer EDV-Systeme oder auch der Fabrik(neu)-Planung geschehen. In der Forschung und Entwicklung werden Projekte mit dem Ziel initiiert, für eine meist komplexe und neuartige Aufgabenstellung neue Erkenntnisse zu entwickeln. Um Projekte erfolgreich abzuwickeln, werden Methoden des Projektmanagements angewandt.[38]

2.2. Projektmanagement

Unter Projektmanagement versteht man die Gesamtheit aller notwendigen Führungsaufgaben, -organisationen, -techniken und -mittel zur Abwicklung eines Projektes.[39] Gemeinsam ist allen Projekten, dass sowohl Laufzeit als auch zur Verfügung stehende Mittel begrenzt sind.[40] Aufgabe des Projektmanagements ist es, mit den zur Verfügung stehenden Mitteln in der vorgegebenen Zeit möglichst die gesetzten Ziele in Form der geforderten Leistung in der angestrebten Qualität zu erreichen.[41] Man spricht in diesem Zusammenhang auch vom Projektmanagement-Dreieck (siehe Abbildung 7), da die drei Variablen Zeit, Aufwand, Qualität/Leistung in enger Abhängigkeit stehen.[42] Unter dem Begriff „Zeit" wird in diesem Zusammenhang das geplante Fertigstellungsdatum des

---

36 Vgl. Burghardt, M. (2006), S. 21.
37 Vgl. DIN 69901
38 Vgl. Möller, T. / Dörrenberg, F. (2003), S. 1 ff.
39 Vgl. DIN 69901
40 Vgl. Burghardt, M. (2006), S. 21 ff.
41 Vgl. Kerzner, H. (2009), S. 5
42 Vgl. Kerzner, H. (2009), S. 5 ff.

Projektes verstanden. Aus der Differenz dieses Enddatums und dem aktuellen Tag lassen sich die noch zur Verfügung stehenden Arbeitstage bestimmen. Unter „Aufwand" sind die möglichen Ressourcen z. B. in Form von Arbeitskraft, technischer Mittel, Labor- oder Werkstattzeiten oder Budget zu verstehen. Diese zur Verfügung stehenden Mittel können für das Projekt eingesetzt werden, sind aber sowohl absolut als auch in ihrer zeitlichen Verteilung eventuell Beschränkungen unterworfen. So kann beispielsweise ein Konstrukteur mit 30 Arbeitstagen auf der Ressourcen-Liste stehen, die er über einen Zeitraum von drei Monaten zu erbringen hat. Wird die Arbeitsleistung aufgrund geänderter Projektbedingungen z. B. innerhalb der ersten zwei Monate komplett eingefordert, so kann dies eventuell aufgrund der Verpflichtungen des Ingenieurs für weitere, parallel laufende Projekte unter Umständen nicht möglich sein. Soll der Konstruktionsbeitrag in noch kürzerer Zeit z. B. einem halben Monat fertig sein, so sind wahrscheinlich sogar zwei oder mehr parallel arbeitende Ingenieure für das Projekt zu verpflichten.

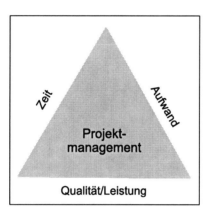

Abbildung 7:   Projektmanagement-Dreieck

Quelle: Eigene Darstellung in enger Anlehnung an Kerzner, H. (2009), S. 5.

Weiterhin knüpfen sich an jedes Projekt Erwartungen nach einem gewissen positiven Ausgang, welcher in Form der erreichten „Leistung und Qualität" seinen Ausdruck findet. Ein Motor soll beispielsweise definierten Leistungsdaten wie Drehmoment, Kraftstoffverbrauch und Gewicht entsprechen. Man erkennt, dass eine Veränderung der Erwartungen an die Qualität des Motors eine Anpassung der geplanten Entwicklungszeit nach sich ziehen kann und der Aufwand an Ressourcen für höhere Entwicklungsziele steigen kann. Werden auf der anderen Seite bereits für das Projekt verplante Ressourcen gestrichen, so kann dies das Projektenddatum nach hinten verschieben. Eine frühere Fertigstellung kann meist nur durch zusätzlichen Ressourceneinsatz oder Qualitätsabstriche erreicht werden.

▶ *Projektorganisation*

Bei der Beschreibung der Organisationsstruktur von Unternehmen wird zwischen der Aufbauorganisation und der Ablauforganisation unterschieden.[43] Während die Aufbauorganisation die Rahmenbedingungen festlegt und das hierarchische Gerüst einer Organisation darstellt, beschreibt die Ablauforganisation die innerhalb der Firma ablaufenden Arbeits- und Informationsprozesse.[44] Durch die Verteilung von Aufgaben und die Bildung von Abteilungen und Stellen führt die Aufbauorganisation eine arbeitsteilige Gliederung und sinnvolle Ordnung der betrieblichen Handlungsprozesse ein[45]. Geregelt werden so die Führungs-, Personal- und Zielerreichungsverantwortung. Übertragen auf Projekte bedeutet dies, dass sowohl für die Aufbau- als auch für die Ablaufstrukturierung entsprechende Organisationen vorgesehen werden sollten. Dies bezieht sich bei Projekten auf einen personellen, finanziellen und zeitlichen Rahmen.

▶ *Projektphasen*

Wie festgestellt haben Projekte einen definierten Anfangs- und Endzeitpunkt. Der zeitliche Zwischenraum kann in Phasen eingeteilt werden. Dabei wird als Projektphase ein „zeitlicher Abschnitt eines Projektablaufs bezeichnet, der sachlich gegenüber anderen Abschnitten getrennt ist".[46] Typischerweise werden die Endzeitpunkte der Abschnitte durch Meilensteine, Projekttreffen und wichtige Entscheidungen markiert. Jedes Projekt kann formell mindestens in die Phasen der Definition, Planung, Abwicklung und den Abschluss gegliedert werden.[47]

▶ *Meilensteine*

Der Begriff der Meilensteine leitet sich von einer technischen Errungenschaft des antiken römischen Reiches ab. Das römische Staatswesen begründete seinen Erfolg, insbesondere die Ausweitung seines Einflussgebietes, nicht zuletzt auf der systematischen Erschließung des Territoriums durch Straßen. Regelmäßig aufgestellte Meilensteine markierten dabei den Abstand zum damaligen Mittelpunkt des römischen Lebens, dem „Forum Romanum". Meilensteine sind

---

43 Vgl. Wöhe, G. / Döring, U. (2008), S. 113 ff.
44 Vgl. Müller, K. (1994), S. 207 ff.
45 Vgl. Wöhe, G. / Döring, U. (2008), S. 116 ff.
46 DIN 69901
47 Vgl. Burghardt, M. (2006), S. 29 ff.

seit dieser Zeit von großer praktischer und symbolischer Bedeutung, sie signalisieren im übertragenen Sinne ein „Ereignis besonderer Bedeutung"[48]. Als Begriff des Projektmanagements markieren sie in der Regel bedeutende Projektergebnisse.[49]

▶ *Projektstrukturplan*

Mit einem Projektstrukturplan[50] (Engl. „Work Breakdown Structure") wird das Projekt in kleinere Teilaufgaben zerlegt. Durch die Aufteilung in Arbeitspakete wird die Aufgabe planbar und kontrollierbar. Eventuelle Abhängigkeiten der Teilaufgaben untereinander werden sichtbar. Meist wird dies in grafischer Form dargestellt und dient als Basis für die folgenden Schritte wie der Organisations-, Ablaufs-, Ressourcen- und Terminplanung.

▶ *Virtuelles Projekt-Team*

Die enge Zusammenarbeit innerhalb des Projektes erforderte in der Vergangenheit zumeist die örtliche Nähe der Projektteilnehmer. Das Projektteam rekrutiert sich aus den Ressourcen einer Firma oder eines Standortes. Durch die Nutzung neuer Technologien aus dem Bereich der Informationstechnologie hat sich die Chance ergeben, sogenannte virtuelle Projektteams aufzubauen. Die standortübergreifende Zusammenarbeit kann auf eine unternehmensübergreifende Zusammenarbeit ausgeweitet werden. Bei dieser Art der Projektbearbeitung können die Projektteilnehmer an verteilten Standorten, in unterschiedlichen Organisationen an einem gemeinsamen Projekt arbeiten. Die Kommunikation wird zum Beispiel durch Telefon, Telefonkonferenzen, Videokonferenzen, E-Mail, Intranet und Internet aufrechterhalten. Die Interaktion beschränkt sich dabei nicht nur auf Sprache und Bild, sondern kann auf die gemeinsame Nutzung von EDV-Programmen und Dateien ausgedehnt werden. Dies kann zum Beispiel bei CAD-Technologien zur Bearbeitung von technischen Zeichnungen erforderlich werden.

2.3. Integration von Projekten in die Organisationsform der Unternehmen

Da die Projektarbeit innerhalb der Unternehmen und somit der Organisationsform des Unternehmens stattfindet, muss die Organisationsform des Projektes in die unternehmensweite Organisation integriert werden.[51] In manchen Unterneh-

---

48 DIN 69900-1
49 Vgl. Kerzner, H. (2009), S. 531 f.
50 Vgl. Burghardt, M. (2006), S. 139 ff.
51 Vgl. Burghardt, M. (2006), S. 88 ff.

men werden Projekte lediglich als ergänzende Arbeitsform und verhältnismäßig selten eingesetzt, andere Unternehmen wiederum erbringen einen Großteil ihrer Wertschöpfung in Projekten. Abhängig von diesem Grad der Bedeutung der Projektarbeit innerhalb der Unternehmen kann über die mögliche Umsetzung der Projektorganisation unterschieden werden.

Hat das Projektmanagement eine verhältnismäßig geringe Bedeutung, wird als Organisationskonzept Projektmanagement in der Linien-Organisation umgesetzt.[52] Hierbei bleibt die Personal- und Führungsverantwortung für die Projektmitarbeiter bei den Vorgesetzten in der Hierarchie der Linie. Das führt zu einer nur eingeschränkten Weisungsbefugnis des Projektleiters über die Projektmitarbeiter und zeigt, dass die Linientätigkeit tendenziell Vorrang hat.

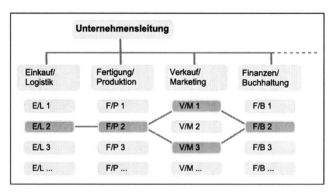

Abbildung 8:   Projektorganisation mit Projektmanagement in der Linie

Quelle: Eigene Darstellung[53]

Müssen sowohl Linien- als auch Projektaufgaben bewältigt werden, so bietet sich eine Matrixprojektorganisation an.[54] Projektleiter und Projektmitarbeiter erfüllen parallel Linien- und Projektaufgaben. Dies führt dazu, dass die Projektmitarbeiter im Rahmen des Projektes direkt dem Projektleiter unterstellt sind, nach wie vor aber eine Heimat und einen Fachvorgesetzten in der Fachabteilung haben. Die personale Verantwortung verbleibt üblicherweise in der Linie. Hier ist es insbesondere notwendig, die Kompetenz von Linien- und Projektvorgesetzten klar zu regeln. Unter Umständen arbeiten die Projektmitarbeiter gleichzeitig an Aufgaben innerhalb der Fachabteilung und Aufgaben im Rahmen einer oder sogar mehrerer Projekte. Dies führt eventuell zu Interessenkonflikten bei der Priorisierung der Arbeit und in manchen Beispielen auch zu

---

52 Vgl. die Ausführungen von Kerzner, H. (2009), S. 109 ff.
53 Vgl. die Ausführungen von Kerzner, H. (2009), S. 109 ff und Burghardt, M. (2006), S. 95 ff.
54 Vgl. die Ausführungen von Kerzner, H. (2009), S. 113.

einem für die Mitarbeiter unbefriedigenden Gefühl „mehreren Herren zu dienen" und es dabei „keinem recht machen" zu können.

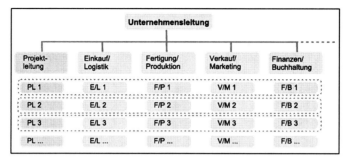

Abbildung 9:   Projektorganisation als Matrix-Organisation

Quelle: Eigene Darstellung in Anlehnung an Kerzner, H. (2009), S. 113.

Die reine Projektorganisation findet in stark projektorientierten Unternehmen Anwendung.[55] Die Kompetenz des Projektleiters ist hier gestärkt, da die Projektmitarbeiter auch formal dem Projektleiter unterstellt sind. Für das Unternehmen funktionieren die Projekte wie auf Zeit gebildete Abteilungen innerhalb der Organisation. Die Projektmitarbeiter sind hier für die Dauer des Projekts meist auch zu 100% für das Projekt abgestellt.[56] Zu sehen sind derartige Organisationsformen zum Beispiel in den Beratungsunternehmen.

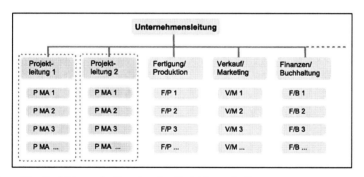

Abbildung 10:   Projektorganisation als reine Projektorganisation

Quelle: Eigene Darstellung[57]

---

55 Vgl. die Ausführungen von Kerzner, H. (2009), S. 112.
56 Vgl. Burghardt, M. (2006), S. 93.
57 Vgl. die Ausführungen von Kerzner, H. (2009), S. 111.

3. Grundbegriffe des Wissensmanagements

3.1. Wissen als Ressource

Für Organisationen hat der zielführende Einsatz der eigenen Ressourcen entscheidende Bedeutung für die Umsetzung der eigenen Unternehmensstrategie.[58] Basis der Leistungserstellung für die Unternehmen sind die grundlegenden Produktionsfaktoren Natur (Boden, Rohstoffe, ...), Arbeit und Kapital.[59] Die Bedeutung der Faktoren unterliegt einem kontinuierlichen Wandel. So nutzten die frühen Industriebetriebe des 19. Jahrhunderts zur Erstellung der Leistungen vor allem die Arbeitskraft des Menschen. Mit den zunehmenden technischen Möglichkeiten setzte ein Trend zur verstärkten Automatisierung in den Fabriken ein. Die menschliche Arbeitskraft wurde in vielen Bereichen durch den Einsatz von Maschinen ergänzt oder sogar ersetzt. Zur Entwicklung und Beschaffung dieser technischen Hilfsmittel war Kapital notwendig. Im Zuge dieses Wandels gewann folglich Kapital als Wettbewerbsfaktor an Bedeutung. In der darauffolgenden Entwicklung ist nun zu erkennen, dass als weiterer, vierter Produktionsfaktor[60] das Wissen zunehmend wichtig und von den Unternehmen verstärkt wahrgenommen wird.[61]

Die fortschreitende Globalisierung von Arbeit, Kapital und Wissen erhöht die Geschwindigkeit der Veränderungen in Gesellschaft und Wirtschaft nochmals enorm.[62] Dadurch verkürzt sich auch die Halbwertzeit von Wissen.[63] So werden z. B. die Lebenszeiten von Modellen in der Automobilindustrie kurzlebiger und somit schrumpft auch die für die Entwicklung und Forschung zur Verfügung stehende Zeit. Dies kann ebenfalls in der Computerindustrie z. B. bei der Entwicklung neuer CPUs beobachtet werden.

Diese große Bedeutung von Wissen betrifft alle Unternehmensbereiche. Der gezielte Einsatz der Ressource Wissen hat das Potenzial, Unternehmen entlang der gesamten Wertschöpfungskette nachhaltig zu unterstützen.[64] Dies gilt zum Beispiel für die Bereiche Einkauf, Produktion, Logistik und Vertrieb. Ein effizienter Einsatz der Unternehmensressourcen in der Wertschöpfungskette ist

---

58 Vgl. Wildemann, H. (2003), S. 7 f.
59 Vgl. Oelsnitz von der, D. / Hahmann, H. (2003), S. 16 ff.
60 Gutenberg, E. (1971) diskutiert im Zusammenhang mit Produktionsfaktoren noch den sogenannten „dispositiven Faktor" zur Entscheidungsfindung als planende Instanz in Form der Geschäftsleitung. Die Bedeutung von Wissen als wichtigsten Einsatzfaktor zur Ausübung dieses Faktors diskutiert z. B. Lehner, F. (2006), S. 13.
61 Vgl. Oelsnitz von der, D. / Hahmann, H. (2003), S. 18; North, K. (2005), S. 58. Zur Bedeutung von Wissen als Einsatzfaktor für den dispositiven Faktor
62 Vgl. Schindler, M. (2002), S. 1 ff.
63 Vgl. Güldenberg, S. (2003), S. 1.
64 Vgl. Haasis, H. (2001), S. 141.

entscheidend für den Unternehmenserfolg. Neben dem Management von Arbeitskraft und Kapital ist für die Unternehmen auch der effiziente Umgang mit dem vorhandenen Wissen notwendig.[65] Studien wie die Untersuchungen von Kluge et. al.[66] ziehen eine positive Parallele zwischen dem Unternehmenserfolg und dem bewussten Einsatz von Wissen als wichtige Grundlage für die Wertschöpfung. Über den Vergleich der bei den jeweiligen Branchenführern durchgeführten Maßnahmen ergibt sich ein Vorteil für Unternehmen, die Wissensmanagementmethoden anwenden. Ein Engagement der Unternehmen im Bereich Wissensmanagement kann also als Erfolg versprechend gesehen werden. Dies gilt für das Erfassen von vorhandenem Wissen und der als Konsequenz geforderten aktiven Nutzung dieses Wissens, aber auch für die gezielte Entwicklung von neuem Wissen, wie das unter anderem in internationalen F&E-Projekten stattfinden kann.

Abbildung 11: Klassische volkswirtschaftliche Ressourcen und Wissen
Quelle: Eigene Darstellung

3.2. Begriffsbestimmung Wissen

In der Theorie des Wissensmanagements finden sich verschiedene Ansätze, den Begriff „Wissen" zu definieren. Sie erklären den Zusammenhang zwischen dem Handeln von Menschen und den zugrunde liegenden Informationen. Um zielführend zu entscheiden, greift der Mensch auf eine Vielzahl von Erfahrenem und Gelerntem zurück. Aber nicht jede Information kann mit Wissen gleichgesetzt werden. Es ist vielmehr zu unterscheiden, wie sich aus einfachen Daten, über die daraus gebildeten Informationen, in einer weiteren Stufe Wissen entwickelt, das schließlich als Basis für Handlungen gilt. In Anlehnung an Probst et. al. ist Wissen "... die Gesamtheit der Kenntnisse und Fähigkeiten, die Individuen zur Lösung von Problemen einsetzen. Wissen stützt sich auf Daten

---

65 Vgl. North, K. (2005), S. 7.
66 Vgl. Kluge, J. et al. (2003), S. 13 ff.

und Informationen, ist im Gegensatz zu diesen jedoch immer an Personen gebunden"[67].

Wichtig ist in diesem Zusammenhang, zwischen Daten, Informationen und Wissen zu unterscheiden. Daten sind codierte Zeichen ohne Interpretation ihrer Bedeutung. Sie bilden das Rohmaterial für die Schaffung von Informationen. Diese Informationen erreichen als Nachrichten den Empfänger und werden dort mit dem bereits gespeichertem Wissen vernetzt und in einen Erfahrungskontext gebracht. So kann unter Berücksichtigung der bestehenden Erfahrungen, Wertvorstellungen und Fachwissen die neue Information als Wissen genutzt werden. Dieser Prozess findet im Kopf statt und ist damit direkt an Personen gebunden. Dort steht die Information als vernetzte Information zur Verfügung und kann von nun an als Wissen z. B. zur Lösung eines bestimmten Problems, wie dem Aufbau einer neuen Produktionslinie abgerufen werden.[68] Abbildung 12 stellt diesen Anreicherungsprozess grafisch dar.

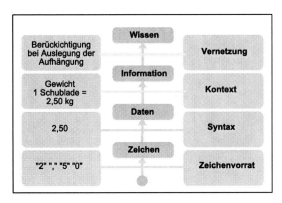

Abbildung 12:   Die Beziehungen zwischen Zeichen und Wissen

Quelle: Eigene Darstellung nach Probst, G. / Raub, S. / Romhardt, K. (2003), S. 32.

Im weiteren Verlauf führt ein Anwendungsbezug zur „Könnerschaft" das bei der betreffenden Person durch „Wollen" zum „Handeln" wird. Wird im jeweiligen Kontext richtig gehandelt, dann liegt „Kompetenz" vor. Diese kann in der letzten Stufe durch „Einzigartigkeit" zu „Wettbewerbsfähigkeit" werden. Dieser Zusammenhang ist in der „Wissenstreppe"[69] beschrieben (siehe Abbildung 13). Erst das Wissen befähigt Menschen, mit dem vorhandenen Daten und Informationen intelligent umzugehen und entsprechend zu handeln. Der Übergang von strukturierten, isolierten Daten zu strukturiertem, verankertem und kontextab-

67   Probst, G. / Raub, S. / Romhardt, K. (2003), S. 22.
68   Vgl. North, K. (2005), S. 31 ff.
69   Vgl. North, K. (2005), S. 32 ff.

hängigem Wissen ist hierbei kein sprunghafter, sondern ein stetiger Qualitätswandel, der häufig auch als Anreicherungsprozess dargestellt wird. In seiner strukturierten Form ist Wissen in Datenbanken oder Dokumenten abgelegt und kann zum Beispiel in Routinen, Prozessen, Praktiken und Normen gefunden werden. In diesem Zusammenhang ist ersichtlich, dass Wissen neben seinem Charakter als Bestandsgröße in der heutigen Zeit ebenfalls als Prozess verstanden wird. Wissen wird nicht mehr nur aus Datenbanken und Dokumenten bezogen, sondern eben auch durch Teilnahme an Netzwerken und durch persönliche Kontakte.

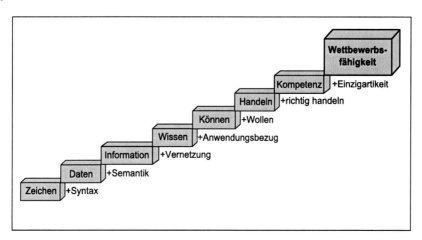

Abbildung 13: Wissenstreppe

Quelle: Eigene Darstellung in starker Anlehnung an North, K. (2005), S. 32

3.3. Formen und Arten von Wissen

Das Wissen einer Organisation wird im Kontext des Wissensmanagements als wichtiger Erfolgsfaktor[70] verstanden. Wissen lässt sich durch viele Eigenschaften beschreiben. Dementsprechend lassen sich viele Gliederungen zur Einteilung von Wissen aufstellen. Die folgenden Beschreibungen helfen, den Begriff exemplarisch klarer zu definieren.

▶   *Formen von Wissen*

Wissen ist eng mit den Wissensträgern verknüpft. In Unternehmen existiert Wissen über viele Themenbereiche wie zum Beispiel über Produkte, Technolo-

---

70   Vgl. Wildemann, H. (2003), S. 6.

gien, Design, Kunden, Materialien, Projekte, Märkte, Methoden, Richtlinien und Gesetze oder Prozesse (siehe Abbildung 14). Es kann sich innerhalb einer Organisation sowohl intern, das heißt in einer Abteilung, als auch extern, z. B. bei Experten, Beratern, Kunden, Lieferanten, Konkurrenten, Verbänden, Universitäten oder Forschungseinrichtungen befinden. Das eigene, interne Wissen kann nach außen getragen werden, z. B. durch Gespräche von Mitarbeitern oder Kommunikationsmittel wie Web-Seiten oder Publikationen. Auf der anderen Seite ist die Organisationsgrenze für externes Wissen selbstverständlich ebenfalls durchlässig. So kann Wissen z. B. durch Marktforschung oder Literaturrecherche in das Unternehmen gelangen. Für Projekte bedeutet dies, dass Wissen sowohl intern aufgebaut, als auch durch externe Quellen erworben werden kann.

Abbildung 14:   Beispiele für Wissen als Ressource in Unternehmen

Quelle: Eigene Darstellung

Den Arten von Wissen kommt im Kontext der jeweiligen Organisation eine unterschiedliche Bedeutung zu. Nach einer Studie des Fraunhofer Instituts für Produktionsanlagen und Konstruktionstechnik (IPK) aus dem Jahr 2001[71] hat bei den deutschen Unternehmen das Methodenwissen, also das Wissen darum „wie es gemacht wird" oder „wie man es am besten macht", die größte Bedeutung (siehe Abbildung 15). Darauf folgt Wissen über das Produkt/die Dienstleistung und dessen Eigenschaften. Enthalten sind darin einerseits das Wissen über das Produkt selbst und andererseits das Produktionswissen. Beide Inhalte sind für Forschungsprojekte zur Entwicklung des Ergebnisses notwendig. Das Wissen über das Produkt bezieht sich dabei auf die Problemlösung für die das Produkt gestaltet werden soll. Der Fokus des Produktionswissens liegt auf den möglichen Technologien und Produktionsprozessen zur Herstellung des Produktes.

---

71   Vgl. Heisig, P. (2001), S. 42 ff.

46

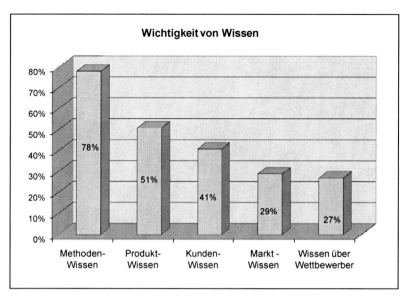

Wichtigkeit von Wissen

Abbildung 15: Bedeutung von Wissen für Deutsche Unternehmen
Quelle: Eigene Darstellung nach Heisig, P. (2001), S. 44.

▶ *Wissensbasis einer Organisation*

Zu finden ist die Ressource Wissen zum einen in den Köpfen von einzelnen Mitarbeitern, man spricht hier vom „individuellen Wissen"[72]. Es bezieht sich auf eine Einzelperson. Das zur Lösung einer Aufgabe nötige Wissen ist also auf einen Mitarbeiter vereinigt. Ein Versuchstechniker besitzt z. B. die Fähigkeit und Erfahrung einen Versuch zur Wasserstoffbeständigkeit eines Kunststoffs durchzuführen. Zum anderen entsteht in der Kombination mit anderen Mitgliedern der Organisation sogenanntes „kollektives Wissen"[73], das sich mehrere Menschen teilen. Es ist z. B. in den Prozessen, Routinen, Praktiken und Normen von Organisationseinheiten oder Arbeitsgruppen zu finden. Es kann in der Gemeinschaft genutzt werden und führt oft in der Neukombination zu Weiterentwicklungen. Dieses individuelle und kollektive Wissen zusammen genommen bildet das Potential, auf das das Unternehmen zurückgreifen kann. In der Gesamtheit spricht man von der Wissensbasis der Organisation.[74] Dazu zählt auch jenes individuelle Wissen, das der Organisation nicht zugänglich ist, weil

---

72 Vgl. Probst, G. / Raub, S. / Romhardt, K. (2003), S. 18.
73 Vgl. Probst, G. / Raub, S. / Romhardt, K. (2003), S. 20.
74 Vgl. Probst, G. / Raub, S. / Romhardt, K. (2003), S. 22.

es von den Einzelnen noch nicht eingesetzt wird oder eingesetzt werden kann (siehe Abbildung 16). Der effektive Einsatz des bestehenden Wissens, die profitable Neukombination, sowie die Nutzbarmachung des noch ungenutzten Wissens sind Herausforderungen des Wissensmanagements.[75]

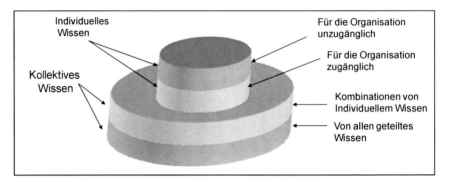

Abbildung 16:   Individuelles und kollektives Wissen als Wissensbasis

Quelle: Haasis, H. (2008), S. 232

▶   *Implizites und explizites Wissen*

Eine weitere Differenzierung des Wissens baut auf dem Klassifikationssystem von Michael Polanyi[76] auf. So genanntes „implizites Wissen" ist personengebunden und kontextspezifisch und somit schwer formalisierbar und kommunizierbar.[77] Neben diesen subjektiven, kognitiven Elementen gehören auch technische Elemente zum impliziten Wissen. Damit sind Know-how sowie Fertigkeiten und Fähigkeiten eines Individuums gemeint, die sich durch Erfahrungen im praktischen Handeln herausgebildet haben. Dieses Wissen wird oft als selbstverständlich vorausgesetzt, weil es nur implizit in Handlungen sichtbar wird.[78]

„Explizites Wissen" dagegen ist vom Wissensträger unabhängig und lässt sich dokumentieren.[79] Es ist kodifizierbar, d.h. es ist beschreibbar und kann mit Sprache strukturiert und methodisch übertragen werden. Dies kann etwa in Form von Dokumentationen, Datenbanken, Patenten, Produktbeschreibungen oder Formeln geschehen.[80] Es kann aber auch in Systemen, Prozessen oder Technologien eingebaut sein. Weil es in eine kodifizierte Form überführt worden ist,

---

75   Vgl. Lehner, F. (2006), S. 33.
76   Vgl. Polanyi, M. (1985), S. 1 ff.
77   Vgl. Gehle, M. / Mülder, W. (2001), S. 21.
78   Vgl. Nonaka, I. / Takeuchi, H. (1997), S. 73 ff.
79   Vgl. Lehner, F. (2006), S. 42.
80   Vgl. Rehäuser, J. / Krcmar, H. (1996), S. 7.

kann explizites Wissen durch unterschiedliche Medien gespeichert, verarbeitet und übertragen werden.[81] Des Weiteren kann es zu neuem Wissen kombiniert und durch Anwendung verinnerlicht werden. Die Überführung von implizitem zu explizitem Wissen stellt eine Herausforderung des Wissensmanagements dar. In dieser Form ist es für die Organisation über einzelne Personen hinaus verfügbar und nutzbar.[82]

3.4. Wissensmanagement

Im Begriff „ Wissensmanagement" steckt zum einen „Wissen" und zum anderen der Ausdruck „Management". Dabei können Gestaltung, Lenkung und Entwicklung als die wesentlichen Managementfunktionen einer traditionellen Managementlehre verstanden werden.[83] Wie im vorhergehenden Absatz gezeigt, handelt es sich bei Wissen um eine knappe Ressource. Sie steht uns nicht unendlich zur Verfügung und ist somit als beschränktes Gut im Fokus der Unternehmen. Insbesondere ist Wissen damit Teil der Auswahl von Entscheidungsalternativen, die im Hinblick auf ein oder mehrere Ziele der Unternehmen unter Beachtung von Nebenbedingungen optimiert werden. Methoden des Wissensmanagements können hierbei auch zur Entscheidungsunterstützung herangezogen werden. Wissensmanagement ist eng mit den weiteren Bereichen der Betriebswirtschaft verknüpft. So finden sich Beiträge zu Wissensmanagements etwa im Personalwesen, der Organisationslehre, der Wirtschaftsinformatik und dem strategischen Management. Wissensmanagement ist ein übergreifendes Konzept, das die Koordination über die Fachbereiche hinweg notwendig macht. Des Weiteren ist Wissensmanagement über die Grenzen der Betriebswirtschaft hinaus interdisziplinär.[84] Die Psychologie bietet hier Grundlagen über das Lernverhalten, den Wissenserwerb und die Motivation von Menschen. Pädagogen beschäftigen sich mit Fragestellungen zur Aufbereitung und Vermittlung von Wissen. In der Soziologie finden sich Beiträge zu den gesellschaftlichen Rahmenbedingungen für das Wissensmanagement in Unternehmen. Von der Informatik bzw. Wirtschaftsinformatik werden EDV-Programme und Tools angeboten, um mit der Datenflut umzugehen und Wissenskonzepte technisch umzusetzen.

In der Literatur findet sich eine Vielzahl von Definitionen für Wissensmanagement. So definiert Probst Wissensmanagement als „ein integriertes Interventi-

---

81 Vgl. Nonaka, I. / Takeuchi, H. (1997), S. 73.
82 Vgl. Nonaka, I. / Takeuchi, H. (1997), S. 74 ff.
83 Vgl. Ulrich, H. (1984), S. 114.
84 Vgl. Haasis, H. / Kriwald, T. (2001), S. 1 ff.

onskonzept, das der Gestaltung der organisationalen Wissensbasis dient"[85]. Willke versteht darunter „die Gesamtheit organisationaler Strategien zur Schaffung einer ‚intelligenten' Organisation"[86]. Bei North beschäftigt sich die wissensorientierte Unternehmensführung damit, „die Ressource Wissen einzusetzen, um einerseits die Effizienz zu steigern, andererseits die Qualität des Wettbewerbs zu verändern"[87]. Nonaka/Takeuchi sehen die Hauptaufgabe des Wissensmanagements darin, personengebundenes Wissen anderen Akteuren zugänglich zu machen und beschreiben hauptsächlich Strategien zur Wissensgenerierung und zum Wissenstransfer.[88] Es kann festgestellt werden, dass bei allen Autoren die Gestaltung der Wissensaktivitäten und der Wissensarbeit eine starke Rolle spielt.

▶ *Definition Wissensmanagement*

Aus der begrifflichen Bestimmung für Wissen und Management sowie den bestehenden Definitionen aus der Literatur lässt sich die für diese Arbeit maßgebliche Definition für Wissensmanagement ableiten:

Wissensmanagement wird als die Gesamtheit der personalen, organisatorischen, kulturellen und technischen Praktiken, die in einer Organisation bzw. einem Netzwerk auf eine effiziente Nutzung der Ressource "Wissen" zielen, verstanden. Es umfasst die Gestaltung, Abstimmung und Durchführung der Wissensprozesse in einem Unternehmen. Dabei wird ein ganzheitlicher Wissensmanagement-Ansatz vertreten, der die Rahmenbedingungen und die strukturelle Ordnung umfasst.[89]

▶ *Wissensprozesse, Wissensaktivitäten, Wissensarbeit*

Im Zusammenhang mit Wissensmanagement ist oft die Rede von Wissensmanagementprozessen. Als Prozess wird im Allgemeinen das abstrakte Muster für verschiedene Varianten der Abfolge von Aktivitäten, Vorgängen, Tätigkeiten oder Ereignissen gesehen.[90] Daraus abgeleitet bestehen Geschäftsprozesse aus Aktivitäten, die zur Wertschöpfung des Unternehmens einen wesentlichen Beitrag leisten.[91] Sind diese Geschäftsprozesse in Verbindung mit einem hohen Anteil an Informationsbedarf oder Informationsgenerierung zu bringen, so

---

85 Probst, G. / Raub, S. / Romhardt, K. (2003), S. 26.

86 Willke, H. (2001), S. 39.

87 North, K. (2005), S. 9.

88 Vgl. Nonaka, I. / Takeuchi, H. (1997), S. 73 ff.

89 Vgl. zu dieser Definition die Ausführungen von Howaldt, J. et al. (2007), S. 19 im Rahmen der Initiative „Fit für den Wissenswettbewerb" des Bundesministeriums für Wirtschaft und Technologie.

90 Vgl. Hoffmann, M. / Goesmann, T. / Misch, A. (2001), S: 59.

91 Vgl. Hoffmann, M. / Goesmann, T. / Misch, A. (2001), S. 60.

werden sie oft auch als wissensintensive Geschäftsprozesse bezeichnet.[92] Es ist ersichtlich, dass zur Durchführung des Wissensmanagements ebenfalls Prozesse identifiziert werden können. Als Wissensprozesse können demnach abstrakte Muster von Aktivitäten bezeichnet werden, die dazu führen, dass Wissen bei der Bearbeitung der Geschäftsprozesse nutzbringend eingesetzt wird. Als Wissensaktivitäten können in der Folge einzelne Aktivitäten innerhalb der aufgrund der Prozess-Natur teilbaren Wissensprozesse gesehen werden. Wissensarbeit wird im Rahmen dieser Arbeit als allgemeine Bezeichnung der Durchführung von Wissensmanagement bezogenen Prozessen, Tätigkeiten oder Aktivitäten verwendet.

4. Grundbetrachtungen zum Wissensmanagement

In den letzten Kapiteln wurden die Begriffe Wissen und Wissensmanagement herausgearbeitet. Im nächsten Schritt müssen nun die theoretischen Konzepte zur Umsetzung von Wissensmanagement in Unternehmen betrachtet werden. Das Managen von Wissen ist dabei kein neues Phänomen. Schon immer haben Unternehmen ihr Wissen mehr oder weniger bewusst gestaltet. Für diese Arbeit von Interesse sind an dieser Stelle die theoretisch fundierten Ansätze aus der Betriebswirtschaft. In der Literatur existiert hierzu mittlerweile eine Vielzahl von Untersuchungen, die eine große, nahezu unüberschaubare Menge an Systematisierungen des Themas aufzeigen.[93] Kern dieser Arbeit ist die Gestaltung des Wissensmanagements in einem definierten Projektumfeld. Von Interesse sind daher zunächst Konzepte, die sich mit einer Gesamtsicht zur Formung eines Wissensmanagement-Konzeptes beschäftigen. Als wesentliche Arbeit[94] aus dem angloamerikanischen Raum ist hier die Publikation von Nonaka, I. / Takeuchi, H. (1997) zu berücksichtigen. Weite Verbreitung im Deutschen Sprachraum[95] hat das Konzept der Wissensbausteine von Probst, G. / Raub, S. / Romhardt, K. (2003). Als weitere Konzepte für ein integriertes Wissensmanagement treten in der Literatur das Wissensmarktkonzept von North, K. (2005), der systemische Ansatz von Willke, H. (2001) und das Münchener-Modell von Reinmann-Rothmeier, G. (2001) in Erscheinung. Außerdem soll an dieser Stelle das Konzept der „Lernenden Organisation" untersucht werden, um die Wissensbearbeitung und Entwicklung in Unternehmen zu berücksichtigen. Es gilt, diese Konzepte in Betracht auf mögliche Ableitungen zur Gestaltung des Wissensmanagements im betrachteten

---

92 Vgl. Hoffmann, M. / Goesmann, T. / Misch, A. (2001), S. 60.
93 Vgl. Oelsnitz von der, D. / Hahmann, H. (2003), S. 99.
94 Vgl. Güldenberg, S. (2003), S. 235.
95 Vgl. Oelsnitz von der, D. / Hahmann, H. (2003), S. 100 und Lehner, F. (2006), S. 38.

Anwendungsfall zu analysieren. Im Folgenden werden diese Ansätze deshalb kurz vorgestellt.

4.1. Wissensspirale (Nonaka/Takeuchi)

Als Mitbegründer des Wissensmanagements können unter anderen die Japaner Ikujiro Nonaka und Hirotaka Takeuchi mit ihrem 1995 veröffentlichten Buch „The Knowledge Creating Company" (deutsch 1997 als „Die Organisation des Wissens")[96] angesehen werden. In Ihrer Arbeit analysieren sie den Umgang von japanischen Unternehmen mit Wissen. Die Fähigkeit eines Unternehmens Wissen zu schaffen, es erfolgreich im Unternehmen zu verbreiten und anzuwenden wird von ihnen als Schlüssel zum Unternehmenserfolg gesehen.

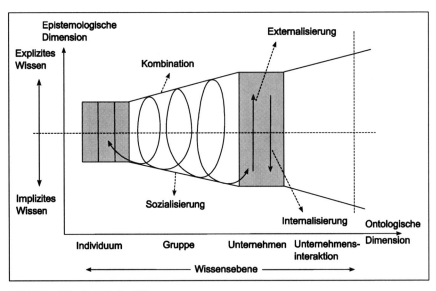

Abbildung 17:   Spirale der Wissenserzeugung
Quelle: Nonaka, I. / Takeuchi, H. (1997), S. 87.

Durch seine Personen- und Kontextabhängigkeit, den Bezug zu den eigenen Überzeugungen, Erfahrungen und Werten ist Wissen als Gegenstand des Managements verglichen mit z. B. finanzwirtschaftlichen Kennzahlen schwerer greifbar. Wissen als Gegenstand des Managements wird weiter gefasst als der

---

[96]   Siehe Nonaka, I. / Takeuchi, H. (1997)

52

Begriff der Information. Informationsressourcen sind ein Teil der Prozesse der Schaffung und des Transfers von Wissen in Organisationen. Startpunkt für die theoretische Betrachtung der Wissensmanagementphilosophie ist die Unterscheidung zwischen implizitem und explizitem Wissen.

Implizites und explizites Wissen sind nicht als separate Alternativen des Vorhandenseins von Wissen zu verstehen. Vielmehr sind sie beide notwendig für die Wissensentstehung und Wissensanwendung in Organisationen. Nonaka und Takeuchi verdeutlichen diesen Gedanken in ihrem Modell der vier Arten der Umwandlung von Wissen, die einem Prozess der Wissensschaffung und des Wissenstransfers in Organisationen zu Grunde liegen.[97]

▶ *Sozialisation: implizit zu implizit*

Im Prozess der Sozialisation werden Erfahrungen geteilt und dadurch implizites Wissen in Form von mentalen Modellen oder technischen Fähigkeiten erzeugt. Dies kann ohne Verwendung von Sprache durch Beobachtung, Nachahmung und Übung erreicht werden.

▶ *Externalisierung: implizit zu explizit*

In diesem Prozess wird implizites Wissen in explizite Konzepte umgewandelt. Dies bezeichnet man als Artikulation oder Externalisierung. Dieser Prozess kann durch Bilden von Metaphern, Analogien, Konzepten, Hypothesen oder Modellen unterstützt werden. Externalisierung ist der Schlüsselprozess bei der Wissensumwandlung, da neue explizite Konzepte aus implizitem Wissen geschaffen werden.

▶ *Kombination: explizit zu explizit*

Beim Prozess der Kombination werden Konzepte in ein Wissenssystem eingeordnet. Die vorher isolierten Teile werden zu einem gemeinsamen Ganzen verbunden. Dies können entwickelte Prototypen, neue Komponenten und Methoden sein. Dieser Austausch und diese Kombination des Wissens können durch das Erstellen von Dokumenten, Gesprächen und Briefwechseln/Email-Kommunikation erfolgen. Das neue Wissen kann vor allem durch Kombinieren, Hinzufügen, Sortieren oder Kategorisieren entstehen.

▶ *Internalisierung: explizit zu implizit*

Bei der Internalisierung wird das explizite Wissen zu implizitem Wissen verinnerlicht. Hierdurch kann neues Wissen z. B. neue Produkte, neue Produktanwendungen, neue Prozesse oder auch Methoden entstehen.

---

[97]   Vgl. Nonaka, I. / Takeuchi, H. (1997), S. 84 ff.

Schließlich wird daraus ein Fünf-Phasen-Konzept für die organisationale Wissensentwicklung erstellt. Dieses als SECI-Modell[98] bekannte Modell übt großen Einfluss auf die nachfolgende Literatur und Forschung zum Thema Wissensmanagement aus. Wissen innerhalb einer Organisation kann spiralförmig von individuellem Wissen auf höhere Organisationsstufen wie Personengruppen und ganze Unternehmen gehoben werden. Die Schwierigkeit, implizites Wissen „sichtbar" zu machen, ist eine der Herausforderungen im Wissensmanagement. Im Einzelnen können die Phasen wie in Tabelle 1 dargestellt abgeleitet werden.

Tabelle 1: Fünf-Phasen der Wissensschaffung

Quelle: Nach Nonaka, I. / Takeuchi, H. (1997), S. 99 ff.

Nr.	Phase	Inhalt
1	Wissensschaffung	Austausch von implizitem Wissen
2	Konzepte entwickeln	Umwandlung des impliziten Wissens in explizites Wissen
3	Konzepte erklären	Erklärung der entworfenen Konzepte
4	Einen Archetyp bilden	Anwendung des Wissens zur Bildung eines fassbaren, konkreten Modells
5	Wissen übertragen	Vermittlung des gewonnen Wissens an andere Teams oder Organisationseinheiten

4.2. Bausteine des Wissensmanagements nach Probst et. al.

Soll Wissensmanagement in einem Unternehmen erfolgreich eingeführt werden, so muss auf einen ganzheitlichen Ansatz zurückgegriffen werden. Für das Wissensmanagement wurden verschiedene Konzepte und Hilfsmittel zur Gestaltung entwickelt. Als theoretische Basis wird an dieser Stelle das Modell von Probst et. al.[99] angeführt. In diesem Modell werden acht verschiedene Wissensbausteine unterschieden. Sie bilden den wissenschaftlichen Hintergrund einer Einführung und sollten somit bei jeder Wissensmanagement-Entscheidung berücksichtigt werden. Das Modell unterscheidet die acht Wissensbausteine Wissensidentifikation, Wissensentwicklung, Wissenserwerb, Wissensverteilung, Wissensbewahrung, Wissensnutzung und Wissensbewertung. Diese werden

---

98 Die Abkürzung SECI ergibt sich aus den englischen Anfangsbuchstaben „socialization, externalization, combination, internalization".

99 Vgl. Probst, G. / Raub, S. / Romhardt, K. (2003), S. 25 ff.

untereinander verknüpft und stellen für Unternehmen eine Basis zum erfolgreichen Umgang mit der Ressource Wissen dar.

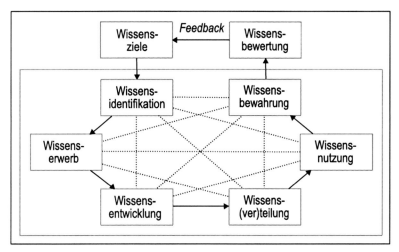

Abbildung 18:   Bausteine des Wissensmanagements
Quelle: Probst, G. / Raub, S. / Romhardt, K. (2003), S. 28.

▶ *Wissensziele*

Wissensziele[100] stehen im Zentrum des Wissensmanagements. Hier spiegelt sich
der angestrebte, zukünftige Stand der Fähigkeiten im Unternehmen wider. Man
unterscheidet nach normativen, strategischen und operativen Wissenszielen. Zur
Festlegung der Wissensziele ist es notwendig, zuerst herauszufinden, welches
Wissen bereits im Unternehmen vorhanden ist. Es folgt eine Analyse des
Wissensbedarfs in der Zukunft. Daraus können dann die möglichen Wissenslücken identifiziert werden. Es gilt, das für die Mitarbeiter zur Leistungserstellung
notwendige Wissen herauszufinden. Ebenfalls ist die bisherige Unternehmenskultur im Bezug auf einen offenen Wissensaustausch zu prüfen. Unter Umständen werden auch Elemente des Wissensmanagements bereits im Unternehmen
gelebt, auf die aufgebaut werden kann. Basierend auf der Beantwortung dieser
Fragestellungen, können die Wissensziele formuliert werden.[101]

■ *Normative Wissensziele* zielen auf eine Schaffung einer wissensorientierten
   Unternehmenskultur.

---

100 Vgl. Probst, G. / Raub, S. / Romhardt, K. (2003), S. 35 ff.
101 Vgl. Probst, G. / Raub, S. / Romhardt, K. (2003), S. 42 f.

- *Strategische Wissensziele* beschreiben das benötigte Wissen und den zukünftigen Kompetenzbedarf.
- *Operative Wissensziele* stellen die Basis für die konkrete Umsetzung des Wissensmanagements dar.

▶ **Wissensidentifikation**

Mit dem Baustein der Wissensidentifikation[102] wird ein Überblick über das unternehmensinterne und unternehmensexterne Wissen erreicht. Ziel ist die Schaffung von Transparenz über die vorhandenen Daten, Informationen und Fähigkeiten. Identifiziert werden auch die jeweiligen Wissensträger. Als mögliche Hilfsmittel zur Identifikation des Wissens werden an dieser Stelle unter anderem Wissenslandkarten, Visualisierungstechniken, Lernarenen, Benchmarking oder „Think Tanks" genannt.

▶ **Wissenserwerb**

Der Wissenserwerb[103] sieht die mögliche Internalisierung von externem Wissen vor. So kann basierend auf einer identifizierten Wissenslücke direkt verwendbares externes Wissen erworben werden. Darüber hinaus muss auch externes Wissen im Hinblick auf eine potentielle spätere Verwendung ins Auge gefasst werden. Beides kann durch die Rekrutierung neuer Mitarbeiter mit den entsprechenden Fähigkeiten geschehen. Auch können Weiterbildungsmaßnahmen für die bereits beschäftigten Mitarbeiter durchgeführt werden. In heutiger Zeit finden sich an dieser Stelle immer öfter auch Wissensprodukte wie z. B. E-Learning Kurse über CD-ROMs oder Internet/Intranet Plattformen. Eine ergänzende Möglichkeit, sich für ein bestimmtes Projekt zusätzliches Wissen zu sichern, kann es ebenfalls sein, in dieser Fragestellung mit externen Partnern (Beratern, auch Lieferanten oder Kunden) zusammenzuarbeiten.

▶ **Wissensentwicklung**

Bei der Wissensentwicklung[104] sollen neue Fähigkeiten innerhalb des Unternehmens entstehen. Dies beinhaltet, dass unter anderem neue Produkte bzw. leistungsfähigere Prozesse gefunden werden. Gefordert ist ein systematischer Aufbau der organisationalen Wissensbasis. Als Basis für alle getroffenen Maßnahmen dient die Schaffung einer wissensfördernden Unternehmenskultur, damit sich unter anderem Kreativität, Innovationsfähigkeit und systematische Problemlösungsfähigkeit entwickeln können. Notwendige Voraussetzungen sind hier die Schaffung von kreativen Freiräumen, Teamarbeit, Interaktion und

---

102 Vgl. Probst, G. / Raub, S. / Romhardt, K. (2003), S. 61 ff.
103 Vgl. Probst, G. / Raub, S. / Romhardt, K. (2003), S. 91 ff.
104 Vgl. Probst, G. / Raub, S. / Romhardt, K. (2003), S. 111 ff.

Kommunikation, sowie die Herstellung von Transparenz und Zugriffsmöglichkeiten über das bereits vorhandene Wissen in der Organisation.

▶ *Wissens(ver)teilung*

Aufgabe der Wissens(ver)teilung[105] ist es, das Wissen in den Unternehmen zu verbreiten und so an die Mitarbeiter weiterzugeben. Maßgeblich für die Auswahl der Methoden ist die Art des zu verteilenden Wissens. Explizites Wissen kann sehr oft durch die Erfassung in elektronischen Systemen für den Zugriff durch viele Mitarbeiter bereitgestellt werden, wohingegen bei implizitem Wissen ein direkter Kontakt zwischen den Mitarbeitern zu empfehlen ist. Anwendbare und bewährte Hilfsmittel für Wissensteilung sind beispielsweise Expertengespräche, Erfahrungsgruppen, Lernarenen, wechselnde Projekt-Teams, Expertenverzeichnisse, Online-Portale und Groupware.

▶ *Wissensnutzung*

Mit Maßnahmen der Wissensnutzung[106] soll der wirtschaftliche Einsatz des Wissens in Produkten und Prozessen erreicht werden. Mit diesem Baustein soll die praktische Umsetzung des Wissens in einen positiven Unternehmensbeitrag sicher gestellt werden. Hilfsmittel, welche im Rahmen der Wissensnutzung angewandt werden, sind unter anderem Workshops, Richtlinien, Erfahrungsgruppen, Lernarenen, „Communities of Practice" und Wissensportale.

▶ *Wissensbewahrung*

Wissensbewahrung[107] zielt darauf ab, erworbenes Wissen verfügbar zu machen. Hierbei geht es um eine systematische Dokumentation, die das Wissen untereinander und mit möglichen Anwendungssituationen/-problemen in Beziehung setzt. An dieser Stelle werden bevorzugt Instrumente aus den IuK-Technologien eingesetzt. Durch die Möglichkeiten der digitalen Speicherung und der damit verbundenen Suchfunktionen lassen sich heutzutage immer größere Mengen an Daten systematisch speichern. Auf organisatorischer Seite können z. B. Möglichkeiten gefunden werden, neue Mitarbeiter schneller anzulernen bzw. Austrittsbarrieren für den Verlust von wichtigen Mitarbeitern zu schaffen. Bewährte Methoden und Technologien sind „Data Warehouse", Dokumenten-Management-Systeme, Intranet-Portale, „Lessons learned"[108], De-Briefing von Projekten und Mentoring.

---

105 Vgl. Probst, G. / Raub, S. / Romhardt, K. (2003), S. 139 ff.
106 Vgl. Probst, G. / Raub, S. / Romhardt, K. (2003), S. 173 ff.
107 Vgl. Probst, G. / Raub, S. / Romhardt, K. (2003), S. 189 ff.
108 „Lessons learned" bezeichnet die systematisch gesammelten Erfahrungen eines Projektes oder einer Unternehmung.

▶ *Wissensbewertung*

Die Wissensbewertung[109] dient dazu, den Grad der Umsetzung der im Baustein „Wissensziele" festgelegten Ziele festzustellen. Wissensmanagement stellt einen zeitlichen und monetären Aufwand dar. Geschäftsleitung und Mitarbeiter interessieren sich deshalb für eine objektive Bewertung des Wissensmanagement-Erfolges. Eine quantitative Betrachtung des Faktors Wissen ist jedoch schwierig. Wissen ist immer situationsbezogen und in Geschäftsprozesse eingebunden. Traditionelle betriebswirtschaftliche Bewertungsmethoden sind hier nur schwer einsetzbar. Es müssen neue Ansätze und z. B. Erfolgsfaktoren und Kennzahlen gefunden werden, die den Erfolg und den Grad der Zielerreichung definieren. Methodisches Hilfsmittel für eine Wissensbewertung ist in erster Linie die Wissensbilanz.

4.3. Das Münchener Modell

Das „Münchener Modell"[110] basiert auf einer pädagogisch-psychologischen Sicht von Wissensmanagement. Im Mittelpunkt steht die Vorstellung von Wissen als einem variablen Zustand zwischen Information und Handeln. Wissen ist ständig in Bewegung, einer Art Fließbewegung. Für die weiteren Betrachtungen wird die Analogie zu den drei Aggregatzuständen von Wasser bemüht. In „gefrorener" Form ist es als Informationswissen gut zu handhaben und zu speichern. Als „gasförmiges" Handlungswissen entzieht es sich dem direkten Zugriff und ist schwerer zu steuern.

Durch diese Sichtweise wird im Münchener Modell sowohl dem Objekt- als auch dem Prozesscharakter des Wissens Rechnung getragen. Im Objektcharakter ist Wissen greifbar wie z. B. niedergeschrieben in einem Buch, in einem Video erfasst, im Intranet gespeichert, etc. Dahingehend fußt Wissen in der Bedeutung als Prozess auf der Erfahrung und benötigt direkten Kontakt zwischen Menschen. In dieser Form ist das Wissen eng mit dem Kontext der Handlung verknüpft und so mit der Situation und den Wissens-Trägern verbunden. Aus diesem Verständnis für Wissen ergibt sich auch der Auftrag für das Wissensmanagement nach dem Münchener Modell. Zum einen sind definierte, bewährte Vorgehensweisen zur Steuerung der Prozesse in der Organisation notwendig und zum anderen sind Maßnahmen aus dem Bereich der Pädagogik und Psychologie zur Förderung der nicht berechenbaren Faktoren Mensch und Kultur notwendig. Das integrative Wissensverständnis dieses Modells postuliert eine Entwicklung hin zu einer lernenden Organisation. Dazu sind Lernbereit-

---

109 Vgl. Probst, G. / Raub, S. / Romhardt, K. (2003), S. 211 ff.
110 Vgl. Reinmann-Rothmeier, G. (2001), S. 1 ff.

schaft und Lernfähigkeit der beteiligten Mitarbeiter notwendig, welche den „Ort des Wandels" bilden[111]. Dem hingegen ist die Organisation der „Ort des Handelns". Die lernende Organisation entsteht demnach durch Verbindung von individuellen und organisationalen Lernzyklen.

Den Kern des Münchener Modells[112] zum Umgang von Wissen in Organisationen bilden vier Hauptprozesse. Durch Wissensrepräsentation wird das Wissen sichtbar, transportierbar und greifbar. Dieser Prozess zielt darauf ab, das Wissen sozusagen „einzufrieren", um es zum „Auftauen" bereitzuhalten. Es handelt sich um eine Bewegung in Richtung Information. Der Schritt der Wissensnutzung zielt darauf ab, das Wissen auf die Anwendungen zu übertragen. Durch die Prozesse der Wissenskommunikation wird Wissen ausgetauscht, geteilt und vernetzt. Dadurch wird eine Wissensbewegung erreicht, die im Idealfall im Unternehmen das Wissen ungehindert fortbewegen. Die Prozesse der Wissensgenerierung führen dazu, dass die Informationen zu einem für die Handlung relevantem Wissen verarbeitet wird. Die Generierungsprozesse sorgen dafür, dass neue und innovative Ideen entstehen. In all diesen Prozessen, die in der Praxis ineinander übergehen und sich nur analytisch trennen lassen, spielen Problemlösen und Kreativität, Metawissen und kognitive Strategien, auch Motivation und Wille sowie Gefühle und das kulturelle Umfeld eine große Rolle[113].

4.4. Wissensmarktkonzept

Das Wissensmarkt-Modell[114] sieht Wissen als knappe Ressource innerhalb einer Organisation (siehe Abbildung 19). Daraus leitet das Konzept ab, dass Wissen nur unter Betrachtung von marktorientierten Mechanismen wettbewerbswirksam entwickelt und genutzt werden kann. Dementsprechend erarbeitet das Modell Rahmenbedingungen für einen Wissensmarkt und gestaltet Marktmechanismen (Spielregeln) die den Ausgleich zwischen Wissensangebot und Wissensnachfrage fördern. Des Weiteren definiert das Modell Instrumente und Prozesse für ein operatives Wissensmanagement. Insbesondere fordert das Wissensmarkt-Modell ein Gesamtkonzept als ganzheitliche Sichtweise auf das Unternehmen, anstatt einer Konzentration auf einzelne Bausteine. Es wird verlangt, dass sich Wissensmanagement sowohl in der Strategie der Organisation als auch in der

111 Vgl. Reinmann-Rothmeier, G. (2001), S. 8.
112 Vgl. Reinmann-Rothmeier, G. (2001), S. 1 ff.
113 Vgl. North, K. (2005), S. 177 f.
114 Vgl. North, K. (2005), S. 253 ff.

operativen Ausgestaltung der Unternehmen widerspiegeln muss. Ein wissens-marktorientierter Ansatz wird ebenfalls von Davenport/Prusak[115] verfolgt.

Rahmenbedingung	Spieler und Spielregeln	Instrumente und Prozesse
Verankerung der Werte und Bedeutung des Wissens im Unternehmensleitbild	Wissensmarkt schaffen: anspruchsvolle, kooperationsfördernde Ziele setzen und Erfüllung messen	Wissensmanagement in Arbeitsabläufe integrieren (Projekt- bzw. Prozess-perspektive)
Erwünschtes Führungskräfte- und Mitarbeiterverhalten beschreiben, Ist-Verhalten daran messen, Auswahl und Förderung gemäß erwünschtem Verhalten	Akteure des Wissensmarktes (=Spieler) etablieren	Medien und Organisa-tionsstrukturen implementieren
Rollen und Kompetenzen der Mitarbeiter beschreiben und entwickeln	Marktausgleichsmechanismen (=Spielregeln) definieren und wirksam werden lassen Interessencluster-Prinzip Leuchtturm-Prinzip	Informationstechnische Infrastruktur entsprechend aufbauen
Im Beurteilungs- und Vergütungssystem Kooperation und Gesamterfolg des Unternehmens honorieren	Push- und Pull-Prinzip	

Abbildung 19:   Wissensmarktmodell
Quelle: North, K. (2005), S. 182.

4.5.   Systemisches Wissensmanagement

Systemisches Wissensmanagement wendet die Systemtheorie[116] auf das Wissensmanagement an. Der Ansatz geht davon aus, dass Wissensbestände nicht isoliert von den jeweiligen Wissensträgern organisiert werden können. Die Organisationen und damit die organisationale Wissensbasis stellen komplexe Systeme dar.[117] Damit ist die Steuerung des Wissens innerhalb der Organisatio-nen nur durch die „(interne) Selbststeuerung und die (externe) Kontextsteuerung möglich"[118]. Wissensmanagement umfasst in diesem Erklärungsmodell die Gesamtheit der gestalterischen Aktivitäten in Bezug auf die Träger. Im

---

115 Vgl. Davenport, T. / Prusak, L. (2000), S. 25 ff.
116 Vgl. Willke, H. (2001), S. 6 ff.
117 Vgl. Willke, H. (2007), S. 59 f.
118 Vgl. North, K. (2005), S. 184.

Vordergrund stehen Maßnahmen zur Gestaltung von organisatorischen Rahmenbedingungen und systemischer Veränderungsprozesse.

4.6. Modell lernender Organisationen

Der Begriff des Lernens ist eng mit Wissen verknüpft. Die Fähigkeit zu lernen, ist wesentlicher Bestandteil der Wissensmanagement-Idee.[119] Lernprozesse ermöglichen es erst, Wissen zu bewahren, zu verteilen oder zu nutzen. Demnach führt Lernen, zufällig oder gewollt zu einem Anpassungsverhalten aufgrund eines externen Reizes. Es existieren eine Vielzahl von Lerntheorien mit behavioristischen, persönlichkeitsbezogenen, sozialen und kognitiven Ansätzen.[120] Durch Lernprozesse wird eine Anpassung an sich ändernde Umweltbedingungen erreicht. Übertragen auf den Themenkomplex der Organisation bedeutet dies, dass Lernen eine Veränderung der organisationalen Wissensbasis zur Folge hat. Für die Organisation führt das unter anderem zum Erwerb neuer Erkenntnisse, der Verbesserung der bestehenden Prozesse oder auch dem Aufbau und der qualitativen Weiterentwicklung des Unternehmenswissens. Im Bezug auf Wissensmanagement bedeutet dies die Schaffung kollektiver Bezugsrahmen sowie die Erhöhung organisationaler Problemlösungs- und Handlungskompetenz.[121] Prozesse laufen hierbei sowohl auf persönlicher Ebene, auf Teamebene und auch in der als Gesamtsystem verstandenen Organisation ab.

▶ *Lern-Ebenen*

Nach Argyris, C. / Schön, D. (1978) können für das Lernen drei auf sich aufbauende Lernniveaus unterschieden werden.[122] Dadurch findet organisationales Lernen grundsätzlich durch den Vergleich der Handlungsergebnisse mit den Erwartungen statt. Erfolgt die Korrektur der Abweichungen unter Beibehaltung der herrschenden Managementphilosophie, wird als niedrigstes Lern-Niveau von „Single-Loop-Lernen"[123] oder auch „Anpassungslernen", gesprochen (siehe Abbildung 20). Bei diesem Ansatz wird von anpassenden Angleichungen der Unternehmen an unvorhergesehene Veränderungen der Umwelt ausgegangen. Die Organisation kann mit dieser „Lern-Ebene" ihre Überlebensfähigkeit an die geänderten Bedingungen nur durch Anpassung sichern, wobei als Basis nur

---

119 Vgl. Wildemann, H. (2003), S. 14 f.
120 Vgl. hierzu die Zusammenstellung von der Oelnitz/Hahmann (2003) S. 63ff und Güldenberg (2003), S. 77 ff.
121 Vgl. Probst, G. / Raub, S. / Romhardt, K. (2003), S. 23.
122 Vgl. Argyris, C. / Schön, D. (1978), S. 1 ff.
123 Vgl. Oelnitz von der, D. / Hahmann, H. (2003), S. 72.

Erfahrungen mit gleichen Situationen aus der Vergangenheit dienen können. Werden für die Korrekturen hingegen neue Schemata zur Interpretation der aus der Umwelt wahrgenommenen Signale gesucht, findet „Double-Loop-Lernen", auch genannt „reflexives Lernen" statt.[124] Erreicht man beim „Single-Loop-Lernen" durch Adaption innerhalb der Grenzen etablierter Denkmuster lediglich eine evolutionäre Veränderung, ist es durch „reflexives Lernen" möglich, Veränderungen mit revolutionärem Charakter zu erreichen. Dieses Erneuerungslernen stellt Unternehmen vor die Herausforderung, die bisher gültigen Zusammenhänge in Frage zu stellen und grundlegend umzudenken. Als Ergebnis kann dies zu grundlegend neuem Wissen führen. Für solch eine grundlegende Veränderung des Handlungsrahmens ist jedoch eine offene und lernbereite Organisation notwendig. Den Erwerb dieser Veränderungskompetenz bezeichnet man als „Deutero-Lernen".[125] Dies bedeutet „Lernen zu lernen" und erfordert eine Selbstreflexion der eigenen Lernprozesse. Die Organisation sammelt Erfahrungen über die eigenen Lern-Abläufe und stellt sich der Herausforderung, sowohl Lern-Hindernisse aus dem Weg zu räumen, als auch Lern-Erleichterungen zu kreieren. Eine erfolgreich lernende Organisation wird auf allen drei Lernebenen aufbauen, damit die organisatorischen Fähigkeiten zum Umgang mit Neuem gesteigert werden.

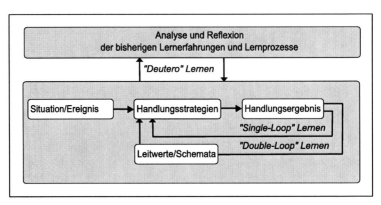

Abbildung 20:   Die drei Ebenen organisationalen Lernens

Quelle: Eigene Darstellung in Anlehnung an Lehner, F. (2006), S. 110.

Eine weitere Unterscheidung für organisationales Lernen kann in Bezug auf den Lern-Zeitpunkt getroffen werden. Entscheidet sich ein Unternehmen zum Beispiel mit der Einführung einer neuen Fertigungstechnologie zu warten, bis bei Wettbewerbern Erfahrungen zur Nutzung vorliegen, so spricht man von

---

124 Vgl. Oelsnitz von der, D. / Hahmann, H. (2003), S. 73.
125 Vgl. Oelsnitz von der, D. / Hahmann, H. (2003), S. 74.

„reaktivem Lernen". Erfolgt die Aktion jedoch im Vergleich zur Konkurrenz vorher, so liegt der Zeitpunkt des Lernens ebenfalls zeitlich früher und wird als „proaktives Lernen" bezeichnet.[126]

Organisationales Lernen ist Voraussetzung für Wissensmanagement.[127] Die beiden Managementansätze bauen aufeinander auf. Das Konzept des organisationalen Lernens wird bereits seit den 70er Jahren diskutiert. Mit dem Wissensmanagement steht nun ein Managementkonzept zur Verfügung, um die organisationale Wissensbasis im Sinne des organisationalen Lernens zu gestalten. Somit bilden die Vorgänge des Lernens von Unternehmen eine der Grundlagen für die Arbeit mit der Ressource Wissen.

4.7. Fazit der Betrachtung der allgemeinen Wissensmanagement-Ansätze

Trotz der Unterschiedlichkeit bei der Herangehensweise an die Thematik des Wissensmanagement weisen die Ansätze Gemeinsamkeiten auf. Das Ziel der untersuchten Konzepte ist immer die Strukturierung des Wissensmanagements in beherrschbare Teilaspekte. Dadurch lassen sich Anwendungsfälle systematisieren und ein zumindest in Teilen standardisiertes Aktionsmuster zur Intervention ableiten. Durch die Benennung von Prozessen wie bei Nonaka, I. / Takeuchi, H. (1997) und Reinmann-Rothmeier, G. (2001) oder Bausteinen wie bei Probst, G. / Raub, S. / Romhardt, K. (2003) ist eine Systematisierung des Wissensmanagements in Projekten zwar generell denkbar, kann dieses aber aufgrund des traditionellen, organisatorischen Fokus nicht hinreichend abbilden. Weite Aspekte, wie zum Beispiel die Organisation, die Verantwortlichkeiten oder auch der Projektfortschritt in Form von Projektphasen bleiben offensichtlich unberücksichtigt. Dies gilt auch für den Wissensmarktansatz nach North, K. (2005) und den systemischen Ansatz nach Willke, H. (2001). Die Disziplin des organisatorischen Lernens scheint geeignet, grundlegend die Lernprozesse auch in Projekten zu erklären, scheidet als Ansatz zur Gestaltung des Wissensmanagements im Anwendungsfall jedoch aus den gleichen Gründen aus. Durch die weite Verbreitung dieser Ansätze liefern diese Konzepte jedoch eine ausbaufähige Basis in Form der grundsätzlichen Gedankengänge und Begrifflichkeiten, die sich im Zuge der häufigen wissenschaftlichen Diskussion als Standard etabliert haben. Die Frage nach der Gestaltung des Wissensmanagements im Fall der vorliegenden Problematik im Projektumfeld bleibt jedoch nach der Erarbeitung der allgemeinen theoretischen Grundlagen unbeantwortet. Aus diesem Grund erfolgt im nächsten Schritt eine Standortbestimmung für weiterführende Ansätze aus dem Schnittpunkt der Gebiete Wissensmanagement und Projektmanagement.

---

126 Vgl. Lehner, F. (2006), S. 109 ff.
127 Vgl. hierzu die Ausführungen bei Güldenberg, S. (2003), S. 107 ff.

5. Wissensmanagement in unternehmensübergreifenden Forschungsprojekten im internationalen Umfeld

Begründet auf dem Defizit allgemeiner Ansätze die spezifische Situation in Projekten für das Wissensmanagement abzubilden, erfolgt nun eine Analyse des Standes der Forschung für den Kernbereich dieser Arbeit, dem Wissensmanagement im Schnittpunkt zum Projektmanagement. In Analogie zu den Begrifflichkeiten aus der allgemeinen Theorie des Wissensmanagements werden die Begriffe für diese Arbeit auf die Betrachtung des Wissens für Projektsituationen übertragen. Exemplarisch wird die Analogie anhand der Begriffe der Wissensbasis und des Wissensmanagements für den Projektkontext demonstriert.

▶ *Projektwissensbasis*

In B.3.3 wurde die Wissensbasis als die Gesamtheit des individuellen und kollektiven Wissens einer Organisation beschrieben. Dementsprechend setzt sich die Projektwissensbasis aus dem individuellen Wissen der Projektteilnehmer und dem kollektiven Wissen der Projektorganisation zusammen. Das kollektive Wissen findet sich hierbei z. B. in den Prozessen, Routinen, Praktiken und Normen, die innerhalb des Projektes etabliert wurden, wieder. Hierzu können auch Inhalte gezählt werden, die aus den Unternehmen der Projektteilnehmer mit in die Projektorganisation eingebracht werden.

▶ *Wissensmanagement in Projekten*

Die Definition des Wissensmanagements aus B.3.4 lässt sich ebenfalls auf die Anwendung in Projekten übertragen, dementsprechend definiert es sich wieder als die Gesamtheit der personalen, organisatorischen, kulturellen und technischen Praktiken, die in einer Organisation bzw. einem Netzwerk auf eine effiziente Nutzung der Ressource "Wissen" zielen.

5.1. Überblick der bestehenden Konzepte

Der Forschungsgegenstand wurde in A.2 in den Bereich des Schnittpunkts von Wissensmanagement mit dem Projektmanagement eingeordnet. Dementsprechend müssen bei der Betrachtung des Stands der Diskussion publizierte Ansätze und Konzepte aus diesen Bereichen betrachtet werden. Während für die Bereiche Wissensmanagement und Projektmanagement für sich genommen jeweils eine Vielzahl von Publikationen existiert, ist der Bereich für Wissensmanagement in Projekten noch weitgehend unerforscht. Hier fallen insbesondere einige fallstudienbasierte Arbeiten bezogen auf bestimmte Projekttypen bzw. Branchen ins Auge. Nur wenige Autoren beschäftigen sich ansatzweise mit der Konzeptionierung von branchenübergreifenden Ansätzen. Des Weiteren können

Arbeiten identifiziert werden, die sich mit weiteren relevanten Teilbereichen des Forschungsgebietes beschäftigen. Tabelle 2 gibt einen Überblick über die für diese Arbeit recherchierten Publikationen. In den folgenden Abschnitten werden diese Beiträge in Bezug auf die diese Arbeit betreffenden Ergebnisse untersucht.

Tabelle 2:   Übersicht zum Stand der Diskussion Wissensmanagement in Projekten

Quelle: Eigene Erstellung

Autor(en)	Jahr	Art	Titel
Ayas, K.	1996	Artikel in „International Journal of Project Management"	Professional project management: A shift towards learning and a knowledge creating structure
Gassmann, O.	1997	Dissertation	Internationales F&E-Management
Steiger, C.	2000	Dissertation	Wissensmanagement in Beratungsprojekten auf Basis innovativer Informations- und Kommunikationstechnologien: Das System K3
Olonoff, N.	2000	Artikel in „PM Network – Project Management"	Features – Knowledge Management and Project Management – Can these two revolutionary desciplines coexist? A team of George Mason University shows the way
Ilgen, A.	2001	Dissertation	Wissensmanagement im Großanlagenbau - Ganzheitlicher Ansatz zur empirischen Überprüfung
Peterson, M.	2001	Dissertation	Wissensmanagement in der strategischen Unternehmensberatung – Erfolgsfaktoren, Methoden, Konzepte
Birk, A. / Dingsøyr, T. / Stålhane, T.	2002	Artikel in „IEEE Software"	Knowledge Management – Postmortem: Never leave a Project without it
Deckert, C.	2002	Dissertation	Wissensorientiertes Projektmanagement in der Produktentwicklung
Schindler, M.	2002	Dissertation	Wissensmanagement in der Projektabwicklung. Grundlagen, Determinanten und Gestaltungskonzepte eines ganzheitlichen Projektwissensmanagements

Autor(en)	Jahr	Art	Titel
Brettreich-Teichmann, W.	2003	Dissertation	Wissensmanagement in verteilten Organisationen – Infrastruktur für flexible Arbeitsarrangements
Bresnen, M. /Edelmann, L. / Newell, S. / Scarbrough, H. / Jacky, S.	2003	Artikel in „International Journal of Project Management"	Social practices and the management of knowledge in project environments
Kasvi, J.J. / Vartiainen, M. / Hailikari, M.	2003	Artikel in „International Journal of Project Management"	Managing knowledge and knowledge compentence in projects and project organizations
Koskinen, K.U. / Pihlanto, P. / Vanharanta, H.	2003	Artikel in „International Journal of Project Management"	Tacit knowledge acquisition and sharing in a project work context
Liebowitz, J. / Megblugbe, I.	2003	Artikel in „International Journal of Project Management"	A set of frameworks to aid the project manager in conceptualizing and implementing knowledge management initiatives
Love, P. / Edum-Fotwe, F. / Irani, Z.	2003	Artikel in „International Journal of Project Management"	Management of knowledge in project environments
Desouza, K.C. / Evaristo, J.R.	2004	Artikel in „Communications of the ACM"	Managing knowledge in distributed projects
Humpl, B.	2004	Dissertation	Transfer von Erfahrungen: ein Betrag zur Leistungssteigerung in projektorientierten Organisationen
Leseure, M.J./ Brookes, N.J.	2004	Artikel in „Journal of Knowledge Management"	Knowledge management benchmarks for project management
Akgün, A.E. / Byrne, J. / Keskin, H. / Lynn, G.S. / Imomoglu, S.Z.	2005	Artikel in „Information & Management"	Knowledge networks in new product development projects: A transactive memory perspective

Autor(en)	Jahr	Art	Titel
Borner, R.	2005	Dissertation	Prozessmodell für projekt- und erfolgsorientiertes Wissensmanagement zur kontinuierlichen Verbesserung im Bauunternehmen
Turner, J.	2005	Artikel in „Project Management Today"	Knowledge management and the project management community
Love, P. / Fong, P. / Irani, Z. (Hrsg.)	2005	Herausgeberband	Management of Knowledge in Project Environments
Brookes, N.J. / Morton, S.C. / Dainty A.R. / Burns N.D.	2006	Artikel in „International Journal of Project Management"	Social processes, patterns and practices and project knowledge management: a theoretical framework and an empirical investigation
Cüppers, A.	2006	Dissertation	Wissensmanagement in einem Baukonzern – Anwendungsbeispiel bei Bauprojekten
Weissenberger-Eibl, M.	2006	Dissertation	Wissensmanagement in Unternehmensnetzwerken
Boh, W.F.	2007	Artikel in „Information and Organization"	Mechanism for sharing knowledge in project-based organizations
Reich, B.H.	2007	Artikel in „Project Management Journal"	Managing knowledge and learning in IT Projects: a conceptual framework and guidelines for practice
Wald, A.	2008	Herausgeberband	Projektwissensmanagement. Status Quo, Gestaltungsfaktoren, Erfolgsdeterminanten
Kreitel, W.A.	2008	Buch	Ressource Wissen. Wissensbasiertes Projektmanagement erfolgreich im Unternehmen einführen und nutzen
Koskinen, K.U. / Pihlantonm, P.	2008	Herausgeberband	Knowledge management in project-based companies – an organic perspective
Hanisch, B. / Lindner, F. / Mueller, A.	2009	Artikel in „Journal of Knowledge Management"	Knowledge Management in project environments

5.2. Fallstudien

Zur Untersuchung der Umsetzungsmöglichkeiten von Wissensmanagement in Projekten analysieren einige Autoren Fallstudien aus unterschiedlichen Branchen. So untersuchen Steiger, C. (2000) und Peterson, M. (2001) in Ihren Dissertationen das Wissensmanagement in Beratungsprojekten. Ilgen, A. (2001) bearbeitet das Thema unter dem Gesichtspunkt des Großanlagenbaus. Die Arbeiten von Deckert, C. (2002) und Akgün, A. et al. (2005) beschäftigen sich mit Wissensmanagement in Produktentwicklungsprojekten. Reich, B. (2007) beschäftigt sich mit Lernprozessen und Wissensmanagement in IT-Projekten. Die Arbeiten von Borner, R. (2005) und Cüppers, A. (2006) sind im Bereich von Projekten in der Bau-Branche angesiedelt. Brettreich-Teichmann, W. (2003) und Desouza, K. / Evaristo, J. (2004) bearbeiten das Wissensmanagement bei verteilten Organisationen in Bezug auf die Flexibilität der Projekte, die Infrastruktur der Arbeit und die Inhalte des Wissensmanagements. Die Herangehensweise als Fallstudie ermöglicht den Autoren jeweils Aussagen in Bezug auf die spezifischen Eigenheiten der untersuchten Branchen/Projekte zu treffen. Ein allgemeingültiger Ansatz, wie dieser auch im vorliegenden Fall Anwendung finden könnte, wird jedoch nicht vorgestellt.

5.3. Konzeptionelle Arbeiten und Analysen

Neben Fallstudien finden sich bei einigen Autoren auch konzeptionelle Ausarbeitungen zum Wissensmanagement und Analysen der generellen Umsetzbarkeit von Wissensmanagement in Projekten. Zwar wird auch bei diesen Ausarbeitungen kein allgemeingültiges Konzept vorgestellt, die Autoren beschäftigen sich aber auf einer breiteren Basis als einer einzelnen Fallstudie mit der jeweiligen Thematik.

Bei der Betrachtung der relevanten Literaturquellen zum Thema Wissensmanagement aus dem Bereich Projektmanagement fällt auf, dass das Wissensmanagement in der traditionellen Lehre über das Projektmanagement meist nicht begrifflich verankert ist. Eine Integration von Wissensmanagement in die Führung von Projekten widerspricht jedoch keinen allgemein anerkannten Grundsätzen des Projektmanagements. Eine Koexistenz scheint also möglich.[128] Zunehmend wird die gezielte optimale Nutzung von Wissen als Ressource in Projekten sogar als wichtig anerkannt.[129] Burghardt, M. (2006) erkennt Wissensmanagement in Projekten in Form von Operationsmanagement zum

---

128 Vgl. Olonoff, N. (2000), S. 61 ff und Ayas, K. (1996), S. 131 ff.
129 Vgl. Burghardt, M. (2006), S. 281.

optimalen Einsatz der Personalressourcen, als Assignment-Management zur optimalen Auswahl des richtigen Personals oder als Kompetenzmanagement zur langfristigen Erfassung und Abgleich der Qualifikationen des Personals an. Des Weiteren sieht Burghardt in der strategischen Schulungsplanung zum langfristigen Aufbau von Mitarbeiterqualifikationen eine passende Wissensmanagementmethode. Benchmarking kann nach dem Autor ebenfalls als Instrument eingesetzt werden, um im direkten Vergleich von den Besten zu lernen. Zur Sicherung des Erfahrungswissens nach dem erfolgreichen Abschluss von Projekten werden an dieser Stelle Erfahrungsdatenbanken und Erfahrungsberichte als passende Mittel genannt.

Weitere Beiträge über Wissensmanagement in der Projektabwicklung finden sich bei Schindler, M. (2002). Dort werden mit einem Schwerpunkt auf den Möglichkeiten und Potentialen der neuen Medien Gestaltungshinweise für eine verbesserte Projektmethodik unter Wissensmanagement Gesichtspunkten gegeben. Laut Schindler ist für die Zukunft von einer zunehmenden Virtualisierung von Projektteams auszugehen. Die sich daraus neu ergebende Komplexität begründet sich vor allem auf der Tatsache, dass Projektorganisationen kurzfristig gebildet werden, lediglich für einen kurzen Zeitraum bestehen und die Projektteams von verteilten Standorten arbeiten.[130] Die Problematik äußert sich laut Schindler hier vor allem in der Frage des Vertrauens und durch die Beschränkungen bei der Kommunikation über virtuelle Kanäle der IuK. Die Problematik der virtuellen Projekt-Teams beschreibt der Autor so z. B. bei der schwierigeren Identifikation und Nutzung des Wissens über die Grenzen des eigenen Arbeitsbereiches. In diesem Zusammenhang wird dabei herausgestellt, dass aktuelle Projektorganisationen oft sehr stark unterteilte Arbeitspakete vorsehen, die an unterschiedlichen Orten bearbeitet werden - ein Zugriff auf derartig stark verteiltes Wissen erscheint schwer. Schindler sieht Projektorganisationen für grundsätzlich geeignet auf die Anforderungen des Wissensmanagement für virtuelle Projekte zu reagieren.[131] Hierbei wird vor allem Potential bei Projekten mit hohem Anteil an kodifizierbarem Wissen gesehen, das im Allgemeinen gut mit IuK-Technologien verarbeitet werden kann.[132] Schindler fordert zusätzlich zum Einsatz von IT-Plattformen den Einsatz von organisationalen Maßnahmen wie z. B. Einführung von Projektrollen wie Wissensmaklern, Mikroartikel oder die Gründung von Kompetenzzentren.[133]

Boh, W. (2007) differenziert in Projekten Mechanismen zur Teilung von Wissen nach den Aspekten Individualisierung, Institutionalisierung, Personalisierung und Kodierung. Dabei unterscheidet er den Einsatz dieser Aspekte in Abhängigkeit der Projekt-Rahmenbedingungen. So eignen sich z. B. bei kleinen,

---

130 Vgl. Schindler, M. (2002), S. 227.
131 Vgl. Schindler, M. (2002), S. 227.
132 Vgl. Howaldt, J. / Klatt, R. / Kopp, R. (2005), S. 149.
133 Vgl. Schindler, M. (2002), S. 231.

einmaligen Projekten eher personalisierte und individualisierte Wissenstransfer-Mechanismen. Liebowitz, J. / Megblugbe, I. (2003) untersuchen Wissensmanagement-Rollen in Projekten und analysieren die Rolle des Projektmanagers. Wald, A. (2008) stellt einen vierstufigen Projektwissensmanagement-Verbesserungsprozess vor. Dieser besteht aus der Bestandsaufnahme, Evaluation, Konzeption und Umsetzung bzw. Erfolgskontrolle des Wissensmanagements. Kreitel, W. (2008) stellt Möglichkeiten zum Wissenstransfer in der Projektarbeit vor und erläutert mögliche Umsetzungen an mehreren Beispielen.

5.4. Weitere Untersuchungen von Teilaspekten

Neben den recherchierten Fallstudien und konzeptionellen Arbeiten sind in der Literatur noch eine Reihe weiterer Publikationen zu finden, die sich auf die grundlegende Motivation zur Durchführung von Wissensmanagement und dem Verhältnis zum Projektmanagement beziehen. Hierzu sind die Arbeiten von Ayas, K. (1996) Olonoff, N. (2000), Birk, A. / Dingsøyr, T. / Stålhane, T. (2002), Kasvi, J. / Vartiainen, M. / Hailikari, M. (2003) und Turner, J. (2005) zu rechnen. In den Veröffentlichungen von Koskinen, K. / Pihlantonm, P. (2008) wird das Umfeld des Wissensmanagements in projektbasierten Unternehmen grundsätzlich behandelt. Die Arbeiten beziehen sich jedoch alle auf Teilaspekte oder bieten eine Sammlung von Methoden zum Einsatz in Projekten an – ein Gestaltungsansatz zur Formung eines Wissensmanagements innerhalb von F&E-Projekten wird jedoch nicht vorgestellt.

In seiner Arbeit über internationales F&E Management beleuchtet Gassmann, O. (1997) im Rahmen der Diskussion um das Management auch die Rolle des Wissens. Dabei wird die Vereinigung von Kompetenzen über die Standorte der Kooperation hinweg als wichtiger Beitrag zum Gelingen der F&E-Aktivitäten gesehen.[134] Über die oft transnationale Zusammenarbeit kann so ein wechselseitiger Wissenstransfer zwischen den Standorten erreicht werden. Laut Gassmann spielt dabei der informelle Aufbau von geteiltem Erfahrungswissen[135] eine größere Rolle als der Austausch von kodifiziertem Wissen in Form z. B. von Patenten. Dieser Austausch kann durch die Bildung informeller Netzwerke oder auch zeitweiligem Transfer von Personal erreicht werden.

Bei Weissenberger-Eibl, M. (2006) wird die Strategie eines Unternehmensnetzwerkes unter Wissensmanagementgesichtspunkten betrachtet. Es werden Entwicklungsstrategien für das Wissensmanagement in Unternehmensnetzwerken gegeben. Weissenberger-Eibl stellt fest, dass Wissensmanagement die

---

134 Vgl. Gassmann, O. (1997), S. 224.
135 Vgl. Gassmann, O. (1997), S. 225.

Effizienz und Effektivität von Unternehmensnetzwerken[136] steigern kann. Ein entsprechendes Gesamtkonzept zur Gestaltung des Wissensmanagements in Unternehmensnetzwerken, das Hilfestellung für Strategie, Prozess, Objekte und Strukturen liefert, existiert laut Weissenberger-Eibl jedoch in der Literatur nicht[137], vielmehr ist die bisherige Literatur auf innerbetriebliche Konzepte fokussiert. Weissenberger-Eibl schlägt einen Ansatz vor, der unter anderem die Notwendigkeit von Anreizsystemen zur Motivation für die Durchführung des Wissensmanagements betont. Des Weiteren wird die organisatorische Einbindung des Wissensmanagements in das Unternehmensnetzwerk gefordert, dies gilt insbesondere für die Ausgestaltung der Komponente der Netzwerkführung, die laut Weissenberger-Eibl eine Wissensmanagementkomponente beinhalten sollte.

Bresnen, M. et al. (2003) zeigen in den Untersuchungen des Wissensaustausches von Projekten den Einfluss von sozialen und kulturellen Faktoren. Bei Koskinen, K. / Pihlanto, P. / Vanharanta, H. (2003) finden sich Ausarbeitungen zum Wissenserwerb und der Wissensteilung im Projekt-Kontext. Bei Brookes, N. et al. (2006) und Leseure, M. / Brookes, N. (2004) sind Analysen zum Wissensaustausch in Projekten unter den Gesichtspunkten der sozialen Prozesse und Gewohnheiten der Projektteilnehmer anzutreffen. Bei Love, P. / Edum-Fotwe, F. / Irani, Z. (2003), Love, P. / Fong, P. / Irani, Z. (2005) und Hanisch, B. / Lindner, F. / Mueller, A. (2009) wird dem Wissensmanagement in Projekten ein großes, aber bisher weitgehend ungenutztes Potential zugeschrieben. Im Vordergrund der Untersuchungen stehen hier die Identifikation, Speicherung und der Austausch von Wissen. Humpl, B. (2004) betrachtet den Erfahrungsaustausch in und zwischen Projekten mit dem Ziel, die Leistung der Projekte innerhalb der Unternehmen zu steigern.

6. Fazit der Erarbeitung der theoretischen Grundlagen

Der Inhalt von Wissensmanagement ist die Gestaltung, Entwicklung und Lenkung der Wissensaspekte in Organisationen. Wissen kann dabei verschiedene Ausprägungen haben und z. B. als implizites Wissen der Mitarbeiter oder explizites, kodifiziertes Wissen in Form von Patenten oder Normen existieren. Projekte sind ein geeignetes Mittel, um temporären Unternehmungen einen organisatorischen Rahmen zu geben. Dabei wird vor allem Wert auf die Ausbalancierung des Verhältnisses von Zeit, Aufwand und Qualität/Leistung gelegt. Eine gleichzeitige Anwendung von Methoden des Projektmanagements und des Wissensmanagements scheint in Projekten möglich.

---

136 Vgl. Weissenberger-Eibl, M. (2006), S. 240.
137 Vgl. Weissenberger-Eibl, M. (2006), S. 240.

Die Übersicht der aktuellen Ansätze zum Wissensmanagement zeigt, dass über die Diskussion von Grundlagen hinaus bereits Methoden und Werkzeuge existieren, die einen systematischen Umgang mit der Ressource Wissen ermöglichen. Bestehende Ansätze in der Literatur konzentrieren sich jedoch vor allem auf Strategien zur Anwendung innerhalb der Organisationsgrenzen. Die Untersuchung des Stands der Forschung im Bereich des Schnittpunktes von Projektmanagement und Wissensmanagement zeigt keine zur Bearbeitung des Themas geeigneten, allgemeingültigen Ansätze. Die bestehenden Arbeiten konzentrieren sich auf die Untersuchung von Fallstudien zu bestimmten Branchen oder bearbeiten Teilaspekte in Form von Vorschlägen von z. B. technischen Instrumenten. Bei wenigen Autoren ist das Ziel eine branchenunabhängige oder eine vom Einzelfall übertragbaren Aussage. Die Herausbildung eines allgemein gültigen, etablierten Ansatzes konnte jedoch noch nicht festgestellt werden. Insbesondere für den Themenbereich von unternehmensübergreifenden F&E-Projekten im internationalen Umfeld ist es notwendig, einen Gestaltungsansatz für das Wissensmanagement neu zu entwickeln. Um einen Bezug zu bestehenden Arbeiten herzustellen, scheint es allerdings sinnvoll, diesen Gestaltungsansatz in einen geeigneten Bezugsrahmen zu den vorhandenen Konzepten zu setzen.

C. Ein Gestaltungsansatz für Wissensmanagement in unternehmensübergreifenden Forschungsprojekten im internationalen Umfeld

1. Aufbau des Kapitels

In diesem Kapitel wird der Gestaltungsansatz für das Wissensmanagement in unternehmensübergreifenden F&E-Projekten im internationalen Umfeld entwickelt und vorgestellt. Hierzu werden zunächst die Konzeptionsgrundlagen und das Umfeld erarbeitet. Danach wird ein Bezugsrahmen in Form der Bezugspunkte Technik, Organisation und Mensch hergeleitet. Es folgt eine Analyse der sich für den Gestaltungsansatz aufgrund des Umfeldes ergebenden Implikationen. Hierzu werden die Bereiche des Projektmanagements, des wirtschaftlichen Umfeldes sowie der spezifischen Anforderungen aus der unternehmensübergreifenden, internationalen Zusammenarbeit im Forschungs- und Entwicklungskontext untersucht. Aus diesen Analysen kann schließlich ein Anforderungskatalog für den Gestaltungsansatz aufgestellt werden. Auf Basis dieser gesammelten Anforderungen und des erarbeiteten Bezugsrahmens erfolgt die Vorstellung des Gestaltungsansatzes für das Wissensmanagement. Der Ansatz kann somit sowohl den Kontakt zu bestehenden Wissensmanagement-Konzepten und Instrumenten herstellen, als auch die besonderen Gegebenheiten der Problemstellung abbilden. An dieser Stelle wird insbesondere die Notwendigkeit zur differenzierten Gestaltung des Einsatzes des Wissensmanagement-Instrumentariums während der verschiedenen Projektphasen herausgearbeitet. Diese Struktur des Kapitels ist in Abbildung 21 dargestellt.

Abbildung 21: Struktur von Kapitel C

Quelle: Eigene Darstellung

2. Konzeptionsgrundlagen

2.1. Motivation und Anwendungspotential von Wissensmanagement

Wissensmanagement in ein Projekt einzuführen und zu leben, ist zwangsläufig mit Aufwand verbunden. Es müssen z. B. der Bedarf und die Ressourcen analysiert werden, Konzepte erstellt, Methoden eingeführt und letztendlich auch die Maßnahmen im Projektverlauf gelebt werden. Für die Projektleitung stellt sich die berechtigte Frage, ob sich dieser Aufwand lohnt. Nach einer Studie von Kluge, J. et al. (2003). kann ein Zusammenhang zwischen dem Einsatz von strukturierten, auf die Situation abgestimmten Wissensmanagement-Maßnahmen und dem finanziellen Erfolg eines Unternehmens hergestellt werden.[138] Zu dieser Erkenntnis gelangen die Autoren nach einer Untersuchung der eingesetzten Wissensmanagement-Methoden bei relevanten Branchenführern. Unter der Berücksichtigung, dass die Unternehmen, welche die Strategie des Wissensmanagements systematisch verfolgen, auch wirtschaftliche Erfolge vorweisen können, kann so ein Zusammenhang zwischen eingesetzten Wissensmanagement-Methoden und dem Unternehmenserfolg gezeigt werden. Dies kann als erster Anhaltspunkt dienen, Organisationen zur kritischen Überprüfung des eigenen Standpunktes und in der Folge zur Realisierung eigener Wissensmanagement-Aktionen zu motivieren.

▶ *Anwendungspotential*

Derzeit gibt es unterschiedliche Prognosen für die zukünftige Marktentwicklung von Wissensmanagement. Während Wissensmanagement einerseits als stark wachsender Markt und aufstrebendes Forschungsgebiet gesehen wird, ist es dennoch eine verhältnismäßig neue Disziplin, die sowohl in der wissenschaftlichen Publikation als auch in der Anwendung noch zu wenig Beachtung findet. Vor allem bei der Umsetzung von Wissensmanagement in Unternehmen ist bisher wenig geschehen.[139]

Das Anwendungspotential von Wissensmanagement kann aus den typischen Wissensproblemen wie z. B. dem Zeitmangel und der steigenden Komplexität bei der Verarbeitung der Informationsflut, der ungenügenden Umsetzung bzw. Wiederverwendung von bereits bekanntem Wissen sowie dem Mangel an Technologien, um diese Informations- bzw. Wissensflut zugänglich zu machen, abgeleitet werden. Als weiteres Potential kann Wissensmanagement die Transparenz von Entscheidungen und die Kommunikation im Unternehmensbereich verbessern. Somit kann es zu einem strategischen Vorteil für die Unter-

---

138 Vgl. Kluge, J. et al. (2003), S. 1 ff.
139 Vgl. Gehle, M. / Mülder, W. (2001), S. 18 ff.

nehmen kommen. Folgende Punkte können gute Gründe zum Einsatz von Wissensmanagement sein.[140]

- Neue Anforderungen des Wissensaustauschs bei der Überbrückung von Länder- und Branchengrenzen führen zur Einführung von Netzwerken
- Förderung von Kommunikationsbereitschaft und Teamentwicklung
- Schnelle und kontinuierliche Arbeitsabläufe durch ständigen Informationszugang
- Zuverlässige Vermittlung kompetenter Ansprechpartner
- Verhinderung bzw. Minimierung des Abflusses von Wissen bei hoher Fluktuation
- Integration von internen und externen Wissensquellen
- Strukturierung des Wissens statt doppelter Datenhaltung oder unstrukturierter Datenflut
- Effizienz bzw. Reduzierung des Zeitaufwandes bei der Suche nach Information

2.2. Analyse des Umfeldes

Im vorliegenden Fall ist das Wissensmanagement bei internationalen, unternehmensübergreifenden Forschungsprojekten zu betrachten. Wichtige Akteure im Projekt sind die Partnerorganisationen. Sie stellen finanzielle, personelle und sachliche Ressourcen zur Verfügung. Im Gegenzug sind sie am Ergebnis des Projektes beteiligt. Weitere Ressourcen werden bei Forschungsprojekten des Öfteren von z. B. öffentlichen Trägern wie der Europäischen Kommission zur Verfügung gestellt. Als weitere Gruppen haben die Öffentlichkeit sowie externe Experten Interesse am Fortschritt des Projektes. In der Detailansicht sind innerhalb des Projektrahmens die Forschungsprozesse sowie das Projektmanagement und das Wissensmanagement zu erkennen. Für das Umfeld des Forschungsvorhabens ergibt sich somit das in Abbildung 22 dargestellte Bild.

Insbesondere ist zu prüfen, inwiefern durch die Anwendung von Projektmanagementmethoden Einflüsse berücksichtigt werden müssen oder Chancen für Synergien entstehen.[141] Als weitere Gruppe von Faktoren sind die Implikationen zu betrachten, die auf die Spezialisierung des Forschungsthemas zurückzuführen sind: Forschungsumfeld, unternehmensübergreifende und internationale Zusammenarbeit. Letztendlich ist zu prüfen, welche Einflüsse aus der wirtschaftlichen, technologischen und soziologischen Entwicklung der Wirtschaft im 21. Jahrhundert für das Wissensmanagement im vorliegenden Fall abgeleitet

---

140 Vgl. Haasis, H. (2008), S. 235.
141 Vgl. Hofer-Alfeis, J. / Spek van der, R. (2002), S. 26.

werden können. Für die Konzeptionierung des Gestaltungsansatzes müssen demnach die Implikationen aus den folgenden Bereichen analysiert werden:

- Implikationen aus dem Projektmanagement
- Implikationen spezifisch für unternehmensübergreifende Forschungsprojekte im internationalen Umfeld
- Implikationen aus dem aktuellen wirtschaftlichen Umfeld

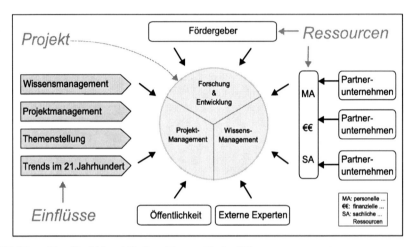

Abbildung 22:   Umfeld und Einflussfaktoren für das Wissensmanagement

Quelle: Eigene Darstellung

2.3.   Annahmen zur Ausgangssituation

Ausgangspunkt des Gestaltungsansatzes ist das Verständnis von Wissen als eine Ressource, die durch geeignete Maßnahmen bearbeitet, genutzt, vermehrt und übertragen werden kann. Zur Ausgangssituation des Wissensmanagements in unternehmensübergreifenden Forschungsprojekten im internationalen Umfeld werden dabei die folgenden Annahmen getroffen.

▶ *Strukturiertes Wissensmanagement ist wichtiger Bestandteil von unternehmensübergreifenden F&E-Projekten im internationalen Umfeld.*

Wissen spielt eine wichtige Rolle als Ressource bei der Durchführung von Forschungsprojekten. Im Vordergrund steht bei F&E-Maßnahmen der Erkenntnisgewinn und somit ein Wissenszuwachs. Damit wird die Wissensarbeit zum

Bestandteil des Projektauftrages. Strukturiertes Wissensmanagement kann auf diese Weise zum Projekterfolg beitragen.

▶ *Ein Ansatz zur Gestaltung von Wissensmanagement in F&E-Projekten für den vorliegenden Fall ist notwendig.*

Bestehende Wissensmanagementansätze konzentrieren sich wie in Kapitel B erarbeitet auf die Untersuchung von Wissensmanagement in Unternehmen und die Entwicklung entsprechender Maßnahmen im organisationalen Umfeld. Auch in der bestehenden Literatur aus dem Schnittpunkt von Wissensmanagement und Projektmanagement finden sich hier nur partielle Ansätze. Notwendig ist es, ein auf das spezielle Projektumfeld im Anwendungsfall zugeschnittenes Gestaltungsmodell aufzuzeigen.

▶ *Aus Sicht der Projektauftraggeber besteht Potential im effektiven Management der Ressource Wissen im Projektverlauf.*

Die Projektauftraggeber setzen mit dem Forschungsauftrag das Ziel und somit ein kontrollierbares Ergebnis für das Projekt. Über die Zuweisung von personellen, finanziellen, materiellen und immateriellen Ressourcen wird der Rahmen für die Forschungsprozesse vorgegeben. Die Auftraggeber haben berechtigtes Interesse am effektiven Management des eingesetzten impliziten und expliziten Wissens, aber auch dem bedachtsamen Einsatz der Geldmittel und Sachwerte bei der Wissensarbeit.

▶ *Aus Sicht der beteiligten Unternehmen besteht Potential bei der effektiven Nutzung des aus dem F&E-Projekt gewonnenen Wissens.*

Der Forschungsauftrag erfolgt im Allgemeinen mit dem Ziel, die Forschungsergebnisse auch wirtschaftlich zu verwerten. Über die Beteiligung der Partnerorganisationen am Konsortium sichern sich die Unternehmen Zugriff auf das im Projekt entwickelte Wissen. Dieses Wissen soll möglichst während der Forschungsarbeit und nach Abschluss des Projektes transferiert und genutzt werden.

3. Analyse der Implikationen aus dem Projektmanagement

3.1. Bestimmung der Vorgehensweise

Im Folgenden sollen die Faktoren des Projektmanagements untersucht werden. Zunächst ist jedoch zu klären, ob eine Durchführung von Forschungsvorhaben als Projekt im Sinne des unter Punkt B.2 diskutierten Projektverständnisses generell geeignet scheint. In Frage gestellt werden muss, ob das Vorhaben projektwürdig ist, oder besser in die Routineabläufe des Tagesgeschäftes einzuordnen ist. Nach dieser Verifizierung der Projekt-Kriterien erfolgt die Ausarbeitung der Implikationen.

Das Projektmanagement-Dreieck (siehe dazu B.2.2) mit den Eckpunkten Zeit, Aufwand und Leistung beschreibt den Zielhorizont eines erfolgreichen Projekts. Eine der sichtbarsten Formen des Projektmanagements ist die Bildung einer Projektorganisation, deshalb wird diese im Folgenden in Bezug auf die Implikationen für das Wissensmanagement analysiert. Zur Charakteristik eines Projektes gehört ebenfalls, dass sich der Projektverlauf in verschiedene Abschnitte, die sogenannten Projektphasen einteilen lässt. Des Weiteren ist es in aktuellen Forschungsprojekten üblich, dass mehrere Arbeitspakete gleichzeitig bearbeitet werden, man bezeichnet diesen Ansatz als „Simultaneous Engineering".[142] Wie sich dies auf das Wissensmanagement auswirkt, ist ebenfalls an dieser Stelle zu prüfen. Für das Management von Projekten existieren wie in der Theorie dargelegt Instrumente und erprobte Werkzeuge. Da davon auszugehen ist, dass Unternehmen auf diese Elemente zur Projektsteuerung auch im Fall von Forschungsprojekten zurückgreifen wollen und können, wird dieser Gesichtspunkt ebenfalls in die Untersuchungen mit einbezogen. Als Abschluss soll in diesem Kapitel noch zusammengetragen werden, welche Faktoren im Projektmanagement als wichtig eingeschätzt werden und so zum Erfolg eines Projektes beitragen. Diese Faktoren werden ebenfalls auf die Implikation für das Wissensmanagement geprüft.

3.2.   Prüfung der Projektkriterien auf den Anwendungsfall

Zunächst muss geprüft werden, ob eine Durchführung des Forschungsvorhabens als Projekt im Sinne des unter Punkt B.2 diskutierten Projektverständnisses generell geeignet ist und somit die Projektmanagement spezifischen Faktoren auf das Wissensmanagementmodell hier Anwendung finden müssen. Aus dem Projektverständnis im Sinne des Standes der Technik[143] lassen sich die im Folgenden beschriebenen Bedingungen ableiten. Zur Charakterisierung von Projekten gehört demnach, dass es sich bei den Themen um komplexe, neuartige Aufgabenstellungen handelt und gleichzeitig messbare Ziele für den Ausgang des Projektes definiert sind. Zu beachten ist ebenfalls, dass Projekte zeitlich befristet sind, also über ein festgelegtes Anfangs- und Enddatum verfügen. Ebenfalls betrachtet werden muss, dass per Definition nur eine begrenzte Menge

---

142 Vgl. Bullinger, H. / Warschat, J. (1997), S. 15 ff.
143 Vgl. DIN 69901

an finanziellen, personellen und sachlichen Ressourcen zur Verfügung steht. Projekte verlangen des Weiteren eine Bearbeitung im Rahmen eines Teams. Für dieses Projekt-Team wird unter Beachtung der zur Verfügung stehenden Ressourcen eine Projektorganisation entworfen. Diese Kriterien sind für den vorliegenden Fall für internationale, unternehmensübergreifende Forschungsprojekte, wie in Tabelle 3 überprüft, zu bejahen. Der Gestaltungsansatz für das Wissensmanagement muss sich deshalb innerhalb dieser Grenzen entwickeln, die sich durch diese Ableitung des Projektbegriffes ergeben.

Tabelle 3:   Prüfung der Projektkriterien[144]

Quelle: Eigene Erstellung aufgrund der Kriterien nach DIN 69901

Projekt Kriterium	Prüfung im vorliegenden Fall	Ergebnis
Komplexe, neuartige Fragestellung	Fragestellung aus dem Bereich der Forschung	Trifft zu
Messbare Ziele	Entwicklungsziele vorgegeben und überwacht	Trifft zu
Zeitliche Befristung	Start und Laufzeit stehen fest	Trifft zu
Begrenzte Ressourcen (finanziell, personell, sachlich)	Beteiligung der Partnerunternehmen vertraglich festgelegt, eventuelle öffentliche Fördermittel definiert	Trifft zu
Teamarbeit	Durchführung der Forschung in Arbeitsgruppen und Organisation als unternehmensübergreifendes Team	Trifft zu

3.3. Organisationsstrukturen in Projekten

Zur Ausführung von Projekten in geordneter Art und Weise ist eine organisierte Aufbau- und Ablaufstruktur notwendig. Die Festlegung der Projektorganisation ist ein erfolgskritischer Aspekt in den meisten Projekten.[145] Analog zur Organisation von Unternehmen muss es eine Hierarchie und Verantwortlichkeit im Projekt geben. Das Projekt kann in diesem Zusammenhang als temporäre Organisationseinheit gesehen werden, wobei je nach Art und Umsetzung der Projektorganisation die Zugehörigkeit im Vergleich zum klassischen Rollenverständnis bei Linienorganisationen unterschiedlich stark ausgeprägt sein kann. Typische Rollen von Beteiligten in Projekten sind die Projektauftraggeber, der Lenkungsausschuss, der Projektleiter und die Projektteammitglieder. Des

---

144 Nach DIN 69901
145 Burghardt, M. (2006), S. 88.

Weiteren ist die Rolle der Linienvorgesetzten zu beleuchten, sowie die Verantwortlichkeit für das Wissensmanagement zu betrachten. Abbildung 23 zeigt die Projektorganisation exemplarisch.

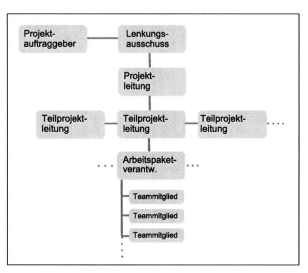

Abbildung 23:   Aufbauorganisation von Projekten

Quelle: Eigene Darstellung

▶ *Projektauftraggeber*

Die Projektauftraggeber stammen in der Regel aus einer übergeordneten Führungsebene und fungieren als Pate des Projektes. Die Auftraggeber müssen die Rolle der Machtpromotoren des Projektes ausfüllen und entscheiden über die Durchführung des Projektes. Von diesen Stellen werden die finanziellen, personellen und sachlichen Ressourcen genehmigt und die organisatorischen Voraussetzungen für die Durchführung des Projektes geschaffen. Im Laufe des Projektes überwachen sie die Ergebnisse und schlichten bei eventuellen Ressourcenkonflikten mit anderen Projekten oder Aufgaben aus der Linienorganisation. Im Fall von öffentlichen Förderprojekten wie z. B. aus den Forschungsrahmenprogrammen der EU kann auch eine externe Stelle (z. B. öffentliche Behörde) Aufgaben des Projektauftraggebers übernehmen.

▶ *Lenkungsausschuss*

Bei großen, abteilungsübergreifenden oder unternehmensübergreifenden Projekten wird oft ein Lenkungsausschuss eingerichtet. Vergleichbar der Rolle der Projektauftraggeber wird er über den Projektfortschritt informiert, genehmigt die Ressourcen und entscheidet über die Richtung des Projektes. Gebildet wird er ebenfalls aus Mitgliedern der oberen Führungsebene und setzt sich bei Beteiligung mehrerer Abteilungen oder Unternehmen üblicherweise auch aus Vertretern jeder dieser Einheiten zusammen.

▶ *Projektleiter*

Der Projektleiter ist für das Projektmanagement verantwortlich und wird deshalb oft auch als Projektmanager bezeichnet. Zu den Aufgaben gehören unter anderem die Planung, Koordination, Steuerung, Organisation sowie das Controlling des Projekts. Neben fachlichen Kompetenzen sind hier vor allem auch Management und Führungsqualitäten gefragt. Bei größeren Projekten wird das Projektmanagement oft durch Assistenzpositionen oder Teilprojektleiter verstärkt.

▶ *Projektteam-Mitglieder*

Zur Ausführung der Projektaufgaben wird ein Projektteam gebildet. Dieses setzt sich aus Experten mit den für das Projekt notwendigen fachlichen und persönlichen Kompetenzen zusammen. Die Experten werden entsprechend den einzelnen Teilaufgaben zugeordnet. An dieser Stelle ist auch eine weitere Unterteilung der Organisation durch Einführung einer Ebene von Teilprojektleitern oder ArbeitspaketVerantwortlichen möglich. Aus Sicht des Wissensmanagements ist die korrekte Besetzung nach Wissensgesichtspunkten entscheidend.

▶ *Linienvorgesetzte*

Durch die Eigenheit der Projektorganisationen haben die Teammitglieder normalerweise in den Fachabteilungen einen Disziplinar- und einen Fachvorgesetzten. Die Rolle dieser Manager ist von großer Bedeutung, da in der Regel die Ressourcenverantwortung bei ihnen liegt. Dadurch kann es zu Zielkonflikten und Spannungen bei der Priorisierung von Arbeitsinhalten kommen.

▶ *Verantwortlichkeit für Wissensmanagement*

Die Frage nach der organisatorischen Verantwortlichkeit für Wissensmanagement in Projekten kann aus den charakteristischen Aufgaben der Projektrollen beantwortet werden. Die Aufgaben des Projekt-Managements umfassen alle zur erfolgreichen Durchführung des Projektes notwendigen Verfahren und Techniken. Somit kann Wissensmanagement der Verantwortlichkeit des Projektmanagements zugerechnet werden. Als Strategieverantwortung ist dies sicherlich auch praktikabel. Für die Ausgestaltung und das „Leben" des Wissensmanagements liegt ein Großteil der Aufgaben jedoch sicherlich bei den Projektteilnehmern. Von Seiten der Auftraggeber bzw. des Lenkungsausschusses müssen dazu die notwendigen Mittel zur Verfügung gestellt werden. Außerdem ist die frühe Einbeziehung der Fachabteilungen in Form der Linienvorgesetzten für einen beiderseitigen Wissenstransfer notwendig. Als weitere Mitspieler können externe Auftraggeber, öffentliche Stellen, Kunden oder externe Experten gesehen werden. Es zeigt sich, dass Wissensmanagement nicht als abgegrenzte Aufgabe einzelner gesehen werden kann, sondern eine umfassende, ganzheitliche Bemühung notwendig ist.

3.4. Ablauf und Projektphasen

Um der Tatsache Rechnung zu tragen, dass ein Projekt im Rahmen des definierten Anfangs- und Endzeitpunktes in weitere Phasen eingeteilt werden kann, müssen diese zeitlichen Abschnitte hinsichtlich ihrer charakteristischen Eigenschaften unter Wissensmanagement Gesichtspunkten betrachtet werden. Die grundlegenden Projektphasen wurden bereits in B.2 zusammengetragen und werden in Abbildung 24 gezeigt.

▶ *Phase 1: Definition*

In der Phase der „Definition" wird das Projekt initiiert und so die Basis für das Projekt gelegt.[146] Als Grundlage werden die Problemstellungen, die Kundenanforderungen, die erwarteten Probleme und Ziele, sowie die Ideen zur Umsetzung gesammelt. Aus der Analyse dieser Daten wird ein Projektauftrag formuliert. Dieser dient zum einen den Auftraggebern des Projektes als Entscheidungsgrundlage und zum anderen den Projektteam-Mitgliedern als Auftrag und Zielformulierung für die nächste Phase, der Planung des Projektes.

---

146 Vgl. Burghardt, M. (2006), S. 29 ff.

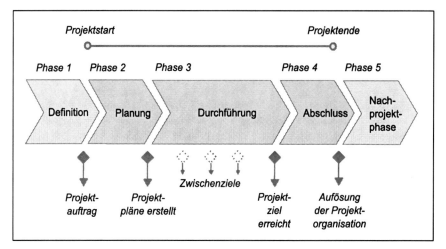

Abbildung 24:   Darstellung der Projektphasen

Quelle: Eigene Darstellung

▶ *Phase 2: Planung*

Der offizielle Start des eigentlichen Projektes erfolgt mit dem Übergang in die Planungsphase. Das Projektteam konkretisiert die Inhalte hinsichtlich der Ziele, Aufgaben, Ressourcen, Termine, Verantwortlichkeiten, etc. Nach Abschluss der Planungsphase sollten Projektdetailpläne in ausreichendem Detaillierungsgrad vorliegen, um die Durchführung des Projektes zu starten.[147]

▶ *Phase 3: Durchführung*

In diesem Projektabschnitt erfolgt die Ausführung der eigentlichen Arbeitspakete. Auf Basis der entworfenen Organisationsstrukturen und Ablaufpläne werden die Tätigkeiten entsprechend der Planung abgearbeitet. Bei dieser Phase handelt es sich in der Regel um den Hauptteil des Projektes. Der Abschnitt kann aus vielen einzelnen zeitlich koordinierten Aufgaben bestehen, die oft stark vernetzt aufeinander aufbauen. In dieser Arbeitsphase werden in Forschungsprojekten vor allem Ideen entwickelt, Konzepte entworfen, Versuche durchgeführt und ausgewertet, so wie Ergebnisse zusammengefasst und interpretiert. Dabei kann es durchaus vorkommen, dass noch Korrekturen an den Projektplanungsdokumenten vorgenommen werden müssen, um auf die bereits bearbeiteten Teilergebnisse oder auch externe Einflüsse zu reagieren. Aufgabe des Projektmanagements ist es in dieser Phase permanent den Projektfortschritt zu

---

147 Vgl. Burghardt, M. (2006), S. 138 ff.

kontrollieren und Abweichungen (z. B. Termine, Ressourcen, etc.) zu korrigieren. Am Ende dieser Phase steht die (hoffentlich) erfolgreiche Erreichung des Projektziels.

▶ **Phase 4: Abschluss**

In der Projektabschlussphase wird in einem Abschlussbericht das Projektergebnis dokumentiert, sowie an die Projektauftraggeber übergeben. Nach der Präsentation der Ergebnisse wird der Projektleiter von den Auftraggebern von der Aufgabe entlastet und die Projektteams werden aufgelöst. Die Projektteilnehmer kehren in ihre ursprünglichen Arbeitsbereiche zurück.

▶ **Phase 5: Nachprojektphase**

Nach Abschluss des Projektes sind die Projektteilnehmer mit neuen Aufgaben in neuen Projekten beschäftigt. Es ist wünschenswert, dass die im Forschungsprojekt gewonnen Ergebnisse weiterhin genutzt werden. So sollen die Ergebnisse möglichst in Produktideen umgesetzt und für den Markt vorbereitet werden. Das gewonnene Wissen soll verwendet werden oder auch in weiteren Forschungs- oder Entwicklungsprojekten vertieft werden. Dieser Abschnitt wird in dieser Arbeit aufgrund der hier beschriebenen Inhalte auch als Phase der Nachbearbeitung bezeichnet. Tabelle 4 fasst die Projektabschnitte nochmal kurz zusammen.

Tabelle 4:   Schwerpunkte in den Projektabschnitten

Quelle: Eigene Erstellung

Projektabschnitt	Kurzbeschreibung
Phase 1: Definition	Initiierung des Projektes, Formulierung der Problemstellung und des Projektauftrages
Phase 2: Planung	Konkretisierung der Inhalte, Erstellung der Projektpläne, Bildung der Projektorganisation
Phase 3: Durchführung	Abarbeitung der Arbeitspakete, Durchführung der Arbeitsaufträge, Ziel der Erfüllung des Projektauftrages
Phase 4: Abschluss	Zusammenfassung und Dokumentation der Ergebnisse, Übergabe des Abschlussberichts an die Auftraggeber, Auflösung der Projektorganisation
Phase 5: Nachprojektphase	Transfer und Nutzung der Projektergebnisse

3.5. Elemente der Projektsteuerung

Für die Steuerung von Projekten existieren erprobte Methoden. Diese können vom Projektmanagement eingesetzt werden, um die Aufgabenverteilung zu lenken. Die Kenntnis dieser Instrumente ist wichtig, um diese in das Wissensmanagement sinnvoll zu integrieren. Im Folgenden sollen mögliche Ansatzpunkte in ausgewählten Elementen der Projektsteuerung identifiziert werden.

Vor Start des Projektes kann z. B. mit einem Projektstrukturplan die Organisation in Teilprojekte und Aufgabenpakete dargestellt werden[148]. Diese Aufstellung von Arbeitspaketen gibt eine Übersicht über die zur Projektzielerreichung notwendigen Arbeitsschritte. Aus dieser Aufstellung kann dann in weiteren Schritten eine zeitliche Aufschlüsselung für einen Terminplan abgeleitet werden. Bei der Darstellung in Form eines Balkendiagramms werden die voraussichtlichen Start- und Endtermine der Arbeitspakete markiert.[149] Diese grobe Einteilung kann danach weiter bis auf die Ebene einzelner Aufgaben unterteilt werden und in das Diagramm übernommen werden (siehe Abbildung 25 für ein Beispiel).

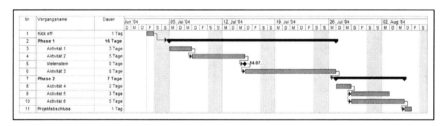

Abbildung 25:   Gantt-Balkendiagramm als Element der Projektsteuerung

Quelle: Eigene Darstellung

Als weitere Instrumente der Projektsteuerung können die unter B.2 beschriebenen Meilensteine in den Terminplan eingearbeitet werden und so wichtige Abschnitte im Projekt markieren. Von den Projektauftraggebern wird in der Regel bereits vor dem Abschluss des Projektes mit dem definierten Abgabeumfang z. B. eines Berichtes, Produktes, etc. in der Regel schon während der Laufzeit regelmäßige Information durch Zwischen- und Tätigkeitsberichte gefordert. Fälligkeit und Umfang dieser Leistungen wird sinnvollerweise ebenfalls im Terminplan festgeschrieben. Die bereits verwendeten und noch vorhandenen Mittel (Zeit, Ressourcen, ...) werden in Budget- und Kostenplänen verfolgt.

---

148 Vgl. Burghardt, M. (2006), S. 114 ff.
149 Vgl. Burghardt, M. (2006), S. 244 f.

Zur Koordination der Projektarbeit werden vom Projektmanagement gerne Kommunikationsmittel zur Absprache mit den Projektteilnehmern eingesetzt. Mögliche Kommunikationskanäle sind hierbei schriftliche per Brief, Fax, Email oder Internet/Intranet-Technologien oder mündlich in Form von persönlichen Gesprächen, auch per Telefon. Absprachen mit mehreren Teilnehmern können ebenfalls fernmündlich als Konferenzschaltung oder in Besprechungsterminen vor Ort gehalten werden. Zur Dokumentation der Ergebnisse, und oft auch um die Entscheidungsfindung festzuhalten werden Protokolle angefertigt. Diese können neben der Funktion als Gedächtnisstütze auch die Funktion einer Aufgabenliste für die Teilnehmer haben. Wichtig ist eine nachvollziehbare Dokumentation des Projektfortschrittes nicht nur für die Archivierung der Vergangenheit und zur Koordination der Gegenwart, sondern auch um bei festgestellten Abweichungen vom tatsächlichen Projektstand im Bezug auf Zeit, Kosten und Projektleistung, mit eventuellen Gegenmaßnahmen entsprechend reagieren zu können.

3.6. Simultaneous Engineering

Um die Entwicklungszeit für neue Produkte, oder eben die Bearbeitungszeit von Forschungsprojekten, zu verkürzen, hat sich die Strategie herausgebildet, eigentlich nacheinander folgende Arbeitsabläufe zeitlich überlappen zu lassen.[150] Das bedeutet, dass sobald in einem Arbeitspaket genügend Informationen erarbeitet wurden, um den nächsten Prozess zumindest zu starten, so wird dies durchgeführt. Durch diese parallele Bearbeitung der Arbeitspakete wird Zeit gespart. Die fehlenden Informationen und Ergebnisse werden während der Bearbeitung ständig weitergereicht. Zu Problemen kann es kommen, wenn sich grundlegende Faktoren durch die Ergebnisse im vorgelagerten Arbeitsprozess ändern. In diesem Fall sind eventuell aufwendigere Korrekturmaßnahmen notwendig. Dies wird in der Regel in Kauf genommen und zum Teil durch den positiven Effekt, dass durch den nachfolgenden Prozess ebenfalls wertvolle Informationen an den Vorgänger ausgetauscht werden können, aufgewogen.

Ursprünglich ist das Konzept des „Simultaneous Engineering" (dt. gleichzeitige Entwicklung) eher in der technischen Entwicklung und somit mehr der direkten Konstruktion als bei der wirtschaftlichen Umsetzung der Forschung zur Anwendung gekommen. Es kann aber in gleicher Weise ohne Weiteres auf die Situation in der Forschung übertragen werden. So können z. B. Versuchseinrichtungen bereits vor Abschluss der Prototypenfertigung gebaut werden.

Die gleichzeitige Bearbeitung der Arbeitspakete spart nicht nur Projektzeit, sondern kann auch zu einer gewünschten höheren Verflechtung der Arbeits-

---

150 Vgl. Bullinger, H. / Warschat, J. (1997), S. 15.

schritte führen. Die höhere Anzahl von Schnittstellen führt im Idealfall zu einem größeren Wissensaustausch.

3.7. Faktoren erfolgreicher Projektarbeit

Ein Projekt kann als erfolgreich angesehen werden, wenn es innerhalb des vorgesehenen Zeitrahmens die geforderten Ergebnisse bringt und hierbei im vereinbarten Ressourcenrahmen bleibt. Diese Forderung nach der Plantreue ergibt sich wie unter B.2 begründet aus der Definition eines Projektes. Voraussetzung ist eine projektwürdige Aufgabenstellung. Für die Nutzung und Fortführung der Projektergebnisse ist außerdem eine gezielte Dokumentation entscheidend. In diesem Zusammenhang ist direkt eine Forderung nach Wissensmanagement abzuleiten. Um die Ergebnisse weiter verwenden zu können, streben Organisationen außerdem einen nachhaltigen Wissenstransfer innerhalb der Unternehmen an.

Von Bedeutung ist auch die Kontrollierbarkeit des Projektes in Bezug auf die Projektziele. Dies setzt die Definition entsprechender messbarer Ziele zu Beginn des Projektes voraus. Als ausführende Kräfte spielen die Kompetenz des Projektleiters, sowie der Teammitglieder ebenfalls eine große Rolle. Das Wissen und die Fähigkeit des Projektteams beeinflusst wesentlich die Qualität der Ergebnisse. Eine klare Rollenverteilung und eine gezielte Kommunikation im Projekt tragen zusätzlich zum Erfolg bei. Auf organisatorischer Seite muss allen Projektmitarbeitern durch zeitliche Freistellung die Arbeit am Projekt möglich gemacht werden, sowie im Unternehmen eine entsprechende Projektarbeitskultur gelebt werden. Organisatorisch muss das Projekt hierzu auch gut im Unternehmen verankert und von entsprechender Stelle im oberen Management getragen werden. Bei den einzelnen Phasen des Projektes werden die Teammitglieder im Idealfall gezielt durch elektronische Helfer wie z. B. Projektmanagement Software unterstützt.

4. Analyse der spezifischen Implikationen für unternehmensübergreifende Forschungsprojekte im internationalen Umfeld

4.1. Bestimmung der Vorgehensweise

Im vorliegenden Fall soll das Wissensmanagement von unternehmensübergreifenden, internationalen Forschungsprojekten untersucht werden. Die Zerlegung dieser Charakterisierung des Themengebietes führt zu drei zusätzlichen Schlagworten:

- Unternehmensübergreifende Zusammenarbeit
- Internationale Zusammenarbeit
- Umfeld der Forschung und Entwicklung

Der Einfluss dieser drei spezifischen Aspekte auf die Konzeption des Gestaltungsansatzes wird im Folgenden genauer analysiert. Dies ist für die Aufstellung des Anforderungskataloges von Relevanz, da aus diesen Implikationen zusätzliche Anforderungen an die Gestaltung der Technik, Organisation und des Bereichs Mensch zu erwarten sind.

4.2. Unternehmensübergreifende Kooperation

Für eine Anzahl von Vorhaben ist eine unternehmensinterne Ausführung ausreichend und wird deshalb von den Unternehmen auch meist aufgrund der einfacheren Durchführbarkeit bevorzugt. Notwendigerweise müssen sich hierfür natürlich alle benötigten Ressourcen innerhalb der Organisation befinden, oder beschaffbar sein. Ist dies nicht der Fall und soll das Projekt trotzdem ausgeführt werden, muss nach Möglichkeiten einer externen Zusammenarbeit gesucht werden.[151]

Neben dieser Bündelungsmöglichkeit von technischen, finanziellen oder personellen Ressourcen kann es noch weitere Gründe für den Eingang von Kooperationen zwischen Unternehmen geben. Zur Erlangung von öffentlichen Förderungen wie z. B. den Rahmenprogrammen der Europäischen Union kann die Bildung eines Konsortiums sogar Voraussetzung sein. Durch den Zusammenschluss kommt es außerdem eventuell zu einer Ausdehnung des potentiellen Absatz-Marktes und einer größeren Öffentlichkeitswirkung. Eingesetzt wird die Bildung von großen Kooperationen auch in Fällen, in denen ein kompletter Wirtschaftszweig neu- oder weiterentwickelt werden soll. Wie zum Beispiel im Fall von Wasserstofftechnologien, bei denen neben der Entwicklung von Endprodukten eine komplette Infrastruktur von der Erzeugung des H_2 bis zum Einsatz auf der Straße („Well-to-Wheel"[152]) zu bearbeiten ist.

---

151 Vgl. Haasis, H. / Fischer, H. (2007), S. 11 ff.
152 „Well-to-Wheel" bezeichnet den Weg des Energieträgers von der Quelle (Englisch: Well) bis zum mobilen Fahrzeug (Englisch: Wheel).

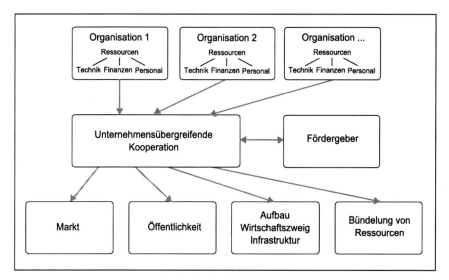

Abbildung 26:   Unternehmensübergreifende Kooperation

Quelle: Eigene Darstellung

Es können sich jedoch auch Spannungen bei der Kooperation zwischen Partnern ergeben. Dies kann z. B. durch unterschiedliche Interessenslagen oder die Verfolgung von eigenen, versteckten Zielen der Kooperationspartner geschehen. Jeder Partner verfolgt im Sinne des Unternehmensverständnisses übergeordnete Ziele und Gewinnabsichten. So geht ein Automobilunternehmen unter Umständen parallel Kooperationen und gemeinsame Aktivitäten mit mehreren, eventuell sogar konkurrierenden Zulieferern ein. Bei der täglichen Arbeit im Kooperationsnetzwerk ist darüber hinaus eine zuverlässige Regelung der Rechte und Pflichten der Partner notwendig. Zu bestimmen wären insbesondere die Zuständigkeiten, aber auch die Verwertungsrechte oder zu erwartenden Anteile der teilnehmenden Organisationen.

4.3. Internationalität

Die Tatsache, dass die Projekte im internationalen Umfeld durchgeführt werden, bedarf der Betrachtung von verschiedenen Seiten. Durch die länderübergreifende Ausdehnung des Projektes kommt es zu einer räumlichen Distanz, die für eine Zusammenarbeit beachtet werden muss. Gemeinsame Treffen sind nur mit erhöhtem Reise- und Zeitaufwand zu realisieren. Innerhalb der Europäischen Union ist eine länderübergreifende Zusammenarbeit und Reisetätigkeit zwar problemlos möglich, im Einzelfall oder beim Verlassen des Europäischen Wirtschaftsraumes aber zu prüfen. Insbesondere könnten Handelsbeschränkungen z. B. für den Transfer von militärisch verwertbarem Wissen bestehen.

Neben der offensichtlichen räumlichen Entfernung sind auch kulturelle Unterschiede zwischen den Projektpartnern aus unterschiedlichen Ländern zu beachten. Eine andersgeartete Auffassung über Unternehmenshierarchien und Zusammenarbeit kann etwa den Kontakt zwischen den Projektmitarbeitern erschweren. Eine weitere Rolle spielen hier auch sprachliche Barrieren oder Auffassungen über Termintreue und Arbeitszeiten. Aus Sicht der Projektleitung spielen hier sicherlich auch abweichende Ferientermine, welche die Absprache von gemeinsamen Treffen erschweren, oder unterschiedliche Währungen mit wechselnden Tageskursen eine Rolle.

4.4. Forschungsaspekt

Aufgabe der Forschung ist eine methodische, systematische und nachvollziehbare Suche nach neuen Erkenntnissen in allen Bereichen der Wissenschaft.[153] Forschung wird sowohl an Universitäten als auch von Unternehmen betrieben. Es wird zwischen der Grundlagenforschung und der angewandten Forschung unterschieden.[154] Grundlagenforschung wird i.d.R. von Universitäten und Instituten ausgeführt und dient i.d.R. der grundlegenden Erweiterung von wissenschaftlichen Gebieten, ohne dass eine konkrete technische Anwendung im Fokus steht.[155] Ziel der angewandten Forschung ist meist die Lösung eines konkreten technischen Problems, wobei i.d.R. die wirtschaftliche Verwertung angestrebt wird.[156] Durchgeführt wird die angewandte Forschung von Hochschulen und der freien Wirtschaft. In Unternehmen ist sie meist in Abteilungen der „Forschung & Entwicklung" eingegliedert. Die Erkenntnisse der angewandten Forschung werden dabei zur Bearbeitung an die Entwicklungsabteilungen zur weiteren Konkretisierung und wirtschaftlichen Umsetzung weitergegeben.

Im Bereich von technischen F&E-Projekte in Unternehmen ist die Einteilung des Forschungsprozesses in Phasen üblich. Die Einteilung erfolgt dabei in folgende Abschnitte: Zielsetzung, Recherche des Wissensstands, Planung, Durchführung, Dokumentation, Interpretation und Zusammenfassung (siehe Abbildung 27).[157] Im ersten Schritt wird die Forschungsfragestellung definiert.

---

153 Vgl. Gassmann, O. (1997), S. 25ff.
154 Vgl. Nebl, T. (2007), S. 89.
155 Vgl. Gassmann, O. (1997), S. 25.
156 Vgl. Gassmann, O. (1997), S. 26.; Siegwart, H. (1974), S. 15 ff.
157 Vgl. Ehrenspiel, K. (2009), S. 169 ff zur Diskussion von Fallstudien zur Ablauforganisation und Vorgehensplänen in der F&E in Unternehmen; Siegwart, H. (1974), S. 75 ff zu Untersuchung der Produktentwicklungsprozesses in Unternehmen.

Neben der grundlegenden Feststellung des Forschungsgebietes und der betroffenen Fachgebiete werden die erwarteten Antworten und Informationen aufgestellt. Im nächsten Schritt muss der aktuelle Wissensstand analysiert werden. Hierbei geht es nicht nur um das im Unternehmen oder der Kooperation vorhandene Wissen, sondern auch um den Stand der Technik in der Forschungsliteratur. Mögliche Recherchequellen sind Datenbanken, Zeitschriften, Bücher, Konferenzen oder Expertenbefragungen. Aus den Erkenntnissen der ersten beiden Schritte folgt die Planung der Forschungsaktivitäten. Neben den benötigten Ressourcen müssen Abläufe, Versuche und Arbeitspakete entworfen werden. Den zeitlichen Hauptteil stellt die eigentliche Durchführung der Forschungsaktivitäten dar. Begleitet wird diese Phase in der Regel durch intensive Dokumentation, die die anschließende Interpretation und Zusammenfassung der Forschungsergebnisse ermöglichen soll.

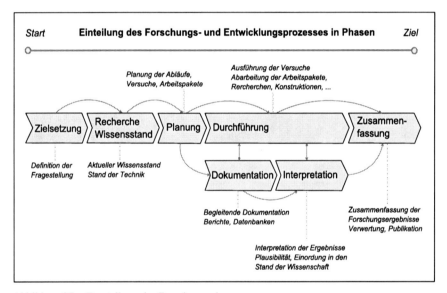

Abbildung 27: Darstellung der Forschungsphasen
Quelle: Eigene Darstellung

Bei Vorhaben aus der Forschung und Entwicklung handelt es sich in der Regel um komplexe Fragestellungen, dies muss auch bei der Auswahl der Wissensmanagement Methoden berücksichtigt werden. Außerdem ist zu beachten, dass die Forschung meist in einem sehr dynamischen Umfeld geschieht, welche schnellem Wandel und steter Fortentwicklung unterliegt und somit diese von den Organisationsstrukturen auch zugelassen werden müssen. Weitere Problematiken ergeben sich aus Anforderungen der Geheimhaltung und dem Patentwesen, um die Forschungsergebnisse zu schützen.

5. Analyse der Implikationen aus dem aktuellen wirtschaftlichen Umfeld

5.1. Bestimmung der Vorgehensweise

Das Wissensmanagement findet im Kontext der aktuellen wirtschaftlichen Situation statt. Dadurch können sich, basierend auf lokalen oder globalen Trends, Einflüsse auf die Gestaltungsanforderungen des Wissensmanagement ergeben. Neben bedeutenden technischen Entwicklungen können auch Einflüsse aus gesellschaftlichen Veränderungen und dem steigenden Wettbewerbsdruck des 21. Jahrhunderts entstehen.

In der heutigen Zeit sind die Unternehmen mit einer komplexen und vieldimensionalen Umwelt konfrontiert. Um bei den Herausforderungen der heutigen Zeit im Wettbewerb zu bestehen, ist eine nachhaltige Entwicklung notwendig. Veränderungen in der Wettbewerbssituation, der Gesellschaft und der Technologie erfordern Reaktionen, um auch in Zukunft die ökonomischen, sozialen und umweltrelevanten Ziele zu erreichen (siehe Abbildung 28).

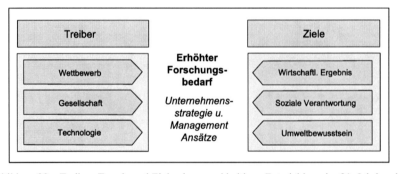

Abbildung 28:   Treiber, Trends und Ziele einer nachhaltigen Entwicklung im 21. Jahrhundert

Quelle: Jattke, A. / Lorenz, S. (2008),S. 87.

Diese speziellen Rahmenbedingungen müssen auch beim Entwurf von Wissensmanagementkonzepten für Projekte beachtet werden, um der Tatsache Rechnung zu tragen, dass das Forschungsprojekt in die strategischen Ziele der Organisationen eingebettet sein muss. Notwendig sind ganzheitliche Ansätze, die unter diesen Rahmenbedingungen zukunftsorientierte Konzepte anbieten und eine lernfähige Organisation schaffen können.

5.2. Veränderungen der Wettbewerbssituation

Im globalen Wettbewerb ist eine hohe Innovationsrate und damit schnelle Neuentwicklung von Produkten und Dienstleistungen erforderlich. Unternehmen sehen sich nicht mehr nur in Konkurrenz zu lokalen oder nationalen Unternehmen, vielmehr ist es im Zuge der Globalisierung für Kunden einfach geworden, die Leistungen auf internationalen Märkten zu beziehen. Dies wirkt sich auf das Verhalten der eigenen Kunden aus, aber auch auf die Möglichkeiten, durch dieses „Global Sourcing"[158] den eigenen Lieferantenstamm auszubauen.

Die Wissensintensität der Leistungen, die Unternehmen am Markt anbieten und absetzen, steigt stetig an. Für viele Unternehmen heißt dies, dass sie statt eines einfachen Produktes mittlerweile umfangreiche Beratungsleistungen und Zusatzdienstleistungen offerieren, um auf der Grundlage ihrer Produktpalette speziell auf ein Kundenproblem zugeschnittene Lösungen anbieten zu können. Diese Vielfalt im Produkt muss sich deshalb auch in der Flexibilität und Spannbreite der Forschungsergebnisse widerspiegeln. Gleichzeitig bietet ein „Global Sourcing" für Forschungsressourcen aber auch ein interessantes Potential.

5.3. Veränderungen in der Gesellschaft

In der Gesellschaft ist ein Wertewandel hinsichtlich der Einstellung zur Umwelt, Technik und Arbeitskultur zu beobachten. Dies beeinflusst nicht nur das Konsumverhalten der Endverbraucher, sondern hat auch Einfluss auf den Arbeitsmarkt. Die Mitarbeiter tragen mit ihrem Wissen entscheidend zum Projekterfolg bei. Durch eine erhöhte Mobilität und Wechselbereitschaft vor allem gut ausgebildeter Arbeitnehmer können dem Unternehmen Engpässe bei den zur Leistungserstellung benötigten Kompetenzen und Fähigkeiten entstehen. Aus Sicht des Projektes ist eine strategische Entwicklung der Wissensbasis im Projekt erwünscht.

Zu beobachten ist ferner eine Veränderung im Nachfrageverhalten. Kundenwünsche werden individueller und kurzfristiger. Deutlich wird dies etwa in der Automobilindustrie. Die Fahrzeuge beinhalten eine Vielzahl von Ausstattungs-, Farb- und Leistungsoptionen, um das eigene Auto nach seinen Wünschen gestalten zu können. Ein mögliches Tanksystem muss so z. B. in Volumen und Form für verschiedene Modelle anpassbar gemacht werden.

---

158 Vgl. Arnold, U. (2002), S. 201 ff.

5.4. Veränderungen in der Technik

Neue Technologien ermöglichen neue Produkte und neue Herstellungsverfahren. Dies macht neben den systematischen, eigenen Innovationsprozessen eine stetige Beobachtung externer Forschungsaktivitäten notwendig. Des Weiteren ist ein fortwährender Trend zu mehr Automatisierung und EDV-Einsatz/Internet deutlich erkennbar. Dabei hat die Technologie sowohl Einfluss auf den Forschungsgegenstand, als auch auf die Arbeitsweise der Forscher.

Die Geschwindigkeit für technische Innovationen wird größer. Die Produktvielfalt nimmt zu und Produkte werden schneller durch verbesserte Versionen ersetzt. Das bedeutet, dass der Produktlebenszyklus kürzer wird und somit die Zeit, die Unternehmen zur Verfügung steht, um neue Entwicklungen auf den Markt zu bringen. Obendrein ist ein Trend zu technisch immer komplexeren Produkten feststellbar. Mobiltelefone haben sich seit ihrer Markteinführung mit GSM-Technologie vom teuren Nischenprodukt zu flächendeckenden „Allzweckwaffen" mit umfassenden Funktionalitäten wie Digitalkamera, Organizer und mobilem Internet entwickelt.

Außerdem verändert der technologische Fortschritt auch die Möglichkeiten und somit die Art und Weise, wie Forscher an die Problemlösung heran gehen. Das ist in vielen Bereichen wahrnehmbar. Nicht nur sind die Datenverarbeitung und der Datenaustausch dank schnellen EDV- und Internettechnologien nicht mehr vergleichbar mit der Vorgehensweise bei der Konstruktion z. B. in der Automobilindustrie in der „Vor-CAD-Zeit", sondern auch die Möglichkeiten bei der Versuchsdurchführung oder im Prototypenbau sind moderner geworden. Es existieren komplexe Berechnungs- und Simulationstools, die viele reale Experimente überflüssig gemacht haben. Durch Technologien aus dem „Rapid Prototyping" ist es fernerhin möglich, schnell unter Umständen sogar schon funktionsfähige Modelle aufzubauen. An diese Herausforderung der Komplexität und Innovationsgeschwindigkeit müssen auch die Wissensmanagement-Instrumente in Forschungsprojekten angepasst werden. Gleichwohl muss gerade aber auch für das Wissensmanagement der „Wahrheit ins Auge gesehen werden", dass sich gerade in diesem dynamischen Forschungsgebiet bei allen Untersuchungen und Konzepten auf dem technischen Gebiet lediglich um Momentaufnahmen des zum Zeitpunkt der Erstellung der Arbeit Möglichen handeln kann. Dies stellt eine Herausforderung dar, die entwickelten Konzepte, Instrumente und Modelle des Wissensmanagements so allgemeingültig und flexibel zu formulieren, dass eine nachträgliche, stetige Anpassung an den technologischen Fortschritt machbar ist.

6. Herleitung des Bezugsrahmens Technik, Organisation und Mensch

Wissensmanagement ist wie z. B. von Haasis, H. / Kriwald, T. (2001) gezeigt, interdisziplinär.[159] Die Psychologie zeigt hier Grundlagen über das Lernverhalten, den Wissenserwerb und die Motivation von Menschen auf. Pädagogen beschäftigen sich mit Fragestellungen zur Aufbereitung und Vermittlung von Wissen. In der Soziologie finden sich Beiträge zu den gesellschaftlichen Rahmenbedingungen für das Wissensmanagement in Unternehmen. Von der Informatik bzw. Wirtschaftsinformatik werden uns EDV-Programme und Tools angeboten, um mit der Datenflut umzugehen und Wissenskonzepte technisch umzusetzen. Es wird deutlich, dass Inhalte aus mehreren Fachgebieten für ein erfolgreiches Wissensmanagement kombiniert werden müssen. Als Bezugsrahmen für ganzheitliche Wissensmanagement Konzepte können die drei Aspekte Technik, Organisation und Mensch (Individuum) identifiziert werden.[160] Aus Sicht des Faktors „Mensch" können die geplanten Konzepte und Methoden nur aussichtsreich sein, wenn sie von den Menschen umgesetzt werden können und dürfen. Im Aspekt „Organisation" finden sich die organisatorische Umsetzung in Prozessen und die Integration in die Projektorganisation wieder. Der Aspekt der „Technik" spielt wegen der zu bearbeitenden Datenflut, den oft zeitlich und örtlich getrennten Arbeitsplätzen und durch die Vorteile der neuen Kommunikationsmöglichkeiten über das Internet eine wachsende Rolle. Für ganzheitliches, nachhaltiges Wissensmanagement müssen zusammengefasst die drei Bereiche berücksichtigt werden.[161]

- Technik: Technologien für Daten- und Informationsmanagement
- Organisation: Geschäftsprozesse und organisationale Rahmenbedingungen
- Mensch: Bedürfnisse, Einstellungen und Kenntnisse der Mitarbeiter

---

159 Vgl. Haasis, H. / Kriwald, T. (2001), S. 1 ff.
160 Siehe dazu Bullinger, H. / Wörner, K. / Prieto, J. (1997); weitere Beiträge finden sich z. B. bei North, K. (2005), S. 16 ff.; Reinmann-Rothmeier, G. / Mandl, H. (2000), S. 15 ff.; Bullinger, H. a. (2002), S. 1 ff.; Haasis, H. (2001), S. 145.
161 Vgl. Decker, B. (2005), S. 8.

95

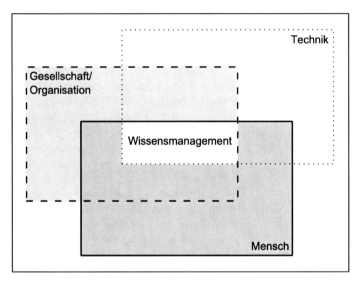

Abbildung 29: Dimensionen des Wissensmanagements

Quelle: Eigene Darstellung nach Reinmann-Rothmeier, G. / Mandl, H. (2000), S. 16.

▶ *Bedeutung für das Wissensmanagement*

Alle im Rahmen des Wissensmanagements angewandten Methoden, Prozesse und Maßnahmen haben direkten Einfluss auf Technik, Mensch und Organisation. Wobei keiner dieser Faktoren isoliert betrachtet werden kann, sondern immer im Zusammenhang gesehen werden muss. Die drei Aspekte sind eng miteinander verknüpft und üben wechselseitig Einfluss aufeinander aus. Verlässt man sich bei der Einführung von Wissensmanagement so zum Beispiel nur auf die Einführung von technischen Lösungen, fehlt es sehr schnell an der Akzeptanz bei den Mitarbeitern und die Effektivität einer eventuell teuren Maßnahme sinkt. Durch die gezielte Förderung der Wissenskommunikation und -verteilung im Unternehmen kann diesem begegnet werden. Dies ist wiederum aber nur dann erfolgreich, wenn auch die organisatorischen Rahmenbedingungen bei der Gestaltung von Wissensmanagement beachtet werden.

7. Anforderungen an den Gestaltungsansatz

Für den Anwendungsfall von unternehmensübergreifenden Forschungsprojekten im internationalen Umfeld werden die gestaltungsrelevanten Anforderungen als Ergebnis der Kapitel C.3 bis D.5 im Folgenden zusammengefasst. Ziel ist die Entwicklung eines lösungs- und ergebnisorientiertem Konzeptes. Wie jeder theoretische Ansatz muss dieser dazu die Realität vereinfachen, um eine strukturierte Abbildung zu erreichen. Das Konstrukt soll dabei einen Beitrag dazu leisten, Wissensmanagement für Projekte im Anwendungsbereich systematisch zu untersuchen und gestaltbar zu machen. Um die Wirklichkeit möglichst praxisrelevant abzubilden, werden die Ergebnisse der Analyse der Implikationen aus dem Projektmanagement, dem spezifischen Gegebenheiten des Projektumfeldes und der aktuellen wirtschaftlichen Lage in einem Anforderungskatalog zusammengefasst (siehe Tabelle 5).

Für den Entwurf des Gestaltungsansatzes wird der Anspruch erhoben, Wissensmanagement in F&E-Projekte zu integrieren, wobei der Ansatz gegenüber bestehenden Wissensmanagement-Ansätzen offen gehalten werden soll. So soll es möglich sein, sowohl gegenwärtige als auch eventuelle zukünftige Konzepte oder Instrumente im Rahmen des Ansatzes mit einzubinden. Des Weiteren sollen insbesondere die Interessen der in der Analyse herausgearbeiteten beteiligten Gruppen wie den Auftraggebern, Fördergebern, Partnerunternehmen, Öffentlichkeit und der Experten berücksichtigt werden.

Tabelle 5: Anforderungskatalog für den Gestaltungsansatz

Quelle: Eigene Erstellung

Nr.	Titel	Kurzbeschreibung
Allgemeine Anforderungskatalog an den Gestaltungsansatz		
1	Integration	Integration von Wissensmanagement in F&E-Projekte
2	Anpassungsfähigkeit	Anbindungsfähigkeit an bestehende wissenschaftliche Wissensmanagement-Konzepte und Instrumente
3	Berücksichtigung der Interessensgruppen	Berücksichtigung der Interessen beteiligten Gruppen (Auftraggeber, Fördergeber, Partnerunternehmen, Öffentlichkeit, Experten, ...)
Implikationen aus dem Projektmanagement		
4	Organisationsstrukturen in Projekten	Projektauftraggeber, Lenkungsausschuss, Projektleiter, Projekt-Teammitglieder, Linienvorgesetzter, Frage nach Verantwortlichkeit für Wissensmanagement
5	Ablauf- und Projektphasen	Definition, Planung, Durchführung, Abschluss, Nachprojektphase
6	Elemente der Projektsteuerung	Projektstrukturplan, Arbeitspakete, Gantt-Chart, Kommunikationsmittel (Brief, Mail, Telefon, ...), Dokumentation, Aufgabenliste, Protokolle, Statusreports
7	Simultaneous Engineering	Parallele Bearbeitung der Arbeitspakete mit überlappenden Start/Ende-Terminen

Nr.	Titel	Kurzbeschreibung
8	Faktoren erfolgreicher Projektarbeit	Plantreue, projektwürdige Aufgabenstellung, gezielte Dokumentation, nachhaltiger Wissenstransfer in die Unternehmen nach dem Projekt, messbare Ziele, Kompetenz Projektleiter/Mitarbeiter, Projektorganisation/Verantwortlichkeiten, Projektarbeitskultur, Projektorganisation

Implikationen aus dem spezifischen Umfeld der Themeneingrenzung

Nr.	Titel	Kurzbeschreibung
9	Unternehmensübergreifende Kooperation	Konsortium, Organisationsform, Spannungen durch unterschiedliche Interessenslagen
10	Internationalität	Räumliche Distanz, Handelsbeschränkungen/Zoll, kulturelle Unterschiede, sprachliche Barrieren, Ferientermine, Wechselkursschwankungen
11	Forschungsaspekt	Forschungsphasen (Zielsetzung, Bestimmung aktueller Wissensstand, Planung, Durchführung, Dokumentation, Interpretation und Zusammenfassung)

Implikationen aus dem aktuellen wirtschaftlichen Umfeld

Nr.	Titel	Kurzbeschreibung
12	Wettbewerbssituation	Veränderungen der Wettbewerbssituation in der Wirtschaft des 21. Jahrhundert
13	Gesellschaft	Gesellschaftliche Trends des 21. Jahrhundert
14	Technik	Veränderung durch technischen Fortschritt

8. Vorstellung des Gestaltungsansatzes

8.1. Dimensionen des Gestaltungsansatzes

Für die Umsetzung der Gestaltung des Wissensmanagements wird das Konzept der drei Dimensionen Technik, Organisation und Mensch als Basis zugrundegelegt. Es ermöglicht eine ganzheitliche, ausbalancierte Herangehensweise an Wissensmanagement. Neben der bereits in C.6 hergeleiteten Notwendigkeit für eine enge Verknüpfung dieser Aspekte, scheint aufgrund der zusätzlichen Komplexität des Themenschwerpunktes dieser Arbeit eine interdisziplinäre Konzeptionierung besonders lohnenswert. Zusätzlich kann über die Verwendung dieser Ordnung ein Bezug zu den bestehenden Wissensmanagement-Konzepten aus der Literatur hergestellt werden. So kann der wichtigen Forderung des

Anforderungskataloges nach Anpassungsfähigkeit und Berücksichtigung bestehender Konzepte Rechnung getragen werden. Als zweites wesentliches Element wird für den Gestaltungsansatz eine dynamische Komponente eingeführt. In Abhängigkeit der Projektphasen werden hierbei die Ausgestaltung und der Einsatz der Wissensmanagement-Instrumente vorgeschlagen. Dies ist notwendig, da die vorhergehenden Untersuchungen gezeigt haben, dass ein wesentlicher Unterschied zur Ausgestaltung von Wissensmanagement in Unternehmen zur Gestaltung von Wissensmanagement bei Projekten die sich über den Projektfortschritt verändernde Gestaltungsaufgabe ist. Dies leitet sich ebenfalls über den in diesem Kapitel aufgestellten Anforderungskatalog ab. Für den Gestaltungsansatz ergibt sich somit der in Abbildung 30 dargestellte Zusammenhang.

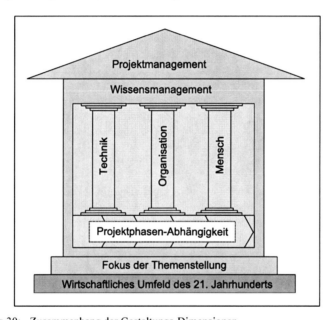

Abbildung 30: Zusammenhang der Gestaltungs-Dimensionen

Quelle: Eigene Darstellung

Es kann festgestellt werden, dass die Aspekte des Wissensmanagements mit „Technik", „Organisation" und „Mensch" eine zentrale Stellung einnehmen. Sie beschreiben notwendige Gestaltungsvorgaben für erfolgreiches Wissensmanagement und haben sich in der begrifflichen Abgrenzung dieser Dreier-Kombination auch in der Literatur bewährt. Als Lösungsansatz integrieren sie die wesentlichen Aspekte des Wissensmanagementumfeldes und lassen so berechtigterweise auf einen nachhaltigen Ansatz hoffen. Untereinander sind diese Bereiche und somit folglich auch die Faktoren dieser Aspekte auf vielfältige Weise verknüpft. Ein Defizit in einem Bereich kann keinesfalls durch eine überproportionale Betonung eines anderen Aspektes ausgeglichen werden. Vielmehr müssen die drei Aspekte ausbalanciert gestaltet werden. Insbesondere ist bei Projekten zusätzlich eine zugrundeliegende Projektphasenabhängigkeit mit in die Diskussion einzubeziehen.

Das Fundament des gedanklichen Wissensmanagementgebäudes wird von der Verankerung im aktuellen wirtschaftlichen Umfeld getragen. Über den engen Bezug zum Stand der Technik, den gesellschaftlichen Trends und der Beobachtung der Wettbewerbssituation gelingt es, den Säulen des Modells Stabilität und Sicherheit zu geben. Gerade in diesem Bereich ist eine stetige Veränderung zu beobachten. Werden die aktuellen Entwicklungen übersehen und so z. B. technische Innovationen der Konkurrenz vernachlässigt, so beeinflusst dies die Bewertung des Ergebnisses der Wissensarbeit im Vergleich zum Wettbewerb erheblich zum Schlechteren.

Die Faktoren der Implikationen aus der Themenstellung fokussieren den Suchradius für die Faktoren. Durch die Betonung der unternehmensübergreifenden Arbeit und Internationalität wird der Akzent auf zwei sehr aktuelle Themen gesetzt, die den momentanen Wachstumstrend der Weltwirtschaft treffen. Der Forschungsaspekt beleuchtet gezielt die für die zukünftige Wettbewerbsfähigkeit wichtige Innovationskraft. Der Aspektbereich der Themenstellung bildet eine Plattform über dem Fundament der wirtschaftlichen Lage und setzt gleichsam das Modell in das richtige Licht.

Das Projektmanagement bildet das Dach des gedanklichen Themengebäudes. Unter dem Schutz des Projektes werden die Wissensmanagementprozesse in die Abläufe eingebaut. Deshalb sind alle Instrumente unter dem Licht der zeitlichen Veränderung während der Projektphasen zusätzlich zu analysieren. Außerdem grenzt die Projektorganisation das System zur Umwelt ab und stiftet eine Identität. Zugleich ruhen die Faktoren dieses Aspektes aber auch auf den Wissensmanagementinstrumenten und sind von diesen abhängig. In diesem Zusammenspiel bildet sich zwischen und innerhalb der Säulen des Wissensmanagements Raum für die Gestaltung des Projektmanagements. In den folgenden Absätzen wird die Gestaltung für die vier Dimensionen des Wissensmanagements bei unternehmensübergreifenden Forschungsprojekten im internationalen Umfeld ausgearbeitet.

8.2. Gestaltung der Dimension Technik

Der Aspekt Technik beleuchtet die technologischen Möglichkeiten zur Unterstützung des Wissensmanagements. Im Zuge des Ausbaus und der Anpassung der IT-Strukturen ist eine abgestimmte Gesamtstrategie notwendig.

Es gilt, den individuellen Bedarf des Unternehmens oder Projektes zu ermitteln und eine an die speziellen Anforderungen angepasste Lösung zu erstellen. Zu beachten ist hierbei, dass sich die Lösung in einem für die Organisation machbaren und sinnvollen Rahmen bewegt. Für alle eingesetzten Systeme ist kritisch der Nutzen zu hinterfragen, um für die Unternehmen eine unbefriedigende aber teure Lösung zu vermeiden. Oft kann mit einfachen, aber konsequent genutzten Programmen mehr erreicht werden, als mit teuren „Alleskönnern". Ziel ist es, geeignete IT-Werkzeuge anzubieten, die den Wissensmanagementprozess unterstützen. Dies geschieht mit Hilfe von Instrumenten der Informationstechnologie (IT). Eingesetzt werden hierzu Module aus den Bereichen Dokumentenmanagement, Intranet- und Internet-Technologien. Kommunikations- und Kooperationsplattformen sind die Basis für Diskussionsforen und Informationsaustausch, z. B. zur Unterstützung von Expertenverzeichnissen und Wissensgemeinschaften. Vertreten sind aber auch Hilfsmittel zur Modellierung der Geschäftsprozesse und des Workflows.

8.2.1. Übersicht der Gestaltung der Dimension Technik

Aus dem Anforderungskatalog ergibt sich für die Gestaltung der Technik die Notwendigkeit auf die aktuellen gesellschaftlichen und technischen Trends einzugehen. Hierbei wurde eine zunehmende Nutzung von IT-Technologien und Internet-Kommunikationsstrukturen festgestellt. Der Gestaltungsansatz basiert deshalb auf EDV-Technologien und Nutzung der Möglichkeiten der elektronischen Netzwerke. Im speziellen wird im Anforderungskatalog postuliert, dass Wissensmanagement in das F&E-Projekt zu integrieren und an bestehende Instrumente des Projektmanagements und Wissensmanagements anpassbar zu gestalten ist. Insbesondere die unter den Erfolgsfaktoren für Projekte erarbeiteten Elemente der Projektsteuerung müssen berücksichtigt werden. Das Konzept soll dementsprechend offen zur Anbindung an andere Technologien sein. Des Weiteren ist zu beachten, dass die Zusammenarbeit unternehmensübergreifend und international erfolgt. Das bedeutet, es handelt sich um die Kooperation eines virtuellen Teams. An dieser Stelle sind die technischen Möglichkeiten zur Unternehmensnetzwerk übergreifenden Interaktion und Integration der EDV für gemeinsamen Wissens- und Datenaustausch zu gestalten.

Aus der Analyse dieser Implikationen und des Umfeldes wird die Gestaltung der Dimension Technik nach dem Schema in Abbildung 43 vorgeschlagen. Darauf basierend lässt sich die Notwendigkeit zur Ausarbeitung weiterer Gestaltungselemente innerhalb der Dimension Technik ableiten, um die Umsetzung des Gestaltungsansatzes zu konkretisieren. Im Einzelnen sind das Ausarbeitungen zur den geforderten Funktionalitäten von Wissensmanagement-Software. Aufgrund der verteilten EDV-Infrastruktur wird an dieser Stelle in vielen Fällen der Praxis die Umsetzung als Online-Plattform im Internet bevorzugt werden. Mit Hilfe dieser Plattform ist es dann auch möglich, Interaktions-Elemente zum Datenaustausch und zur Verbesserung der Zusammenarbeit oder Kommunikation abzubilden. Auf struktureller Seite ist für die Zusammenarbeit außerdem die Integration der unterschiedlichen EDV-Strukturen von Bedeutung, dazu gehört auch die Definition von Datenaustauschformaten für Spezialsoftware.

Bei Auswahl und Konfiguration der technischen Lösungen ist auf eine korrekte Auslegung der Software bzw. Hardware bezüglich der benötigten Leistung sowie Sicherheits-Funktionalitäten Wert zu legen. Hier ist sicher zu stellen, dass auch die zukünftigen, vermutlich im Laufe des Projektes wachsenden, Anforderungen erfüllt werden. Bei der Gestaltung der Dimension Technik ist aber vor allem auch darauf zu achten, dass die technischen Werkzeuge eine gute Bedienbarkeit aufweisen. Dies ist notwendig, da sich über die Bedienbarkeit durch die Projektteilnehmer die Wirksamkeit der Instrumente wesentlich definiert.

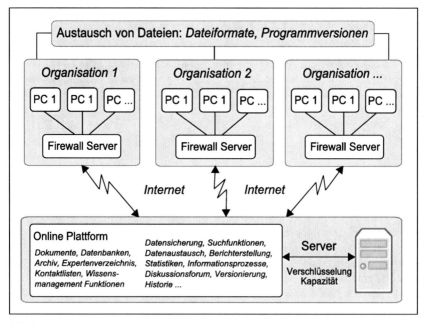

Abbildung 31:   Gestaltung von EDV-Technologien im Wissensmanagement

Quelle: Eigene Darstellung

8.2.2. Kurze Charakterisierung der Gestaltungselemente

Die für die Dimension Technik identifizierten Gestaltungselemente sind in Tabelle 6 dargestellt und kurz charakterisiert. In Kapitel D werden die Elemente in Bezug zur vierten Gestaltungs-Dimension der Projektphasenabhängigkeit analysiert und weiter ausgearbeitet.

Tabelle 6:   Gestaltungselemente der Dimension Technik

Quelle: Eigene Erstellung

Bez.	Name	Kurzbeschreibung
T.1	Funktionalität	Speicherung, Dokumentenmanagement, Versionierung und Historie, Recherchefunktion, Dokumentation & Archivierung, Entscheidungsdokumentation
T.2	Interaktion	Interaktionsfunktionalitäten, Internet-Technologien, Verzeichnisse, Forum, Datenaustausch, Kommunikations-und Kooperationsplattformen
T.3	Integration	Integration, abgestimmte Lösungen, Schaffung einer gemeinsamen EDV-Struktur, Datenaustausch bei Spezialprogrammen/Versionen
T.4	Bedienbarkeit	Strukturiert, einfach, anwendbar, kompatibel
T.5	Sicherheit	Sicherheitsaspekte (Zugriff, Verschlüsselung)
T.6	Leistung	Große Datenmengen, Verfügbarkeit, Geschwindigkeit, Erreichbarkeit (Intranet/Internet), Aktualität der Daten

8.3. Gestaltung der Dimension Organisation

Das Wissensmanagement zielt auf die effiziente Nutzung der Ressource Wissen ab. Abgestimmt werden müssen also die Wissensprozesse innerhalb des Projektes und das Verhältnis zu den Prozessen der Partnerunternehmen. Die Abläufe im Projekt müssen, wie im Anforderungskatalog definiert, ganzheitlich mit eingebunden werden und dürfen nicht isoliert betrachtet werden. Vielmehr steht das Wissen in vielfältiger Verbindung über die Prozesse hinweg. Des Weiteren wird gefordert, alle beteiligten Interessengruppen zu berücksichtigen.

Des Weiteren sind aus den analysierten Implikationen aus dem Bereich Projektmanagement vor allem die Organisationsstrukturen in Projekten bei der Gestaltung des Wissensmanagements zu beachten sowie die Verantwortlichkeiten entsprechend zu gestalten. Als weiterer Punkt ist an dieser Stelle daraus abgeleitet auch die Gestaltung der Informationsprozesse innerhalb der Projektorganisation von Bedeutung. Diese Forderung lässt sich über die reine Informationsbereitstellung hinaus um die Notwendigkeit, die im Projekt getroffenen Entscheidungen nachvollziehbar zu dokumentieren, erweitern. Da für Projekte bei der Untersuchung des Projektmanagement-Erfolges der Punkt Kosten als einer der drei Teile des Zieldreiecks dargestellt werden konnte, ist es Aufgabe der Gestaltung der Organisation das Wissensmanagement-Budget aufzustellen, einzusetzen und zu kontrollieren.

8.3.1. Überblick der Gestaltung der Dimension Organisation

Abbildung 32 zeigt das Verhältnis der vier Hauptblöcke der Gestaltung der Dimension Technik. Im Zentrum steht das Projekt im engeren Sinne. In diesem Kernbereich steht der Zusammenhang der Forschungsprozesse mit dem Wissensmanagementprozessen und Projektmanagementkomponenten. Das Grundgerüst des Kernbereiches wird von Inhalt und Gestaltung der Wissensbasis gebildet. Das Modul „Ziele und Kontrolle" wirkt hierbei als Verbindungsglied. Um diesen Kernbereich des Gestaltungsmodells sind die Blöcke angeordnet, die die Fördergeber, externer Interessensgruppen Öffentlichkeit und Experten, sowie die als Konsortium zusammengefassten Partnerunternehmen abbilden. Die Pfeile im Diagramm symbolisieren den Austausch von Wissen. Für die Gestaltung der Organisation ist mit dem Schema aus Abbildung 32 der Grundstock gelegt. In weiteren Schritten werden nun die Zusammenhänge innerhalb der Organisation definiert.

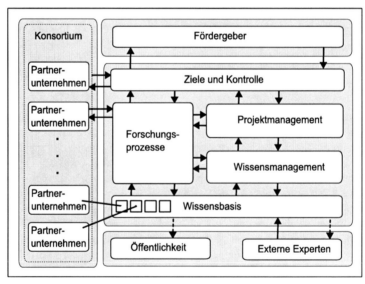

Abbildung 32:   Gestaltung der Struktur für die Dimension Organisation
Quelle: Eigene Darstellung

8.3.2. Beschreibung der Zusammenhänge im Gestaltungsansatz

Das Zusammenspiel der einzelnen Beteiligten und Bereiche kann aus Diagramm (Abbildung 32) entnommen werden. Innerhalb des Gestaltungsansatzes sind zwei wichtige Wirkzusammenhänge zu erkennen. Der erste Wirkzusammenhang (Schema I) beschreibt die Verknüpfung von Wissensbasis, Forschungsprozessen und Wissensmanagement. Der zweite Zusammenhang (Schema 2) ist weiter gefasst und erstreckt sich über Wissensbasis, Wissensmanagement, Projektmanagement, Ziele und Kontrolle zu den Forschungsprozessen.

Grundgedanke bei der Erkenntnis der Wirkzusammenhänge im Gestaltungsansatz ist das Verständnis von Wissen als bearbeitbare, in Grenzen bewegbare und nutzbare Ressource. In Kapitel C wurden dahingehende Analysen angestellt und die Einflussfaktoren für das Wissensmanagement strukturiert. Diese Einflussfaktoren haben die Gemeinsamkeit, effektiv zur Wissensarbeit beizutragen und mit dem Wissen zu wirtschaften. Im Kontext der Wirkzusammenhänge können diese Einflussfaktoren nun nahtlos mit eingebaut werden. Sie dienen dazu, das Wissen zu identifizieren, zu erwerben, zu entwickeln, zu verteilen, zu nutzen und zu bewahren und somit zum Umfang des Wissensmanagementrepertoires beizutragen.

▶ *Schema I „Wissensbasis – Wissensmanagement – Forschungsprozesse"*

Vor dem Hintergrund der Nutzung und Weiterentwicklung des vorhandenen Wissens muss es einen direkten Austausch zwischen den Forschungsprozessen und der Wissensbasis geben. Durch geeignete Maßnahmen ist das Wissensmanagement als Motor zu gestalten, um die nötige Bewegung in die Prozesse zu bringen. Aufgabe dieses Zyklus ist es, die Wissensbasis zu nutzen und für die Forschungsprozesse einzusetzen. Darüber hinaus muss die Wissensbasis permanent aktuell gehalten werden und sollte deshalb über entsprechende Austausch- und Gestaltungsmechanismen verfügen. Dazu kann die gesamte Spannbreite der Wissensmanagement-Maßnahmen eingesetzt werden. Entscheidend ist, dass die Module des Wissensmanagements mit der Wissensbasis und den Forschungsprozessen eng verknüpft sind.

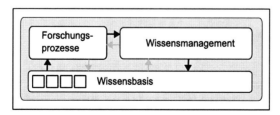

Abbildung 33:   Zusammenhang im Schema I
Quelle: Eigene Darstellung

► *Schema II „Wissensbasis – Wissensmanagement – Projektmanagement – Ziele und Kontrolle - Forschungsprozesse"*

Der zweite Wirkzusammenhang stellt die Verbindung zwischen den in Schema I beschriebenen Strukturen und dem Projektmanagement her. Über die Aufstellung der Projektziele und der Kontrolle des Projektfortschrittes wird die Verbindung zum Projekterfolg hergestellt. Die Wissensmanagement-Strategie wird mit den Projektzielen abgeglichen. Dadurch wird gewährleistet, dass alle Instrumente und Maßnahmen einen Beitrag zur Erfüllung des Projektauftrages geben können. Das Projektmanagement steht in Kontakt mit den Wissensmanagementprozessen. Auf der einen Seite erhält die Projektleitung Zugriff auf die Wissensbasis und die Vorgänge der Wissensarbeit, auf der anderen Seite werden die Wissensmanagement Maßnahmen mit der Steuerung der Forschungsprozesse verknüpft. So wird eine nahtlose Integration aller Bausteine in die Projektaufbau- und Projektablauforganisation erreicht.

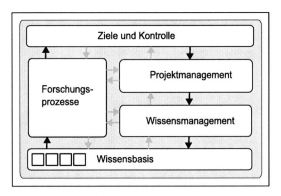

Abbildung 34:   Zusammenhang im Schema II

Quelle: Eigene Darstellung

8.3.3. Schnittstellen zur Projektumwelt

Über die Einführung der Schemata I und II ist die Erklärung der Wirkzusammenhänge erfolgt. Diese regeln die Wissensarbeit innerhalb des Projektrahmens. Nun ist zu klären, wie das Konstrukt einen Austausch mit der Umgebung herbeiführt. Dies ist im erarbeiteten Modell über Schnittstellen zu den drei Blöcken Konsortium, Fördergeber, sowie Öffentlichkeit und Experten erreicht. Diese Übergabepunkte konnektieren die Interessensgruppen mit dem Wissensmanagement im Projekt. Bewegungen sind sowohl in das Kernmodell hinein als auch nach draußen vorgesehen. Die Ausgestaltung variiert hier je nach Anwendungsfall und Schnittstelle.

▶ *Schnittstelle A: „Konsortium"*

Die über das Konsortium zusammengefassten Partnerorganisationen verfügen über mehrere Berührungspunkte mit dem Kernmodul. Zum einen sind die Partner selbstverständlich an der Aufstellung, Überwachung und Diskussion des Projektauftrages beteiligt. Durch die Anknüpfung an den Block „Ziele und Kontrolle" stehen sie andererseits in direkter Verbindung mit dem Wirkzusammenhang aus Schema II.

Da die temporäre Projektorganisation in der Regel nicht über eigene Standorte verfügt, sondern vielmehr über die Unternehmensgrenzen hinweg bedarfsgesteuert Ressourcen nutzt, ist ein Austausch über die Nutzung dieser Ressourcen zu erkennen. Des Weiteren wird das Wissen von den beteiligten Mitarbeitern zwischen der Wissensbasis des Projektes und der Wissensbasis der Heimatorganisation transportiert. Über diese wechselseitige Projektion der Schnittstelle A sind die Partnerunternehmen direkt an die Wissensbasis und den Wirkzusammenhang aus Schema I angeknüpft.

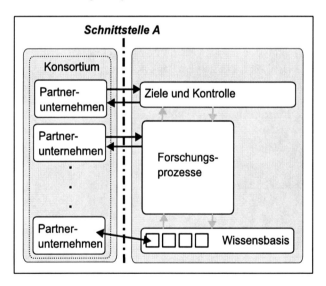

Abbildung 35:   Schnittstelle A

Quelle: Eigene Darstellung

107

▶ *Schnittstelle B: „Fördergeber"*

Als Fördergeber kommen bei Forschungsprojekten in der Regel öffentliche oder staatliche Institutionen in Frage. Möglich wären auch private Organisationen. Die Förderer stellen meist Ressourcen in Form von finanziellen oder materiellen Mitteln zur Verfügung. Im Gegenzug stellen sie Regeln zur Verwendung der Gelder auf und geben einen Rahmen für die Forschungsaufträge vor.

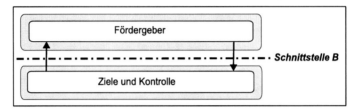

Abbildung 36:   Schnittstelle B

Quelle: Eigene Darstellung

Die logische Konsequenz ist, die Schnittstelle zu dieser Interessensgruppe an den Austausch und die Kontrolle mit den Projektzielen bzw. –fortschritt zu setzen. Über den Wirkzusammenhang aus Schema II sind diese Vorgaben dann mit dem Projekt- und dem Wissensmanagementprozessen verbunden. Da es sich üblicherweise im Forschungsbereich um eine Wechselbeziehung zwischen Fördergebern und Projektorganisation handelt, ist die Schnittstelle zur Diskussion des Projektfortschrittes nach beiden Seiten durchlässig.

▶ *Schnittstelle C: „Öffentlichkeit und Experten"*

Ein Ziel von Forschungs- und Entwicklungsprojekten kann es sein, Ergebnisse zu erzielen, die später in der Umsetzung von Produkten genutzt werden können. Meist hat die Öffentlichkeit aber bereits vor der Markteinführung ein berechtigtes Interesse über den Stand der Technik zu erfahren. Im Fall von unternehmensübergreifenden Förderprojekten ist die Information der Öffentlichkeit meist sogar vorgeschrieben, da die Forschung ja zum Teil mit Steuergeldern finanziert wird. Eine Schnittstelle zur Wissensbasis des Projektes in Form von gezielter Information kann diese Funktion erfüllen. Handelt es sich bei der interessierten Öffentlichkeit um Experten auf dem Forschungsgebiet, kann es nützlich sein, die Schnittstelle für eingehende Informationen zu öffnen. Über diese Schnittstellen kann dann auch der Stand eventueller gleichzeitig durchgeführter oder konkurrierender Forschungsprojekte abgefragt werden.

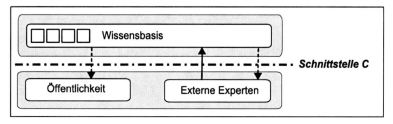

Abbildung 37:   Schnittstelle C
Quelle: Eigene Darstellung

8.3.4. Kurze Charakterisierung der Gestaltungselemente

Auf Basis des Schemas zur Gestaltung der Organisation sind im weiteren Schritt die Feinarbeiten zur Realisierung des Gestaltungsziels für das Wissensmanagement auszuarbeiten. Die für die Dimension Organisation auf Basis des Gestaltungsschemas sowie des Anforderungskataloges identifizierten Gestaltungselemente sind in Tabelle 7 dargestellt und kurz charakterisiert. In Kapitel D werden die Elemente in Bezug zur vierten Gestaltungs-Dimension der Projektphasenabhängigkeit analysiert und weiter ausgearbeitet.

Tabelle 7:   Gestaltungselemente der Dimension Organisation
Quelle: Eigene Erstellung

Bez.	Name	Kurzbeschreibung
O.1	Prozessanbindung	Ganzheitliche Einbindung der Prozesse des Projektes, Integration Wissensmanagement in Strategie und operatives Geschäft
O.2	Organisationsstruktur	Rechte und Pflichten in der Aufbauorganisation, Kontakt unterschiedlicher Hierarchien, Entscheidungsbefugnis
O.3	Verantwortlichkeit für Wissensmanagement	Organisatorische Verankerung der Verantwortlichkeit für Wissensmanagement
O.4	Zieldefinition und Wissensmanagement-Strategie	Anbindung Wissensmanagement an Projektziele, Wissensmanagementstrategie
O.5	Stakeholder	Berücksichtigung der Interessensgruppen/Interessen (Partnerunternehmen, öffentliche Förderträger, Öffentlichkeit, Experten)
O.6	Informationsprozesse	Kommunikationsprozess mit den Teilnehmern, Vor- und Nachbereiten von Besprechungen/Workshops, Berücksichtigung von unterschiedlich großer Beteiligung, Integration neuer Unternehmen und Mitarbeiter

Bez.	Name	Kurzbeschreibung
O.7	Budget	Budget für Wissensmanagement, Jahresrhythmus Budgetplanung
O.8	Entscheidungsfindung und Dokumentation	Nachvollziehbarkeit und Transparenz der Entscheidungen und Weichenstellungen im Projekt

8.4. Gestaltung der Dimension Mensch

Die Menschen sind als Träger des Wissens ein wichtiger Faktor für eine erfolgreiche Umsetzung von Wissensmanagement in Projekten. Das Wissen der Mitarbeiter trägt wesentlich zur Bildung der Wissensbasis bei. Sie müssen das Wissensmanagementkonzept annehmen und mittragen, da Wissen, insbesondere implizites, an Personen gebunden ist. Auch ist es notwendig, den Faktor Mensch bei der Gestaltung der beiden Dimensionen Technik und Organisation stark mit einfließen zu lassen. Erst durch die intensive Nutzung der eingesetzten Wissensmanagement-Maßnahmen durch die Mitarbeiter, kann das Wissensmanagement funktionieren. Das entsprechende Verständnis und die entsprechende Motivation vorausgesetzt, tragen die Mitarbeiter jedoch gerne zu diesem Projektziel bei.

8.4.1. Überblick der Gestaltung der Dimension Mensch

Im Mittelpunkt der Gestaltung der Dimension Mensch stehen die Mitarbeiter. Im Sinne des Gestaltungsrahmen muss Ziel der Gestaltung folglich sein, die Bedürfnisse, Einstellungen und Kenntnisse der Mitarbeiter im Sinne des Wissensmanagements positiv zu beeinflussen. Damit sich derartige Aktivitäten der Gestaltung entfalten können ist als Basis ein passender Rahmen notwendig. Dieser Rahmen bildet die Grundlage für die Durchführung der wissensbezogenen Aktivitäten. Da im Bezug auf die Dimension Mensch die Realisierung des Wissensmanagements von den Aktionen der Mitarbeiter bestimmt wird, muss es das Ziel sein, das Verhalten der Mitarbeiter dahingehend zu beeinflussen. Um das Wissensmanagement auszuführen, benötigen die Mitarbeiter außerdem näher zu bestimmende Fähigkeiten. Diese sind im untersuchten Fall insbesondere in Bezug auf die im Anforderungskatalog identifizierten Implikationen zurückzuführen. Somit basiert die Dimension Mensch auf der Gestaltung eines Rahmens, des Verhaltens und der Berücksichtigung der notwendigen Fähigkeiten. Dies ist in Abbildung 38 dargestellt.

▶ *Rahmen*

Ein wichtiger Punkt ist hier die Identifizierung und Weiterentwicklung einer passenden Wissensbasis. Diese ist die Grundlage, um das für die Forschungsfragen notwendige Wissen bereitzustellen, zu bearbeiten oder auch zu vermehren. Des Weiteren ist es notwendig, eine Vertrauensbasis aufzubauen, um die Bereitschaft, Wissen zu teilen zu fördern. Unter diesen Punkt fällt auch, den notwendigen Raum für Wissensaustausch zwischen den Mitarbeitern zu schaffen, in dem weitere Wissensmanagement-Maßnahmen statt finden können.[162]

Abbildung 38: Übersicht der Gestaltung der Dimension Mensch

Quelle: Eigene Darstellung

▶ *Verhalten*

Das Verhalten der Mitarbeiter wird von der im Projekt herrschenden Kultur mitbestimmt. Der kulturelle Aspekt wird in verschiedenen Bereichen als Teil eines erfolgreichen Wissensmanagements als sehr wichtig angesehen.[162] Durch gezielte Maßnahmen soll die Bereitschaft der Mitarbeiter gesteigert werden, an Wissensmanagement-Maßnahmen teilzunehmen, ihr Wissen mit anderen zu teilen und durch kreative Einfälle zu neuen Lösungsmöglichkeiten für Probleme beizutragen. Hier ist der unternehmensübergreifende und internationale Charakter des Projektes zu beachten. Im Weiteren kann durch Maßnahmen der Motivation ebenfalls eine gesteigerte Beteiligung der Projektteilnehmer am Wissensmanagement erreicht werden. Die gezielte Förderung der Kommunikation wirkt ebenfalls auf das Verhalten der Menschen ein.

---

162 Vgl. Karlsen, J. T. / Gottschalk, P. (2006), S. 3 ff.

▶ *Fähigkeiten*

Aus dem Anforderungskatalog ergibt sich, dass die Projektteilnehmer aus unterschiedlichen Ländern stammen. Deshalb ist auch die Problematik der Mehrsprachigkeit des Projektes in Form einer gemeinsamen Sprach-Basis zu bearbeiten. Der Aufbau der Fähigkeit zur interkulturellen Kompetenz kann ebenfalls als positiv zur Ermöglichung einer interkulturellen Zusammenarbeit gesehen werden.

8.4.2. Kurze Charakterisierung der Gestaltungselemente

Auf Basis des Schemas zur Konzeptionierung der Dimension Mensch sind im Folgenden Gestaltungselemente für das Wissensmanagements zu charakterisieren. Die für den Gestaltungsansatz ausgewählten Elemente sind in Tabelle 8 dargestellt. In Kapitel D werden die Elemente in Bezug zur vierten Gestaltungs-Dimension der Projektphasenabhängigkeit analysiert und weiter ausgearbeitet.

Tabelle 8:   Gestaltungselemente der Dimension Mensch
Quelle: Eigene Erstellung

Bez.	Name	Kurzbeschreibung
M.1	Wissensbasis	Träger impliziten Wissens, systematische Lernprozesse, Einarbeitung- und Integration von neuen Mitarbeitern, Integration externer Wissensquellen, Wissenstransfer, Schulung von Wissensmanagement-Elementen
M.2	Motivation	Schlüsselposition zur Durchführung des Wissensmanagements, Motivation für Wissensmanagement, Integration in Zielvereinbarung der Mitarbeiter
M.3	Wissensfreundliche Kultur	Wissensfreundliche Projekt-/Wissenskultur
M.4	Kommunikation	Kommunikationskanäle (Email, Brief, Telefon, ...)
M.5	Interkulturelle Kompetenz	Zeitliche Unterschiede (Arbeitszeit, Mittagspause, Ferien, Werksschließung), Kultur (Arbeit, Freizeit, Hierarchien, ...)
M.6	Vertrauen	Vertrauen und Bereitschaft Wissen zu teilen und mitzuteilen
M.7	Raum für Wissensaus-tausch	Formelle und informelle Gremien/Gelegenheiten zum Wissensaustausch (implizit, explizit)
M.8	Sprache	Sprachvielfalt/Sprachprobleme, technische Begriffe

8.5. Gestaltung der Dimension der Projektphasenanhängigkeit

Ein Projekt existiert im Gegensatz zu einer Unternehmensorganisation nicht permanent, sondern wird wie in B.2.1 festgestellt auf Zeit gebildet. Wie bei der Analyse des Anforderungskataloges erarbeitet, ist es wichtig, für das Wissensmanagement die „Ablauf- und Projektphasen" zu berücksichtigen. Die Phasen des Projektes charakterisieren sich durch unterschiedliche Ausprägungen was die Schwerpunkte in den bearbeiteten Aufgaben und in der Konsequenz auch die Arbeitsweise der Projektteilnehmer betrifft. Dies muss Einfluss auf das Wissensmanagement haben. Deshalb wird vorgeschlagen, den Projektablauf in die Gestaltung des Wissensmanagements mit einzuarbeiten.

8.5.1. Zusammenhang der Forschungs- und Projektphasen

In Kapitel C.3.4 konnte für Projekte eine zeitliche Strukturierbarkeit in Abschnitte festgestellt werden. Bei den folgenden Untersuchungen wurde in Kapitel C.4.4 für die Forschung ebenfalls eine vorherrschende Einteilung in Abschnitte identifiziert. Zur Unterscheidung der projektphasenabhängigen Gestaltung des Wissensmanagements ist es nun von Interesse, einen zeitlichen Bezug zwischen den Phasen eines Projektes und den Phasen der Forschung herzustellen. Darüber soll es möglich werden, die Projektphaseninhalte genauer zu charakterisieren und so die Gestaltung der Wissensmanagement-Instrumente zu optimieren.

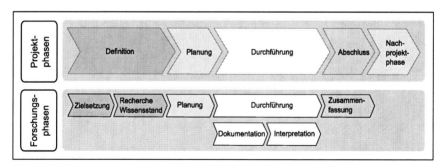

Abbildung 39: Überdeckung der Projekt- und Forschungsphasen

Quelle: Eigene Darstellung

Die Zielsetzung und die erste Recherche für den Forschungsgegenstand können hierbei der Definitionsphase des Projektes zugeordnet werden. Die Planungsphase und Durchführungsphase der Forschung fallen mit der entsprechenden, namensgleichen Projektphase zusammen. Die Zusammenfassung der Forschungsergebnisse erfolgt in der Regel in der Abschluss-Phase des Projektes. Deutlich wird die große Ähnlichkeit der Projekt-Phasen mit den Forschungs-Phasen. Dies zeigt, dass Forschungsfragestellungen gut mit der Durchführung innerhalb von Projektstrukturen harmonieren. Die Zuordnung der Projekt- und Forschungsphasen wird in Abbildung 39 gezeigt.

8.5.2. Einführung einer Systematik zur Gruppierung der Gestaltungselemente

Die primäre Einteilung der Gestaltungselemente resultiert aus den Dimensionen des Wissensmanagements Technik, Organisation und Mensch. Da diese auch den Gestaltungsrahmen für den hier vorgestellten Wissensmanagementansatz bilden, können die einzelnen Elemente diesen Hauptpunkten zugeordnet werden. Bei der Analyse des zeitlichen Projektverlaufs ergibt sich aber schon aus dem Grundverständnis eines ausgewogenen Wissensmanagements, dass die drei Dimensionen über den gesamten Projektverlauf im Gleichgewicht zu einander stehen sollen. Für die Abbildung der Dimension des projektphasenabhängigen Einsatzes der Wissensmanagement-Elemente ist es daher sinnvoller, die Elemente aufgrund der Gemeinsamkeiten in Bezug auf die konkrete Verwendung zur Formung des Wissensmanagements einzuteilen.[163] Hierbei können Gestaltungselemente extrahiert werden, die sich primär auf die strukturelle Planung des Wissensmanagements beziehen. Hierunter fallen z. B. Punkte zur Organisationsstruktur, Prozessgestaltung oder Anforderungen an die Technik. Des Weiteren sind Elemente zu identifizieren, die sich auf die Notwendigkeiten oder Qualität von Wissensmanagementinstrumenten beziehen. Eine weitere Gruppe der Elemente bezieht sich auf die Steigerung der Effektivität des Wissensmanagements. Sie wirken als Treiber oder Motivatoren. Als Beispiel kann hier die Steigerung der Beteiligung der Projektteilnehmer an den Wissensmanagementmaßnahmen genannt werden. Tabelle 9 zeigt die Systematik der Gruppierung der Gestaltungselemente.

Tabelle 9:   Systematik zur Gruppierung der Gestaltungselemente nach der Verwendung

Quelle: Eigene Erstellung

Klassifizierung	Beschreibung der Gestaltungselemente
Strukturierungsbezogen	Fließen in die Planung des Wissensmanagements ein
Instrumentenbezogen	Beschreiben die Instrumente des Wissensmanagements
Motivation/Treiber	Wirken als Treiber/Motivatoren im Gestaltungsansatz

---

163 Vgl. Für eine ähnliche Positon Probst, G. / Raub, S. / Romhardt, K. (2003). Die Autoren wählen für den Vergleich von Wissensmanagementthemen im allgemeinen Kontext nach Zielebenen eine Einteilung nach der Struktur, Aktivität und dem Verhalten.

8.5.3. Einteilung der Gestaltungselemente

Basierend auf der Systematik zur Gruppierung der Gestaltungselemente kann nun die Zuordnung der Schwerpunkte auf die Projektphasen erfolgen. Charakteristisch für die Gestaltungselemente, die den strukturbezogenen Elementen zugeordnet werden können, ist, dass diese bereits in die Planung des Wissensmanagements einfließen. Sie beschreiben Rahmenbedingungen und machen Vorgaben, die beim Entwurf des Wissensmanagements zu beachten sind. Zu diesen Elementen können aus der Dimension Technik die Gestaltung der Integration der EDV-Systeme und die Beachtung der Sicherheit für die Technologien gerechnet werden. Aus der Dimension der organisatorischen Gestaltung sind hier die Organisationsstruktur, die Umsetzung der Prozessanbindung, die Definition der Ziele und der Strategie sowie die Regelung der Verantwortlichkeit für das Wissensmanagement zu nennen. Für die Dimension Mensch sind an dieser Stelle die Gestaltung der Wissensbasis und die Regelungen zur gemeinsamen Sprache zu beachten.

Dahingegen beziehen sich die instrumentenbezogenen Gestaltungselemente auf die Auswahl und den Ausbau der Wissensmanagement Tools. Dies können Instrumente aus den Bereichen der EDV sein, aber auch traditionelle Instrumente wie Workshops oder die Bildung von „communities of practice" können in diese Kategorie fallen. Diese Gruppe besteht aus den Gestaltungselementen der Funktionalität und der Gestaltung der Interaktion im Projekt.

Während sich die ersten beiden Gruppen eher auf die beschreibende und planende Gestaltung des Wissensmanagement sowie der Instrumente beziehen, werden in der dritten Gruppe alle Elemente zusammengefasst, die als Treiber oder Motivatoren wirken. Sie tragen zur verstärkten Nutzung, höherer Effektivität oder größerem Erfolg des Wissensmanagements bei. Diese Elemente sind also geeignet, den Grad der Aktionen für die Wissensarbeit entweder zu behindern oder zu steigern. Über sie ist es insbesondere möglich, während des Projektes Einfluss auf die Entwicklung und Lenkung des Wissens zu nehmen. Gleichermaßen kann eine Vernachlässigung aber auch zu negativen Effekten führen. Zu dieser Gruppe lassen sich die technischen Elemente der Bedienbarkeit und der Leistung der Wissensmanagement-Werkzeuge zählen. Des Weiteren gehören aus der Dimension Organisation die Berücksichtigung der Interessensgruppen, die Gestaltung der Informationsprozesse, der Einsatz des Budgets und die Durchführung der Entscheidungsfindung bzw. Dokumentation. Für den Aspekt Mensch können hier als Schwerpunkte die Motivation, wissensfreundliche Kultur, Aufbau einer interkulturellen Kompetenz, Gestaltung der Kommunikation, vertrauensbildende Maßnahmen und die Schaffung des für den Wissensaustausch notwendigen Raumes identifiziert werden.

Die Zuteilung der Faktoren zu den Kategorien ist in diesen Punkten jedoch keineswegs exklusiv oder zwingend, es wäre durchaus möglich, dass sich zukünftig entwickelte Gestaltungselemente in mehreren Gruppen einteilen lassen. Für diese Arbeit wird jedoch von der in Abbildung 40 gezeigten Gruppeneinteilung ausgegangen.

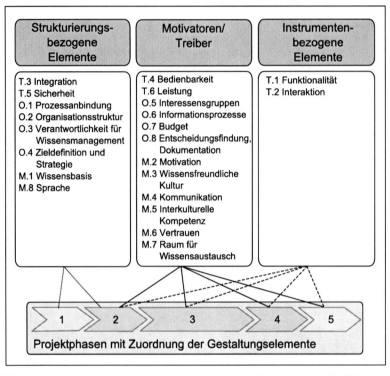

Abbildung 40: Gruppierung der Gestaltungselemente zur Zuordnung der Projektphasenabhängigkeit

Quelle: Eigene Darstellung

8.5.4. Projektphasenabhängige Betonung der Gestaltungselemente

Aus der Beschreibung der Inhalte der Projektphasen aus Kapitel C.3.4 und der Charakterisierung der drei Gestaltungselement-Gruppen kann nun die projektphasenabhängige Betonung der Wissensmanagement-Gestaltungselemente erfolgen. Charakteristisch für strukturbezogene Elemente ist, dass diese zur Gestaltung und Definition des Wissensmanagements und dessen Integration in die Projektorganisation herangezogen werden. Dies geschieht schwerpunktmäßig zu Beginn des Projektes in den Projektphasen der Definition und Planung. Die Arbeit an den instrumentenbezogenen Elementen ist dahingegen erst nach Abschluss der grundsätzlichen Struktur des Wissensmanagements zu erwarten.

116

Der Einsatz verteilt sich voraussichtlich gleichmäßig bis zum etwas verringerten Engagement in der Nachprojektphase, welches durch eine allgemein geringere Aktivität der Projektteilnehmer im Bezug auf den Zugriff auf Wissen gekennzeichnet ist. Durch wechselnde Aktivitäten, erhöhten Einsatz der Wissensmanagement-Instrumente vor Abgabeterminen für Teilprojektziele, Vor- und Nachbereitung von Sitzungsterminen oder ähnlichem ist zu erwarten, dass es zu weiteren, kleineren Schwankungen bei der Intensität der Nutzung der instrumentenbezogenen Gestaltungselemente kommt.[164]

Gestaltungselemente mit der Charakteristik der Treiber/Motivatoren werden während des Projektverlaufes während der Durchführung bis zum Projektabschluss eingesetzt. In diesen Phasen erfolgt die Arbeit der Projektteilnehmer mit dem Wissen und dem Wissensmanagement-Instrumenten. An dieser Stelle ist demnach auch der Einsatz dieser Gestaltungselemente zeitnah am effektivsten. Die Aktivitäten innerhalb dieser Gruppe unterliegen ebenfalls den bereits für die Gruppe der instrumentenbezogenen Elemente beschriebenen Fluktuationen in der Einsatz-Intensität aufgrund markanter Projektereignisse. Die Einordnung erfolgt aufgrund des Schwerpunktes der Tätigkeiten, jedoch kann es bei einzelnen Gestaltungselementen oder Projektsituationen zu Abweichungen kommen. Die Systematik ist somit als allgemeine Richtlinie zu verstehen.

9. Fazit zur Vorstellung des Wissensmanagement-Gestaltungsansatzes

In diesem Kapitel wurde erstmals ein Gestaltungsansatz vorgestellt, der eine Basis für ein Wissensmanagement von unternehmensübergreifenden Forschungsprojekten im internationalen Umfeld schafft. Durch die Analyse der Implikationen aus dem Projektmanagement, den spezifischen Aspekten des Umfeldes der Themenstellung sowie des wirtschaftlichen Umfeldes konnte ein detaillierter Anforderungskatalog vorgestellt werden. Der Bezug zum Wissensmanagement in Theorie und Praxis wurde durch die Erarbeitung der Dimensionen Technik, Organisation und Mensch als Bezugsrahmen hergestellt. Der eigentliche Gestaltungsansatz baut innerhalb dieses Gestaltungsrahmens ein Konzept für ein ganzheitliches Wissensmanagement.

Die Ausgestaltung geschieht durch die systematische Auswahl von Gestaltungselementen zur Detaillierung der Dimensionen. Als vierte Dimension wurde im Anschluss die Projektphasenabhängigkeit des Einsatzes dieser Gestaltungselemente eingeführt. Dies ist notwendig, da im Gegensatz zum Wissensmana-

---

164 Vgl. zur unterschiedlichen Intensität beim Einsatz von IT-Instrumenten für das Wissensmangement von Projekten den Erfahrungsbericht von Mühlfelder, M. et al. (2001), S. 10 ff.

gement in Unternehmen, wie gezeigt werden konnte die Gestaltungsnotwendig-
keiten in Projekten vom Projektfortschritt, ausgedrückt durch die Projektphasen,
abhängen. Die Einteilung der Gestaltungselemente in die drei Gruppen der
strukturbezogenen und instrumentenbezogenen Elemente sowie der Trei-
ber/Motivatoren erlaubt eine Strukturierung des Themengebietes. Dadurch kann
eine Betrachtung der Dynamik der Einflussfaktoren im Projektverlauf erfolgen.
Auf Basis dieser Gruppierung konnten die Gestaltungselemente anschließend
den Projektphasen zugeteilt werden. Die Gestaltungs-Dimensionen für den
Wissensmanagementansatz sind in Abbildung 41 dargestellt. Im folgenden
Kapitel sind die einzelnen Gestaltungselemente genauer zu analysieren und für
den Einsatz im Gestaltungsansatz zu beschreiben.

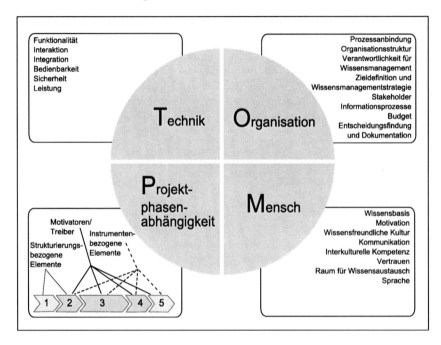

Abbildung 41: Übersicht des Wissensmanagement-Ansatzes nach den Dimensionen
Technik, Organisation, Mensch und Projektphasenabhängigkeit

Quelle: Eigene Darstellung

118

D. Konzeption der Gestaltungselemente für den projektphasenabhängigen Einsatz

1. Aufbau des Kapitels

In diesem Kapitel erfolgt eine Konzeption der in Kapitel C vorgestellten Gestaltungselemente. Hierzu wird zunächst die Grundlage für die weitere Analyse definiert. Es folgen die Ausarbeitungen zu den einzelnen Elementen, geordnet nach den Dimensionen des unter Kapitel C erarbeiteten Bezugsrahmens. Im Anschluss werden die in C.8.5 identifizierten Projektphasen unter Berücksichtigung des Einsatzes der jeweils geeigneten Gestaltungselemente konkretisiert. Die Struktur des Kapitels ist in Abbildung 42 dargestellt.

Abbildung 42: Struktur von Kapitel D

Quelle: Eigene Darstellung

2. Grundlagen der Analysen

In Kapitel C wurde ein Gestaltungsansatz für das Wissensmanagement in unternehmensübergreifenden F&E-Projekten im internationalen Umfeld entwickelt. Das Konzept basiert auf der Gestaltung der drei Dimensionen des Wissensmanagement Technik, Organisation und Mensch. Zur Konkretisierung und der praktischen Umsetzung der Gestaltung ist es notwendig, entsprechende Gestaltungselemente einzusetzen. Diese sollen das Wissensmanagement entsprechend den Anforderungen formen. Zusätzlich ist bei der Konkretisierung der Gestaltungselemente die vierte Dimension des Gestaltungsansatzes, die Projektphasenabhängigkeit des Einsatzes der Gestaltungselemente zu beachten. Die folgenden Ausführungen konkretisieren die in Kapitel C für die Dimensionen ausgewählten Gestaltungselemente. Dies geschieht auf Basis von theoretischen Überlegungen und Einbeziehung von praktischen Erfahrungen.

3. Ausarbeitung der Gestaltungselemente der Dimension Technik

3.1. Funktionalität

Auf der Seite der technischen Funktionalität lässt sich eine umfangreiche Wunschliste zusammentragen. Die Domäne der Informationstechnologie ist sicherlich die schnelle Verarbeitung großer Datenmengen. Das kann für das Wissensmanagement genutzt werden. Diese Verwendungsmöglichkeit von IT-Tools geht auf die Tatsache zurück, dass Wissen sich zwar von Daten und Informationen unterscheidet, aber auf diese formell zurückgeführt werden kann. Wie unter B.3.2 diskutiert, ist Datenmanagement oder sogar Informationsmanagement nicht gleichzusetzen mit Wissensmanagement. Erst durch den Kontext und die Verknüpfung mit bestehendem Wissen werden Informationen bzw. Daten zu wertvollem Wissen. Mit den IT-Werkzeugen kann also am besten auf Ebene der Verarbeitung der Daten und Informationen angesetzt werden. Durch zusätzliche Logik und vor allem Verknüpfung mit den beiden anderen Aspekten Organisation und Mensch entsteht der Beitrag zum Wissensmanagement.

Mögliche Wissensmanagement-Funktionalitäten von IT-Werkzeugen können sein:

- Speicherung: Speicherung von projektbezogenen Dokumenten und Informationen in Dateiform, Datenbanken oder als Abbildung von Prozessen
- Datenaustausch: Austausch von Dateien und Informationen zwischen den Projektteilnehmern
- Archivierung: Speicherung der Dokumente und Informationen in Archiven für spätere Zugriffe, auch noch nach Ende der Projektzeit
- Versionierung und Historie: Verwaltung unterschiedlicher Dokumentversionen (auch bei Bearbeitung durch mehrere Benutzer), Historienfunktion mit der Möglichkeit ältere Bearbeitungsstände anzusehen
- Dokumentation: Dokumentation der Bearbeitungszustände, Dokumentation von Entscheidungen und der Entscheidungsfindung
- Recherchefunktionen: Einfache und komplexe Suchfunktionen in den Informationen, Dokumenten, Diskussionsforen, Expertenverzeichnissen etc.
- Interaktion: Elemente wie z. B. Diskussionsplattform, Informationsaustausch, Kommunikations-, Kooperationsplattformen, Expertenverzeichnisse

Für die Speicher-Funktionalität kann auf die Erfahrungen von Standardsoftware, wie sie jedem Benutzer von herkömmlichen PC-Arbeitsplätzen bekannt ist, verwiesen werden. Projektbezogene Dokumente und Informationen werden in Form von Dateien, Datenbankeinträgen oder als Abbildung von Prozessen abgespeichert. Im Zusammenhang mit der Möglichkeit des Datenaustausches über das Internet können diese Funktionen dann ihre volle Stärke ausspielen. So haben nicht mehr nur die Benutzer eines PCs oder eines Unternehmensnetzwerkes Zugriff, sondern alle Projektteilnehmer. Dies hat den Vorteil, dass zum einen allen Mitarbeitern die Dokumente immer in der gleichen, aktuellen Version vorliegen und zum anderen erspart dies den zeitlichen und organisatorischen Aufwand einer mehrfachen Datenhaltung an den lokalen Arbeitsplätzen. Es ist möglich, die Datenbanken auch über das Projektende als Archive weiter bestehen zu lassen. Diese Archive ermöglichen es dann, auf die Ergebnisse des Projektes für einen langfristigen Wissenstransfer zuzugreifen.

Neben der linearen Speicherung einzelner Inhalte ist es technisch machbar, den Bearbeitungsfortschritt von Dokumenten in Versionsschritten festzuhalten. Dokumente werden in den Bearbeitungsschritten mit Versionsnummern versehen. Auf diese Art und Weise kann die Entstehung und Historie der Inhalte nachvollzogen werden.

Ein wichtiger Punkt in der Durchführung von Forschungsprojekten ist auch die transparente Dokumentation der Entscheidungen. Die Frage wie Entscheidungen z. B. über technische Auslegungen der Höhe von Sicherheitsreserven zustande gekommen sind, sichert die Entwickler ab und kann im Schadensfall zum wichtigen Beweismittel werden. Auch bei wirtschaftlichen Entscheidungen kann die Dokumentation des Abstimmungsverhaltens der Partnerunternehmen wichtig werden. Bei der Dokumentation, aber auch bei der Durchführung solcher Entscheidungsprozesse, ist vor allem aus Sicht der Projektleitung Unterstützung willkommen.

Natürlich ist nicht nur die Speicherung der Inhalte in den IT-Werkzeugen gefragt, sondern auch der spätere (Wieder)-Zugriff auf die Inhalte. Dabei spielt bei der Arbeit mit großen Datenmengen eine qualifizierte Recherchefunktion eine wichtige Rolle. Über Suchmasken erhalten die Anwender Hilfsmittel um auf die Inhalte zuzugreifen bzw. die richtigen Inhalte aus der Masse herauszufiltern. So kann nicht nur über oft wenig aussagekräftige Dateinamen recherchiert werden, sondern über Volltextrecherchen und die Verknüpfung von Suchbegriffen komplexe Suchanfragen gestellt werden. Dies sollte nicht nur auf Dateiinhalte wie z. B. Word-Dokumente mit Projektfortschrittsberichten, sondern gleichermaßen auf Diskussionsforen und Expertenprofile anwendbar sein.

3.2. Interaktion

Zusätzlich zu den in den vorherigen Absätzen beschriebenen Funktionen ist die Umsetzung der für das Wissensmanagement notwendigen Interaktion ein wichtiger Auftrag an die Gestaltung der technischen Werkzeuge.[165] Gefordert

---

165 Vgl. Mandl, H. / Reinmann-Rothmeier, G. (2000), S. 39 ff.

sind hier die Interaktion der Programmfunktionalität mit den Benutzern und die Interaktion der Projektteilnehmer untereinander.

Aufgrund der räumlichen Trennung ist es ratsam, eine für alle Benutzer über das Internet erreichbare Plattform für die Interaktionsfunktionalitäten zu errichten. Die meisten Unternehmen verfügen über leistungsfähige Internet-Verbindungen, die einen Zugriff auf die Online-Plattformen durch die Mitarbeiter vom Arbeitsplatz ermöglichen. Dass die Internetlösung auch von anderen Zugriffspunkten z. B. von Heimarbeitsplätzen oder auf Dienstreisen erreichbar ist, ist ein weiterer Vorteil.

Unter Interaktion werden an dieser Stelle die möglichen Wechselwirkungen zwischen dem System und den Benutzern verstanden. Die einzelnen Anforderungen variieren sicherlich je nach Projektfokus. Grundsätzlich kann jedoch nach den folgenden Interaktionsfunktionen unterschieden werden:

- Verzeichnisse: Expertenverzeichnis, Gelbe Seiten, Kontaktlisten, Telefonlisten, Email-Liste
- Diskussionsplattform: Fragen- und Antwortforum
- Datenaustausch: Austausch von Dateien und Informationen
- Kommunikationsplattform: Verbreitung von Informationen
- Kooperationsplattformen: Gemeinsame Bearbeitung von Dokumenten, Prozessen

Die Bandbreite der existierenden Lösungen für Online-Plattformen ist groß, ebenso die Konfigurationsmöglichkeiten der Software-Systeme. Oft lassen sich bei ihnen individuelle Lösungen aus einzelnen Modulen zu einem angemessenen Ganzen verknüpfen. Deshalb erfolgt an dieser Stelle die Betrachtung der einzelnen Interaktionsfunktionen.

Es ist für die Projektteilnehmer von großem Interesse, über die Kontaktdaten der anderen Mitarbeiter informiert zu sein. Vor allem in größeren Projekten oder in der Anfangsphase sind die Gesichter und die Expertise der einzelnen Personen noch unbekannt. Über entsprechende Verzeichnisse mit den Kontaktdaten, Telefonnummern, Emailadressen und Adressen lässt sich so eine Nachschlagemöglichkeit für die Anwender erstellen. Die so geschaffenen Benutzerprofile lassen sich sehr leicht um die Kompetenzen, Zuständigkeiten und Expertisen der Projektmitarbeiter erweitern. So entsteht ein Expertenverzeichnis, das eine gezielte Kontaktaufnahme zu Experten zulässt. Dies ist vergleichbar mit den „Gelben Seiten", die aus dem privaten Umfeld bekannt sind.

Eine Diskussionsplattform soll den Benutzern einen Austausch untereinander ermöglichen. Es können Fragen gestellt und Antworten gegeben werden. Die Inhalte werden dabei nach Oberbegriffen in einer Struktur gegliedert. Über eine entsprechende Ordnung z. B. in Themen der Konstruktion, Rahmenbedingungen, gesetzliche Vorschriften, Anforderungen usw. kann eine Vorauswahl getroffen werden. Die Diskussionspunkte sind so schneller auffindbar. Dadurch wird vor allem auch der Wissenstransfer zwischen den Mitgliedern angeregt. Datenaustausch ist für das Projekt wichtig, da auf diese Art und Weise die Dokumente in Dateiform versendet werden können. Die herkömmliche Alternative wäre die Verschickung per E-Mail. Was aber zu einem hohen organisatorischen Aufwand und eventuell unnötiger mehrfacher Datenhaltung führt, da dann normalerweise jeder Projektteilnehmer auf seinem eigenen Arbeitsplatzrechner Kopien ablegt. Dies bringt die bekannten Probleme mit Versionskonflikten und unvollständigen Email-Verteilern mit sich. Im Fall des Datenaustausches über eine Online-Plattform ist meist auch eine sinnvollere, gemeinsame Ablagestruktur möglich, so dass über eine vordefinierte Gliederung die Dateien für alle identisch verschlagwortet sind. Zusätzlich wird über die Rechteverwaltung des Online-Systems erreicht, dass jeder, der von der Information potentiell betroffen ist, Zugriff auf diese bekommt und niemand aus Versehen auf dem Email-Verteiler vergessen wurde. Das Grundprinzip dieser Funktionalität eignet sich auch zur Abbildung der Kommunikation mit den Projektmitarbeitern, da auf diese Art und Weise nicht nur eine Datei sondern auch Nachrichten wie Projektskizzen, Besprechungseinladungen oder Berichten verteilt werden können. Wenn auch die gemeinsame Bearbeitung von Dokumenten möglich ist und eventuell Technologien wie Online-Besprechungen per gemeinsamer Bildschirmpräsentation, Instant-Messenger[166], Web-Video-Telefonie oder Ähnlichem möglich ist, so kann von Funktionen einer Kooperationsplattform gesprochen werden. Der Markt für derartige Wissensmanagement-Lösungen wächst ebenso wie die technischen Möglichkeiten der IT.[167]

3.3. Integration

Da eine Projektorganisation auf Zeit geschaffen wird, sind üblicherweise vor Start des Projektes auch keine gemeinsamen technologischen Hilfsmittel etabliert, insbesondere wenn sich die Projekteilnehmer an unterschiedlichen Standorten befinden. Das heißt, die Mitarbeiter können aufgrund der räumlichen und organisatorischen Trennung z. B. nicht auf gemeinsame Netzlaufwerke für den Datenaustausch, Telefonverzeichnisse zugreifen oder sich auf Selbstverständlichkeiten wie einheitliche EDV-Programme und Versionen verlassen. Für den Datenaustausch und die Zusammenarbeit müssen Lösungen gefunden werden. Insbesondere bei technischen Projekten kommt eine Vielzahl von technischen Spezialprogrammen zum Einsatz, dessen Formate oft nur von den

---

166 Instant Messenger versenden Textnachrichten über das Internet und ermöglichen eine schriftliche Kommunikation von zwei oder mehr Leuten in Echtzeit.
167 Vgl. Palass, B. / Servatius, H. (2001), S. 103.

entsprechenden Programmen, meist sogar bezogen auf bestimmte Versionen, gelesen und bearbeitet werden können.

Anzustreben ist ein hohes Maß an Integration und Vernetzung der Systeme, um Schnittstellenprobleme und Mehrarbeit bei der Datenaufbereitung und Verteilung zu vermeiden. Um dies zu erreichen, sollte ein Projektstandard in Form von bestimmten Dateiformaten und Programmen/Versionen definiert werden. Eine Konvertierung von Dateiformaten ist erfahrungsgemäß tendenziell zeitaufwendig und eine mögliche Fehlerquelle. Dabei darf natürlich nicht willkürlich vorgegangen werden, sondern es muss Rücksicht auf die bei den Projektteilnehmern verwendeten Software-Versionen genommen werden. Die bestehende EDV-Landschaft ist unbedingt zu integrieren. Die Lösung kann nur funktionieren, wenn sie mit den Möglichkeiten aller Projektteilnehmer abgestimmt ist. Der gewählte Weg muss für alle Teilnehmer umsetzbar sein. Insbesondere teure Spezialsoftware wird im Regelfall nicht extra für das Projekt angeschafft werden können. Unter Umständen wird dies also zu einer weniger modernen, dafür aber machbaren Lösung, führen.

3.4. Bedienbarkeit

Besonderes Augenmerk sollte auf die Umsetzung einer einfachen, benutzerfreundlichen IT-Landschaft gerichtet werden, die es sowohl ungeschulten Mitarbeitern möglich macht, die Programme zu nutzen, aber auch versierten Nutzern Möglichkeiten für komplexere Aufgabenstellung anbieten kann. So sichert man sich die wichtige Unterstützung der Mitarbeiter als den Nutzern der Systeme.

Die Anwender sind in diesem Zusammenhang hauptsächlich auf zwei Arten mit der Beschaffenheit eines IT-Systems konfrontiert. Zum einen sind sie von der Funktionalität und Systematik der Anwendung betroffen und zum anderen müssen Sie mit der vorgesehenen Benutzerschnittstelle interagieren. Auf der Ebene der Systematik geht es vor allem um die zur Verfügung gestellten Funktionen und die Konzeption der Anwendungslogik. Hier gilt es, das richtige Maß an Komplexität zu treffen, um den Benutzern alle notwendigen Funktionen zur Verfügung zu stellen und sie gleichzeitig nicht durch unzählige Sonderfälle zu verwirren. Hier spielt sicherlich auch die Beachtung der Kompatibilität zu Standardprogrammen eine Rolle. So sollte z. B. ein Datenaustausch mit den üblichen Office-Dateiformaten möglich sein. Aber auch auf Ebene der möglichen Funktionalitäten hat sich für die Anwender in vielen Bereichen in der Zwischenzeit ein Quasi-Standard herausgebildet. So erwarten die Benutzer z. B.

im Internet die Vernetzung der Inhalte untereinander über sogenannte Hyper-links[168].

Im Bezug auf die Gestaltung der Benutzerschnittstellen geht es neben der Optik auch um die Strukturierung der Funktionsaufrufe. Die Benutzer erwarten einfache, nicht zu verschachtelte Funktionsaufrufe, wie diese z. B. über Menüs und Untermenüs in Windowsprogrammen oder über Navigationsleisten im Internet erreicht werden können.

3.5. Sicherheit

Der Einsatz von technischen Werkzeugen für das Wissensmanagement bringt immer Risiken mit sich. Es gilt zu verhindern, dass Wissen, das mit den technischen Hilfsmitteln bearbeitet wird, nicht in die falschen Hände gerät. Grundsätzlich besteht bei Instrumenten der Informationstechnologie immer das latente Risiko, dass auf die Dateien und somit auf die zusammen getragenen Informationen von unerlaubter Seite zugegriffen werden könnte. Ein solcher unerwünschter Zugriff kann auf drei Arten erfolgen: auf System-, auf Pro-gramm- oder auf der Benutzerebene.

- Systemebene: Meist externes Eindringen auf Unternehmens-Server z. B. von Hackern zur Industriespionage oder Abhören des Datenverkehrs im Internet
- Programmebene: Unerlaubte Nutzung von projektspezifischen Programmen oder Zugriff auf Projektverzeichnisse (intern/extern)
- Benutzerebene: Unerlaubter Zugriff auf einzelne Ressourcen oder Dateien durch interne Projektmitglieder oder externe Berater

Es ist zu erkennen, dass die Sicherheit der EDV-Systeme in drei Stufen gewährleistet sein muss. Der Zusammenhang ist in Abbildung 43 als Sicher-heitspyramide aufgezeigt. Auf der untersten Ebene muss die Integrität der Server-Systeme gewährleistet werden. Durch entsprechende Maßnahmen wird ein Zugriff auf die Server verhindert und so z. B. das Gesamtsystem mit sicheren Passwörtern geschützt, die nur den eigenen Administratoren bekannt sind. Zum anderen müssen die Betriebssysteme und die eingesetzte Software permanent auf Sicherheitslücken überprüft werden und regelmäßig Updates der Software installiert werden. In der heutigen Zeit existieren im Unternehmensall-tag so gut wie keine Inselsysteme mehr. Über das unternehmenseigene Intranet sind die Rechner miteinander vernetzt, ja meist sogar aus dem öffentlichen Internet erreichbar (z. B. Webmail, Dateizugriff für Home-Office). Um den

---

168 Hyperlink bezeichnet einen elektronischen Querverweis auf ein anderes Dokument. Wird zumeist im Kontext des World Wide Web gebraucht.

Zugriff zu überwachen und unerlaubte Aufrufe zu verbieten, können sogenannte Firewalls[169] eingesetzt werden, die auf Ebene des Datenverkehrs über Filter und Rechteverwaltungen die Datenströme kontrollieren. Ein Nachteil des beim Datenaustausch über das Internet verwendeten TCP/IP-Protokolls ist, dass die Datenpakete im Prinzip unverschlüsselt über öffentliche Datennetze transportiert werden. Mit dem entsprechenden Wissen lassen sich die Datenpakete abhören und damit auch die Kommunikation oder die Dateiinhalte mitlesen. Aufgrund der großen Datenmengen im Internet sicherlich kein alltägliches, aber mit der nötigen kriminellen Absicht ein mögliches Szenario. Die naheliegende Lösung ist die Nutzung von zusätzlichen Verschlüsselungstechnologien wie z. B. HTTPS[170] im Internet oder VPN-Verbindungen[171] zur Dateiübertragung – beide Technologien erlauben es nur angemeldeten und registrierten Benutzern auf die Dateien zuzugreifen.

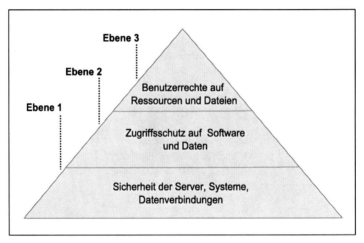

Abbildung 43:   Sicherheit in der EDV-Umgebung

Quelle: Eigene Darstellung

---

169 Eine Firewall kontrolliert den Datenverkehr zwischen zwei Netzwerkabschnitten. Dabei werden unerwünschte Daten herausgefiltert, so ist es z. B. möglich das Unternehmens-Intranet vor Angriffen aus dem Internet zu schützen.
170 HTTPS ist das um eine zusätzliche Verschlüsselung erweiterte HTTP (Hypertext Transfer Protocol). Es erlaubt, Daten im World Wide Web abhörsicher zu übertragen.
171 VPN bezeichnet virtuelle private Netze, die auf Basis öffentlicher Netze wie dem Internet meist verschlüsselte Verbindungen zwischen privaten oder unternehmenseigenen Netzteilen herstellen.

In der zweiten Stufe geht es um die Vermeidung von unerlaubten Zugriffen auf eigentlich gesicherte Systeme, die aus dem Intranet oder Internet erreichbar sind. Dazu ist es notwendig, dass sich die erwünschten Benutzer dem System als solche zu erkennen geben und sich authentifizieren. Dies kann über die Vergabe entsprechender Benutzernamen und Kennwortkombinationen erreicht werden. Nur Personen mit solchen registrierten Anmeldedaten können die Systeme dann nutzen.

Die oberste Sicherheitsstufe in der Pyramide dient dazu den Zugriff auf einzelne Ressourcen oder Dateien von internen Benutzern der Systeme zu regeln. So soll unter Umständen nicht jeder Projektteilnehmer den vollen Zugriff auf alle Informationen erhalten, sondern nur auf ausgewählte Inhalte, die z. B. seinen Benutzerberechtigungen entsprechen. Dies kann insbesondere auch dann zutreffen, wenn für Teilaufgaben externe Berater mit eingebunden werden sollen. Hierzu ist es notwendig eine Benutzerverwaltung und Zugriffsrechtevergabe in die Systeme mit einzubauen.

3.6. Leistung

Ein wichtiger Faktor, der die Nutzungsfrequenz und Akzeptanz bei den Benutzern der informationstechnischen Werkzeuge bestimmt, ist die Leistung. Der Anwender nimmt die Leistung von EDV-Systemen an verschiedenen Stellen wahr. Dabei bringt er sie mit seinen Erfahrungswerten und persönlichen Arbeitsgewohnheiten in Verbindung. So bildet sich eine Erwartung an die folgenden Faktoren:

- Reaktionsgeschwindigkeit: Antwortzeit des Systems, Annahme von Benutzereingaben
- Arbeitsgeschwindigkeit: Zeit zur Verarbeitung von Anfragen (z. B. Suche, Dateiabruf)
- Kapazität: Aufnahmefähigkeit für einzelne große Dateien und Gesamtkapazität der Speichermenge des Systems (Anzahl von Dokumenten, Größe der Datenbank in z. B. Gigabyte[172])
- Verfügbarkeit: Zeitliche Verfügbarkeit und Ausfallhäufigkeit der Systeme

Die Bewertung dieser Faktoren hängt sicherlich vom Einzelfall des Projektes ab und wird auch stark vom subjektiven Eindruck der Nutzergruppe bestimmt, ist jedoch auch vom Stand der Technik im Vergleich mit anderen Softwareprodukten beeinflusst. Waren z. B. Ladezeiten von 5 Sekunden oder mehr selbst für

---

172 Gigabyte bezeichnet eine Maßeinheit zur Angabe der Datenmenge in der EDV und steht für 109 Byte.

kleine Textdokumente von Disketten in den 80er Jahren für Benutzer gewohnt, so wird heutzutage von den Anwendern eine Ladezeit von komplexen Internetseiten aus dem World-Wide-Web[173] in diesem Bereich als störend lange empfunden. Dies gilt es für den Anwendungsfall zu bewerten und entsprechend umzusetzen. In diesem Zusammenhang ist jedoch klar ein Trend zu kürzeren Reaktionszeiten und höherer Arbeitsgeschwindigkeit zu beobachten. Bestimmend wirken hier sicherlich die Geschwindigkeit der Anbindung über das Internet, also die Bandbreite der Netzwerkverbindung[174] und die Hardwaregeschwindigkeit der Server (CPU, Festplatte, etc.), aber auch die verwendeten Software Architekturen (z. B. Java Entwicklungsumgebungen etc.). Zu beachten ist, dass die Anforderungen an die Architektur der Systeme mit der Anzahl der Benutzer stark steigen können, da neben der Größe der Datenbanken auch die Wahrscheinlichkeit für gleichzeitige Zugriffe auf die Programme steigt. Arbeiten mehrere Benutzer parallel mit dem System, so müssen sie sich die Rechengeschwindigkeit der Server oder die Bandbreite der Datenanbindung teilen. Darauf ist bei der Auslegung entsprechend ebenfalls Rücksicht zu nehmen.

Die richtige Auslegung der Kapazität der Datenbanken ist wichtig, da Probleme bei dieser Variable zu wesentlichen Einschränkungen für die Benutzer führen können. Zum einen sollte die Möglichkeit bestehen, auch entsprechend große einzelne Dateien aufnehmen zu können. Vielen Email Nutzern ist eine strikte Beschränkung der Größe von Dateianhängen mit z. B. 5 MB bekannt. Versucht der Anwender größere Dateien zu versenden, wird der Vorgang mit einer Fehlermeldung abgebrochen. Wird eine derartige Beschränkung z. B. bei Online Kommunikationsplattformen für das Internet zu niedrig gewählt, wird die Akzeptanz und Nutzung der Plattform tendenziell abnehmen. Die Datei wird mit wichtigen Informationen im Zweifelsfall nicht im System gespeichert und andere Projektteilnehmer vom Zugriff so ausgeschlossen. Insbesondere beim Austausch von CAD-Dateien werden sehr schnell Dateigrößen von 100 MB oder mehr erreicht. Dateigrößen, die von herkömmlichen Email-Systemen nicht mehr verkraftet werden. Benutzer werden Online-Systeme, die diese Dateigrößen bearbeiten können sicher dankbar der Versendung von Datenträgern per Post oder Boten vorziehen. Die Kapazitätsgrenze kann sich in Bezug auf die Datenbank nicht nur auf einzelne Speichervorgänge erstrecken, unter Umstän-

---

173 WWW (World Wide Web) bezeichnet die geläufigste Form der Nutzung des Internets. Über das WWW sind auf Basis des HTTP-Protokolls Internetseiten abrufbar. Dazu wird i.d.R. ein Internet-Browser benötigt z. B. „Microsoft Internet Explorer" oder „Google Chrome".

174 Unter der Bandbreite der Netzwerkverbindung wird an dieser Stelle die erreichbare Geschwindigkeit der Netzwerkverbindung verstanden. Typische Werte für LAN-Netzwerke sind 100 Mbit, für Heimanwender Internetverbindungen um die 6 Mbit (Stand 2009) üblich.

den gibt es zusätzlich eine absolute Obergrenze an Speicherplatz die der Datenbank zur Verfügung steht, oder mit dem z. B. die Kommunikationsplattform umgehen kann. Ist die Grenze an Speicherplatz oder die Anzahl der möglichen einzelnen Datenbankeinträge erschöpft, so nimmt das System keine weiteren Dateien an und kann folglich auch nicht mehr genutzt werden. Eine entsprechende Kapazität ist also zu Beginn abzuschätzen und wenn möglich eine spätere Erweiterung oder Skalierbarkeit der Server vorzusehen. So kann das System auch zur Aufnahme größerer Dateien und als Archiv für alle Projektteilnehmer dienen.

Außerdem ist eine entsprechend hohe zeitliche Verfügbarkeit der Systeme zu gewährleisten. Stand der Technik ist sicherlich eine Zugriffsmöglichkeit auf z. B. Internet-Plattformen von 24 Stunden pro Tag. Systemausfälle und Zeiten zu denen nicht mit den Programmen gearbeitet werden kann und so die Informationen für die Projektteilnehmer nicht erreichbar sind, sind zu vermeiden. Auf diese Anforderung sind sowohl die Datenverbindungen und die Server auszulegen. Dies gilt insbesondere für die Planung von eventuellen Wartungsintervallen für Updates oder Datensicherung, zu denen das System trotzdem weiter für die Benutzer erreichbar sein sollte.

4. Ausarbeitung der Gestaltungselemente der Dimension Organisation

4.1. Prozessanbindung

Tätigkeiten, die Ressourcen verwenden um Ergebnisse basierend auf Eingabe-Informationen zu produzieren, können als Prozess gesehen werden[175]. Dementsprechend können auch die Aktivitäten im Projekt als Prozess betrachtet werden. Aufgrund der Projektsystematik sind die Aktivitäten – die auch als Aufgaben bezeichnet werden- in Projektphasen eingeteilt. Im für den Untersuchungsgegenstand relevanten Fall, können in der Folge Prozesse mit Inhalten aus der F&E, dem Projektmanagement und dem Wissensmanagement identifiziert werden. Diese Betrachtung dient als Ausgangspunkt für die folgenden Untersuchungen, um das Verhältnis und den Bezug der Prozesse zu den Wissensmanagement-Aktivitäten im Projekt zu definieren.

Die Wissensmanagement-Maßnahmen müssen in den Projektablauf integriert sein und auf operativer Ebene mit dem Projekt korrespondieren. Dies ist notwendig, da die Wissensaktionen in den Forschungsprozessen stattfinden. Das heißt, innerhalb dieser Abläufe wird mit dem Wissen gearbeitet, neues Wissen

---

175 Vgl. Deutsches Institut für Normung e.V.: ISO 9001:2000: Quality Management Systems – Requirements.

generiert, ausgetauscht oder gesucht. Deshalb müssen die Wissensmanagementmethoden in die Abläufe eingebaut werden. Da das Wissensmanagement auch wesentlich von einem guten Wissensaustausch zwischen den Arbeitspaketen und somit auch den Projektmitarbeitern abhängt, ist von organisatorischer Seite ein Augenmerk auf die Lenkung der Wissensströme zu legen. Davon ausgehend muss eine Organisation geschaffen werden, die eine optimale Bearbeitung der Arbeitspakete garantiert und den Mitarbeitern das Wissen in der richtigen Form rechtzeitig zur Verfügung stellt. Eine Anbindung des Wissensmanagements an die Prozesse ist an folgenden Stellen wünschenswert:

- Verknüpfung von Forschungsprozessen mit Wissensmanagementprozessen
- Verknüpfung von Projektmanagementprozessen mit Wissensmanagementprozessen
- Verknüpfung von Wissensmanagementprozessen mit anderen Wissensmanagementprozessen

Die Interaktion mit den Forschungsprozessen gelingt am besten, wenn mit Instrumenten gearbeitet wird, die die Mitarbeiter gerne im Routinearbeitsablauf nutzen. So können die Mitarbeiter im täglichen Umgang leicht auf die Bausteine zugreifen, um ihre eigenen Aufgaben zu lösen und speisen gleichzeitig die Wissensmanagementabläufe mit den notwendigen Eingaben. Ist das System nahtlos integriert, können die Projektmitarbeiter zum einen durch einen schnellen Zugriff auf die Informationen profitieren, zum anderen aber auch von Lösungen und Erfahrungen anderer Mitarbeiter lernen. Natürlich müssen dazu auch die Rahmenbedingungen entsprechend gesetzt werden. Die zusätzlichen Aufgaben stellen alles in allem einen im ersten Schritt für den Einzelnen einen erhöhten Aufwand dar. Auch wenn die Gesamtbilanz für das Projekt deutlich positiv ausfällt, so müssen die Projektteilnehmer motiviert sein, diese Zeit aufzuwenden und die Wissensmanagementprozesse zu bedienen.

Eine Verknüpfung mit den Projektmanagementprozessen scheint sinnvoll, um den Austausch des Wissens zu strukturieren. Im Bereich Projektmanagement existieren wichtige Informationen über die Ziele, Termine, Kontakte und Abhängigkeiten der Projekt-Aktivitäten. Über das Wissensmanagement hat das Projektmanagement Zugriff auf die Expertise und Ergebnisse der Forschungsprozesse.

Nicht vergessen werden darf an dieser Stelle eine Querverbindung der einzelnen Wissensmanagement-Prozesse untereinander. Diese dürfen nicht unabhängig voneinander laufen, sondern es bedarf einer Synchronisation und der Interaktion. Ziel ist es, dadurch einen Austausch von Informationen und Wissen zwischen den Arbeitspaketen zu erreichen. Dieser Transfer des Wissens ist wichtig für die Lernprozesse des Projektes. Wie in Kapitel B.4.6 erarbeitet, läuft Lernen in einer Kombination aus der Erarbeitung von für den Einzelnen bzw. für das Projekt neuem Wissen und einer Rückmeldung über den Erfolg der gelernten Lösung ab. Für eine qualifizierte Rückmeldung zum Erfolg des generierten Wissens können so z. B. die Ergebnisse einer Versuchsreihe in weitergehende Untersuchungen einfließen und bei entsprechenden Erfolgen oder Misserfolgen eine Information an die Verantwortlichen der ursprünglichen Versuchsreihe weitergeben und dort berücksichtigt werden. Ziel kann dabei auch sein, durch proaktives Lernen Fehler möglichst früh in der Entwicklung zu erkennen und nicht erst im fertigen Produkt damit konfrontiert zu werden.

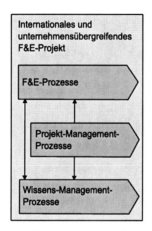

Abbildung 44: Interaktion der Forschungs-, Projektmanagement- und Wissensmanagementprozesse

Quelle: Eigene Darstellung

4.2. Organisationsstruktur

Die Gestaltung der Projektorganisation fällt in den Bereich der Organisationsstruktur. Dazu gehört neben der Beschreibung der Hierarchien, Kompetenzen, Entscheidungsbefugnis, Weisungsberechtigung auch die Definition der Pflichten und Rechte der Projektmitarbeiter im Projekt. Diese kann unter Umständen eine andere Ausprägung als die Kompetenz in den Heimatorganisationen haben. Unter organisatorischen Gesichtspunkten kann Wissensmanagement als Aktivität in der Ablauforganisation gesehen werden und somit in die Aufbauorganisation eingegliedert werden. Die speziellen Belange der Organisationsstrukturen in Projekten sind im Kapitel C.3 ausgearbeitet.

Besondere Beachtung verdient hier auch die Frage nach der Kompetenz im Sinne von Befähigung der Mitarbeiter, Entscheidungen zu treffen, die sich auf ihre Heimatorganisationen auswirken. Insbesondere kann es durch den Projektcharakter mit Beteiligung unterschiedlicher Unternehmen auch zum

Kontakt unterschiedlicher Hierarchien zwischen den Organisationen kommen. Ein Projektpartner könnte seine Projektmitarbeiter aus der Sachbearbeiterebene zur Zusammenarbeit mit Hauptabteilungsleitern einer anderen Firma entsenden. Auf diesen Kontakt müssen beide Seiten sowohl organisatorisch vorbereitet, als auch die Kompetenzen betreffend entsprechend ausgestattet werden. Natürlich spielt hier auch ein menschlicher Aspekt eine Rolle, ob sich beide Seiten mit dieser Situation wohl fühlen. Ansonsten kann dieses Ungleichgewicht zu Problemen in der Zusammenarbeit führen, wenn z. B. in Besprechungen wichtige Entscheidungen zu treffen sind, die den weiteren Projektverlauf oder die Verwendung des Unternehmensbudgets betreffen. Sind die entsprechenden Kompetenzen nicht auf die Projektmitarbeiter übertragen, kommt es zu unnötigen Verzögerungen für Rückfragen oder sogar zur Notwendigkeit die Besprechung zu vertagen, um Entscheidungsträger nachzuladen.

4.3. Verantwortlichkeit für Wissensmanagement

Eine Sonderstellung innerhalb der Gestaltung der Organisationsstruktur von Projekten nimmt die organisatorische Verankerung der Verantwortlichkeit für das Wissensmanagement ein. Definiert werden muss, wer für die Aufgaben des Wissensmanagements eingesetzt wird. Dabei kann nach der Art der Verantwortlichkeit unterschieden werden:

- Strategieverantwortung
- Gestaltungsverantwortung
- Operative Nutzung

Der Verantwortliche für die Strategie legt fest, dass und in welchem Umfang das Wissensmanagement statt finden soll. In der Regel ist diese Rolle von übergeordnetem Management wahrzunehmen. Im Rahmen dieser Vorgaben erfolgt die Ausgestaltung der Wissensmanagementkonzepte, -instrumente, -prozesse usw. Diese Aufgabe ist innerhalb der Projektorganisation zu definieren. Die Ebene der operativen Nutzung könnte eventuell in die Pflicht und das Recht zur Nutzung aufgeteilt werden. So könnte es einen Personenkreis geben, der die Erlaubnis besitzt auf das Wissen im Forschungsprozess zuzugreifen, ohne selbst in der Pflicht zu stehen, zu den Wissensmanagementaufgaben beizutragen. Die Verantwortlichkeit ist für den Einzelfall zu definieren.

4.4. Zieldefinition und Wissensmanagementstrategie

Da die strategischen Wissensmanagementziele die Basis für die Umsetzung des Wissensmanagement-Konzeptes bilden, geben diese gleichermaßen die

Richtung vor. Auf der Seite des Projektes wird diese Rolle von den Projektzielen erfüllt. Über die Vereinbarung des Projekterfolges wird definiert, was das Projekt erreichen soll. Es wird deutlich, dass die Wissensmanagementziele auf die Projektziele abgestimmt sein müssen, im Idealfall formulieren sich die strategischen Wissensmanagementziele als Teil des Projekterfolges. Beispielsweise kann es Teil des Projektes sein, eine bestimmte Anzahl von Publikationen oder Patenten zu erstellen, was als Ziel für das Wissensmanagement ausgerufen werden kann. Oder für das Wissensmanagement wird der Aufbau einer spezifischen Kompetenz im Forschungsgebiet, z. B. Materialeigenschaften bei tiefen Temperaturen als strategisches Ziel festgelegt. Auch hier gibt es wieder keine universelle Lösung, vielmehr sind die Rahmenbedingen wie z. B. Größe, Branche, Zeitrahmen und Unternehmenskultur zu berücksichtigen.

4.5. Stakeholder

Aufgrund der Beteiligung mehrerer Organisationen kommt es zwangsläufig auch zur Bildung unterschiedlicher Interessensgruppen. Nicht nur können die verschiedenen Organisationen verschiedene Teilziele unterschiedlich priorisieren, sondern es kann auch durch eine unterschiedliche prozentuale Beteiligung am Projekt zu Abstimmungsbedarf kommen. So ist eine Firma mit einer höheren Einbindung in die Arbeitspakete stärker in die Wissenstransfers involviert als ein Projektpartner mit geringer Beteiligung. Trotzdem kann es sinnvoll sein, auch die Unternehmen mit kleinerer Beteiligung in die Kommunikations- und Wissensströme mit zu integrieren, sofern aufgrund der Projektrahmenbedingungen nicht sogar ein Anspruch darauf besteht[176]. Neben den Projektpartnern kann es aus organisatorischer Sicht noch weitere Interessensgruppen geben, die Ansprüche auf Einbindung in die Wissensprozesse stellen können, wie z. B. die öffentlichen Förderträger, die Öffentlichkeit oder auch externe Experten. Für diese Gruppen gilt es natürlich, diesen eventuell einen eingeschränkten Zugriff auf das Projektwissen zu gewähren.

4.6. Informationsprozesse

Ein guter Informationsfluss kann wichtig für den Projekterfolg sein. Die Informationen müssen zeitnah und vollständig an die betroffenen Projektteilnehmer verteilt werden. Wichtig ist, dass durch verbesserte Informationsbereit-

---

176 Bei Beteiligungen im Rahmen von EU geförderten Projekten ist meist ein Anspruch aller Beteiligten auf (Teile) der Forschungsergebnisse vertraglich geregelt.

stellung überflüssige Prozessschritte analysiert und abgebaut werden. Es fallen Informationsprozesse aus den folgenden Bereichen an:

- Kommunikationsprozess mit den Teilnehmern
- Vor- und Nachbereiten von Besprechungen/Workshops
- Integration neuer Unternehmen und Mitarbeiter

Es besteht vielfältiger Bedarf an Kommunikation zwischen den Teilnehmern und von Seiten der Projektleitung zu den Projektteilnehmern. Hier kann die ganze Bandbreite von Projektinformationen auftreten, wie z. B. Terminkoordination, Anfragen, Budgetverfolgung, Berichtswesen usw.. Insbesondere aus dem Bereich der Vor- und Nachbereitung der allfälligen Besprechungen und Workshops können Informationsflüsse entstehen.

Außerdem kann es in Projekten zu wechselnden Projektmitarbeitern kommen. Das hängt damit zusammen, dass für die jeweiligen Arbeitspakete die jeweiligen Spezialisten der Unternehmen hinzugezogen werden. Kann aber auch durch wechselnde Verantwortlichkeiten bei länger laufenden Projekten bedingt sein. Gelingt die Integration der neuen Projektteilnehmer schnell, so wirkt sich das positiv auf das Projekt aus. Deshalb ist es anzustreben, die neuen Mitarbeiter unmittelbar in den Informationskreislauf mit einzubinden.

4.7. Budget

Bereits bei der Initiierung der Forschungsprojekte spielt es eine große Rolle, in den Arbeitspaketen entsprechende Budgets für die Durchführung des Wissensmanagements offiziell einzuarbeiten. Bei unternehmensübergreifenden Projekten geht dem Start des Projektes meist ein umfangreiches Genehmigungsverfahren der Budgets voraus. Die Ressourcen werden hier nicht selten für die gesamte Projektlaufzeit festgelegt und kommen unter großen Diskussionen zu Stande. Dies bedeutet, dass für Arbeitsinhalte, die ursprünglich noch nicht vorgesehen waren, auch keine Mittel zur Verfügung stehen und nicht so ohne Weiteres zu bekommen sind oder die nachträgliche Genehmigung lange dauert. Außerdem ist zu bedenken, dass die Unternehmen einem Rhythmus unterliegen, der sich aus den jeweiligen Jahresplanungen ergibt. So finden in vielen Unternehmen gegen Jahresende die Budgetplanungen für das nächste Geschäftsjahr statt. In diesen Planungszeitraum sollten so auch die Anfragen für größere Budgetänderungen für das Folgejahr fallen. Änderungen während des Jahres sind bei unternehmensübergreifenden Projekten meist schwieriger, da der zusätzliche Koordinationsaufwand durch eine höhere Anzahl an Entscheidungsträgern beachtet werden muss.

4.8. Entscheidungsfindung und Dokumentation

Aus Sicht des Projektmanagements wünscht man sich vor allem auch Unterstützung bei der Findung und Dokumentation von Entscheidungen. Während des Projektverlaufes sind in der Regel viele Abstimmungen über das weitere Vorgehen notwendig. Es muss, basierend auf einer Recherche oder den momentanen Projektergebnissen, das weitere Vorgehen bestimmt werden. Oft sind diese Entscheidungen aber von vielen Faktoren abhängig und basieren auf der Zuarbeit mehrerer Disziplinen. Hierbei bilden sich zwangsläufig Präferenzen. Die Konstruktionsabteilung bevorzugt eventuell eine technisch hochwertige, aber teure Lösung, während die Abteilung für die Kostenverantwortung Wert auf niedrige Materialkosten legt. Diese wichtigen Entscheidungsvorgänge sollten gut dokumentiert und auch später nachvollziehbar sein. Dies kann auch der Absicherung aus Gründen der Produkthaftung dienen, um zum Beispiel die Beachtung der Sicherheitsrichtlinien für den TÜV nachzuweisen.

5. Ausarbeitung der Gestaltungselemente der Dimension Mensch

5.1. Wissensbasis

Das individuelle Wissen der Mitarbeiter und das kollektive Wissen aller Mitarbeiter bilden als Wissensbasis den Grundstock für die Durchführung des Forschungsauftrages. Da bei Projekten aus dem Umfeld der Forschung und Entwicklung der eigentliche Erfolg zumindest indirekt an der Wissensarbeit gemessen werden kann, kommt dem Wissensmanagement eine große Bedeutung zu. Ziel in der Forschung ist es in der Regel, ein bisher ungelöstes Problem aus Wissenschaft und Entwicklung zu durchdringen. Aus Sicht des Wissens bedeutet dies, dass im Laufe des Projektes das Wissen entwickelt werden muss, das zur Lösung des Forschungsergebnisses benötigt wird. Bezogen auf die Wissensbasis heißt dies, dass diese – bei Erfolg – um das Wissen des Forschungsergebnisses vergrößert wurde.

Gleichwohl setzt das aber voraus, dass mit der beim Start des Projektes aufgestellten Wissensbasis die Lösung des Projektauftrages zumindest möglich sein muss. Schließlich wird der Wissenszuwachs im Rahmen dieser Startaufstellung, die aus dem initialen individuellen Wissen der Experten sowie dem kollektiven Wissen der Institutsmitarbeiter besteht, stattfinden. Dies lässt erkennen, dass der Qualität der Wissensbasis insbesondere bei Forschungsprojekten eine wesentliche Rolle zugestanden werden muss. Somit können für die Wissensbasis drei wesentliche Phasen festgestellt werden:

- Startaufstellung
- Ausbau und Pflege
- Abschluss und Dokumentation

Aus der Bedeutung der Startaufstellung lässt sich ableiten, dass die Auswahl der Experten, Wissensquellen und z. B. Patente für das Projekt große Bedeutung hat. Dazu gehört auch die systematische Analyse der bestehenden Kompetenzen bei den Mitarbeitern und Wissensquellen zu Beginn des Projektes. Ziel bei der Erhebung dieser Wissensbasis ist es, einen systematischen Lernprozess zu starten, der Wissenslücken schließt und fehlende Kompetenzen ergänzt. Dies sollte in der Phase „Ausbau und Pflege" der Wissensbasis geschehen. Hier ist eine permanente Überprüfung des vorhandenen Wissens im Hinblick auf das Entwicklungsziel gefordert. An dieser Stelle muss also hinterfragt werden, ob zum Erreichen des gewünschten Ergebnisses das gewünschte Wissen im Projekt vorhanden ist. Mögliche Maßnahmen um auf Lücken zu reagieren sind z. B. gezielte Weiterbildungen der Mitarbeiter oder die Verstärkung des Teams durch neue Mitarbeiter mit den entsprechenden Wissensprofilen. Ein wichtiger Punkt ist auch die Abschlussphase für die Arbeit mit der Wissensbasis. Es müssen Dokumentationen über das explizite Wissen angefertigt werden, sowie Wissenstransfers zwischen Experten gefördert werden. Diese Maßnahmen sollen die Forschungsergebnisse zur Nutzung auf eine breitere Basis stellen und die Wertigkeit über das Bestehen der meist temporären Mitarbeiter der Projektteilnehmer erhalten.

Im Verantwortungsbereich der Gestaltung der Wissensbasis liegt es demnach ebenfalls, Schulungen und Informationsveranstaltungen durchzuführen, um einen guten Wissensfluss zwischen den Projektmitarbeitern zu erhalten. Trainingseinheiten können für die folgenden Punkte sinnvoll sein.

- Einarbeitung und Integration von neuen Mitarbeitern
- Schulung von Forschungszwischenständen an interne Mitarbeiter
- Durchführung von Schulungen für einen externen Personenkreis
- Schulung von Wissensmanagement Elementen

Nicht zuletzt können Trainingsmaßnahmen im Bereich Wissensmanagement sinnvoll sein. Diese sollen den Mitarbeitern die angewandte Methodik, Abläufe, den Wissensmanagementprozess, aber auch eventuell verwendete EDV-Systeme nahebringen.

5.2. Wissensfreundliche Kultur

Eine Kultur, die die Wissensarbeit fördert, ist ein wichtiges Thema für erfolgreiches Wissensmanagement.[177] Ziel ist eine positive Einstellung der Mitarbeiter zum Thema Wissen.[178] Akzeptanz und Bereitschaft Wissen zu teilen kann jedoch nicht befohlen werden, sondern muss durch

- die Schaffung von Werten,
- das Setzen von Spielregeln,
- und durch das Vorleben durch die Vorgesetzten

gefördert werden. Das gilt auch für die Umsetzung in Projekten. Dabei können folgende Faktoren aufgeführt werden:

- Prägung durch die Wissenskultur der Heimatorganisation
- Akzeptanz von Wissen als wichtige Ressource
- Respekt vor dem Wissen anderer
- Überwindung von Wissensmanagement-Barrieren

Eine Unternehmenskultur in den Heimatorganisationen der Projektmitarbeiter, die die Bereitschaft der Mitarbeiter ihr Wissen offen zu legen und an Andere weiterzugeben fördert, übt sicherlich auch einen positiven Einfluss auf die Teilnehmer aus, wenn es darum geht im Projekt Wissen zu teilen.

Zum anderen muss aber auch, gerade bei der unternehmensübergreifenden Zusammenarbeit darauf geachtet werden, dass innerhalb des Projektes eine fördernde Wisskultur entsteht. Wissen muss als wertvolle Ressource anerkannt sein und das Bewusstsein entstehen, dass Wissensmanagement einen positiven Beitrag zum Erfolg leistet. Doch hier liegt in der Praxis oft ein großes Problem. Oft sind die Barrieren in Organisationen groß.[179] Die Mitarbeiter haben Bedenken, ihr Wissen zu teilen und sich aktiv an den Wissensmanagementprozessen zu beteiligen. Häufig werden hier Zeitgründe, Angst vor einer Blamage gegenüber Anderen, Hürden bei der Bedienung von eventueller Software, Angst vor Machtverlust („Wissen ist Macht") und Angst, sich selbst durch Weitergabe des Wissens überflüssig zu machen, ins Spiel gebracht. Bei Projekten mit der Beteiligung unterschiedlicher Unternehmen kommen oft noch Geheimhaltungsgründe, Bedenken bei der Weitergabe von Wissen an Wettbewerber und die Frage um Patent- und Urheberrechte hinzu.

Es gilt, Ansichten entgegenzuwirken, die das Wissensmanagement behindern können. Beispielsweise müssen die kulturellen Voraussetzung geschaffen werden, damit Mitarbeiter die Bereitschaft entwickeln, aus Erfahrungen von

---

177 Vgl. Oelsnitz von der, D. / Hahmann, H. (2003), S. 206 ff.
178 Vgl. Gibbert, M. et al. (2002), S. 57.
179 Vgl. Szulanski, G. (2003), S. 9 ff.

Anderen zu lernen und deren Wissen für sich umzusetzen (entgegen dem: "not-invented-here"-Syndrom). Es muss selbstverständlich sein, das Wissen Anderer positiv zu bewerten, die Expertise der Kollegen auch anderer, konkurrierender Abteilungen zu respektieren und wertzuschätzen. Nicht ohne Grund sind viele Teams interdisziplinär besetzt. Aus der Vielfalt und Unterschiedlichkeit können wertvolle Ideen entstehen. Ideen, die man in der Lage sein sollte, unvoreingenommen zu prüfen.

Eine Unternehmenskultur muss zulassen, dass Mitarbeiter ihr vorhandenes Wissen offenlegen. Mehr noch: sie muss dieses Verhalten unterstützen. Eine der wichtigsten Herausforderungen des Wissensmanagements ist es, die Vorausset-zungen für die Weitergabe von Wissen zu schaffen und der "Wissen ist Macht" – Strategie entgegen zu wirken. Eine wesentliche Voraussetzung dafür, dass Mitarbeiter einer Organisation bereit sind ihr Wissen zu teilen, liegt in der Fähigkeit, den individuellen Arbeitsplatz mit Leben und Sinnhaftigkeit zu füllen.[180] Mitarbeiter wollen sich mit dem identifizieren, was sie tun.

Um bei den Mitarbeitern ein Verständnis für den Nutzen von Wissensmana-gement zu erreichen, müssen die damit verbundenen Erwartungen, die erhobenen Daten und ihre Verwendung offen und ehrlich kommuniziert werden. Ziel ist es, eine wissensfreundliche Unternehmenskultur auf allen Ebenen zu schaffen. Ohne entsprechendes Vertrauen und Verpflichtung zur aktiven Mitarbeit im Punkt Wissensmanagement kann vor allem bei den Expertise intensiven Forschungsprojekten nicht der erwünschte Erfolg erzielt werden.[181] Das Vertrauen und die Motivation zur Teilnahme an der Wissensarbeit werden deshalb im Folgenden als eigener Punkt bearbeitet.

5.3. Vertrauen

Eng mit dem Kulturbegriff verbunden ist die Frage nach dem Vertrauen. Die Mitarbeiter müssen das notwendige Vertrauen besitzen, um an den Wissensma-nagement-Maßnahmen teilzunehmen und ihr Wissen Anderen zugänglich zu machen. Aus den im Kapitel B beschriebenen Gründen ist es nur allzu menschlich, wenn hier Vorbehalte der Einzelnen, oder sogar der Partnerorgani-sationen untereinander bestehen. Das erste Gefühl eines jeden, wenn er sein Wissen preisgeben soll, ist sicherlich etwas unsicher und zurückhaltend. Niemand gibt gerne etwas Preis in der Ungewissheit, ob er dafür eine Gegenleis-tung erhält. Oft wird das eigene Wissen aber gehütet und vor Außenstehenden geheim gehalten. Es ist also keinesfalls gewiss, ob man für seine Mitteilungen je einen Ausgleich erhält. Innerhalb der Organisation ist Wissen ja nicht entspre-

---

180 Vgl. Güldenberg, S. / North, K. (2009), S. 44 ff.
181 Vgl. Oelsnitz von der, D. / Hahmann, H. (2003), S. 92.

138

chend automatisch mit einem z. B. monetären Gegenwert belegt, wie er sich beim Austausch einer klassischen Ressource wie Material oder auch Arbeitskraft handelt. Eine „Vergütung" könnte somit in Form gleichwertigen Wissens erfolgen. Das bedeutet natürlich nicht, dass eben ein solcher monetärer Ausgleich bei Wissen nicht möglich oder üblich ist, man denke hier etwa an die Nutzung von Patenten, aber für den Einzelnen existiert zunächst eine Unsicherheit über die Gegenleistung. Hierzu muss ein Klima des Vertrauens hergestellt werden, das den Wissensaustausch fördert und die Teilnehmer in gutem Gewissen ihr einzigartiges Wissen an andere weitergeben lässt. Meist ist der schwerste Schritt am Anfang, wenn es darum geht seinen momentanen Stand der Technik offenzulegen. Insbesondere in Konkurrenz stehende Unternehmen dürften hierüber ihre Bedenken haben. Ist dieser Schritt aber erst einmal gemacht, gelingt die gemeinsame Weiterentwicklung der Konzepte sicher leichter und ein natürlicher Prozess des „Geben und Nehmens" ist etabliert.

Ein weiteres wichtiges Vertrauen muss in das eigene Wissen, sowie in die Expertise der Anderen existieren. Vertraut der Einzelne nicht seinem Können, so wird er es nur zögerlich der öffentlichen Kritik stellen. Ein Prozess, der aber gerade für die Wissensarbeit notwendig ist. Das Gleiche gilt für mangelndes Vertrauen in das Wissen anderer. Respektiert man nicht das Können der Anderen, so wird es schwer fallen, die fremden Konzepte in das eigene Gedankenkonzept einzuarbeiten. Der Entwicklung anderer wird generell misstraut, im besten aller Fälle wird das fremde Konzept doppelt geprüft, im schlechtesten Fall total abgelehnt. Durch die Ablehnung einer eigentlich guten Idee kann ein großer Schaden für die Lösung des Problems entstehen.

Nicht zuletzt müssen alle am Wissensmanagement Beteiligten die Gewissheit haben können, dass all Ihre Daten entsprechend der Datenschutzrichtlinien und unter allen Umständen vertraulich behandelt werden. Auf keinen Fall sollten die persönlichen Daten, Expertenprofile, Diskussionsbeiträge usw. gegen die Mitarbeiter verwendet werden. Dies bezieht sich natürlich nicht auf fahrlässige Äußerungen. Jedoch ist zu bedenken, dass gerade die Diskussion über noch nicht ausgegorene, spekulative Ideen neue Konzepte hervorbringt. Da auch solche Ideen unter Umständen im Wissensmanagement gut dokumentiert werden, könnten Bedenken, dass entsprechende Dokumente später als Beweis gegen einen verwendet werden können, zu nur verhaltenem Wissensmanagement führen. Durch klare Regeln, offene Kommunikation und ein gutes Beispiel kann dem entgegen gewirkt werden.

Fernerhin ist Wert darauf zu legen, dass die vertrauensbildenden Maßnahmen zu Beginn des Projektes zügig in Angriff genommen werden, um schnelle Arbeitsbereitschaft des Wissensmanagement innerhalb der Teams herzustellen. Für den Fall, dass neue Projektteilnehmer im Verlauf hinzu kommen, sollte der Einarbeitungs- und Integrationsprozess so günstig wie möglich gestaltet werden und auch an den Aufbau des wechselseitigen Vertrauens gedacht werden.

5.4. Motivation

Die Menschen sind der Schlüssel zur Durchführung des Wissensmanagements im Projekt. Um sich an der Wissensarbeit zu beteiligen benötigen sie allerdings eine Motivation dies zu tun.[182] Die Wissensmanagement-Tätigkeiten sind mit Aufwand verbunden, der Arbeitszeit kostet und sie stehen somit in Konkurrenz zu anderen Aufgaben der Mitarbeiter. Des Weiteren sind eventuelle Barrieren zu überwinden, die die Mitarbeiter aus menschlicher Sicht hindern oder bremsen. Als wichtige Rahmenbedingung für die Motivation zur Teilnahme kann sicher, wie weiter oben beschrieben, eine wissensfreundliche Kultur in der Organisation sein. Jedoch sind auf Ebene des Einzelnen gezielte Maßnahmen notwendig, die als Antrieb funktionieren. Im Einzelnen lässt sich das z. B. durch folgende Punkte erreichen:

- Integration in die Zielvereinbarungen der Arbeitsplätze[183]
- Abbau von Barrieren z. B. „Wissen ist Macht"
- Persönliche Reputation
- Identifikation mit dem Projektziel und –fortschritt

Schreibt man die Wissensmanagement-Aufgaben in den Zielvereinbarungen der Mitarbeiter fest, so macht man Wissensarbeit zum Teil der offiziellen Aufgaben. Dadurch ist die darauf verwendete Zeit ohne Wenn und Aber für den Mitarbeiter produktive Zeit im Sinne der Organisation. Außerdem kann über die Festlegung von konkreten Zielen in Mitarbeitergesprächen die Zielerreichung zum Teil der jährlichen Mitarbeiterbewertung werden und auch z. B. mit dem Jahresbonus verknüpft werden.

Erfolgreiche Mitarbeiter dürfen sich nicht dadurch auszeichnen, dass sie aufgrund eines Wissensvorsprungs gezielter und erfolgreicher agieren. Was zählt, ist die Bereitschaft das Wissen mit Anderen zu teilen. Dem zu Grunde liegt das Verständnis, dass das Projekt als Ganzes durch diese Kultur des Wissensaustausches erfolgreicher sein kann. Es darf also keinesfalls der Gedanke belohnt werden „Wissen ist Macht". Das könnte dazu führen, dass Mitarbeiter absichtlich (oder unbewusst) ihr Wissen nicht weitergeben um ihre Position zu stärken. Dieses Verhalten ist auch im Hinblick auf die Sicherung des eigenen Arbeitsplatzes oder des festen Stammplatzes im Projekt oder der Hierarchie zu beobachten. Die Weitergabe, Offenlegung und Weiterentwicklung von Wissen muss in den Organisationen also kulturell positiv besetzt und belohnt werden. Entsprechende Belohnungssysteme sind z. B. in Form von

---

182 Vgl. Nerdinger, F. (2004), S. 92 ff.
183 Vgl. Wildemann, H. (2003), S. 50.

Ideen-, Vorschlags- oder Wissenswettbewerben[184] in Verknüpfung mit Bonusaktionen für die Mitarbeiter anzutreffen. Eng mit der Frage nach der Machtposition des Wissens ist der Motivator der persönlichen Reputation verbunden. Der eigene Status kann Menschen dazu motivieren, im gesunden Wettkampf gegeneinander besser zu werden. Dazu gehört auch, als Experte für ein bestimmtes Gebiet zu gelten und z. B. in wichtige Fragestellungen mit eingebunden zu sein oder im wissenschaftlichen Umfeld häufig zitiert zu werden. Wenn die Mitarbeiter in der Organisation für sich die Möglichkeiten sehen, durch Teilnahme an den Wissensmanagementinstrumenten das eigene Ansehen zu steigern, so wird dies als Motivation zur Teilnahme an den Wissensmanagement-Maßnahmen wirken. Die Instrumente müssen also entsprechende Elemente enthalten, die geeignet sind in dieser Richtung zu wirken. Geeignet wären hierzu unter anderem Expertenprofile, die direkt und indirekt die Bekanntheit der Teilnehmer erhöhen. Auch die Durchführung von Experten Workshops oder Bildung einer „Community of Practice" als Treffpunkt und Möglichkeit interessantes Wissen zu erfahren bzw. weiterzugeben wären denkbar. Über die Einbindung in eine derartige Gruppe öffnen sich für den Einzelnen auch Möglichkeiten, neues Wissen zu lernen und sich weiterzubilden. Menschliche Neugier und Wissenshunger kann also die Motivation zur Wissensarbeit noch verstärken.

Günstig auf die Motivation der Mitarbeiter wirkt sich auch ein Gefühl der Zugehörigkeit zur Organisation oder dem Projekt aus. Wenn Menschen das Gefühl haben, Teil einer Gruppe zu sein, nützlich zu sein, zum Gelingen beizutragen und mit in die Entscheidungen eingebunden zu sein, dann stellt dies einen Antrieb dar, gute Leistung zu bringen. Diese ist durch das Gefühl zu erklären, an den Entscheidungen des Projektes teilzuhaben und für die eigene Leistung Anerkennung zu erhalten.[185] Über das Gefühl „Teil des Ganzen" zu sein, gewinnt er auch an Vertrauen, dass seine Leistung anerkannt wird. Im Idealfall führt die Zugehörigkeit zur Identifikation mit den Projektzielen und der Bereitschaft Verantwortung zum Gelingen der Aufgaben zu übernehmen. Ein starker Motivator, wenn es darum geht, sein Wissen und Können der Allgemeinheit zur Verfügung zu stellen, damit das Projekt erfolgreich ist.

---

184 Denkbar wäre z. B. jährlich die besten Wissensarbeiter zu prämieren. Für die Bestimmung könnten die Mitarbeiter sich gegenseitig bewerten oder für aus ihrer Sicht wissensfreundliche Aktionen während des Jahres Bonus-Punkte verteilen.
185 Vgl. Zaunmüller, H. (2005), S. 118 f.

5.5. Kommunikation

Kommunikation spielt eine wichtige Rolle für den Austausch von Wissen und schafft als Mittler zwischen den Wissensträgern eine Plattform für die Wissensarbeit. Kommunikation ist ein alltägliches und allgegenwärtiges Phänomen. Für die meisten Menschen geschieht sie automatisch und ohne nachzudenken. Doch bietet gerade der Bereich Kommunikation gute Möglichkeiten der Gestaltung. Es stellt sich vor allem die Frage wie und was kommuniziert wird. Dabei sind die Kommunikationskultur, -wege, und -inhalte zu bearbeiten.

Kommunikation soll den Gedankenaustausch zwischen den Kommunikationspartnern herstellen. Man kann hier bei den Beteiligten auch von einem Sender und einem - oder mehreren - Empfänger(n) sprechen. Die Nachricht soll hierbei möglichst schnell, direkt und unverfälscht die Empfänger erreichen. Dazu ist es notwendig, dass keine Barrieren bestehen, die die Kommunikation erschweren oder Missverständnisse fördern könnten. Hierzu ist der Aufbau einer effektiven Kommunikationskultur hilfreich. Dazu gehört es, Barrieren aus dem Bereich Sprache, Formulierungen aber auch der organisatorischen Gestaltung zu vermeiden. So können sich starre Hierarchien z. B. negativ auf die Kommunikation auswirken, wenn die Projektleitung für die Mitarbeiter nicht erreichbar ist. Förderlich ist auch eine Kultur, in der Beitrag und Ideen des Einzelnen Wert geschätzt werden.

Als Kommunikationsinhalte kommen zum einen Projektthemen und zum anderen Elemente der Projektsteuerung in Frage. Als Projektthemen qualifizieren sich alle technischen oder betriebswirtschaftlichen Inhalte aus der Projektarbeit. Daneben kann die Information über Elemente der Projektsteuerung zur Transparenz erheblich beitragen. Dazu gehört z. B. die Projektteilnehmer über Inhalte wie z. B. die Projektpläne oder Budgetpläne in Kenntnis zu setzen.

Für einen erfolgreichen Aufbau der Kommunikation ist es notwendig, dass dem Einzelnen der richtige Ansprechpartner zuerst einmal bekannt ist oder von ihm einfach identifiziert werden kann. Hierzu leisten (elektronische) Telefonbücher einen guten Beitrag. Werden diese mit einem Wissensprofil der Personen erweitert, erhält man ein Expertenprofil, das über eine Verschlagwortung oder Suchfunktion den Projektteilnehmern auch persönlich unbekannte Experten als Kommunikationspartner erschließen kann.

Bezüglich der Kommunikation ist ebenfalls Augenmerk auf die verwendeten Kommunikationswege zu legen. Mündliche bzw. fernmündliche Kommunikationen sind schnell und direkt, aber schlecht dokumentiert. Der schriftliche Austausch ist offiziell und nachvollziehbar, vielleicht in manchen Situationen dagegen aber weniger kreativ. Auch könnte es abschreckend wirken, unausgereifte Ideen zu Papier zu bringen, die aber für das Projekt wichtig sein könnten. Eine wichtige Rolle ist der Kommunikation in Form von Emails beizumessen. Sie sind schnell dokumentiert und weniger formell als ein offizieller Bericht.

Außerdem lassen sie sich über Verteilerlisten unkompliziert elektronisch an mehrere Empfänger richten. Genau hier kann aber auch ein Nachteil entstehen, wenn in unkontrollierten Frage- und Antwortfolgen Ketten-Emails von mehren Seiten Länge mit unterschiedlichen Beteiligten entstehen. Diese sind dann nur noch schwer nachzuvollziehen und außerdem für Außenstehende unerreichbar.

Kommunikative Herausforderungen kann auch die Verwendung neuer internetbasierter Web 2.0[186] Applikationen darstellen. Abweichend von der traditionellen Vorgehensweise, bei der von redaktioneller Seite Inhalte in Artikeln publiziert werden, können bei Applikationen aus dem Bereichen Blogs, Forum oder bei sogenannten Wikis alle Nutzer an den Inhalten mitwirken. Für das Wissensmanagement bedeutet dies, dass sich Fachbeiträge auf eine breite Basis stellen lassen und außerdem eine permanente Weiterentwicklung der Inhalte erreicht werden kann.

5.6.   Raum für Wissensaustausch

Es ist wünschenswert, die gesamte Spanne des Wissens zu bearbeiten. Für diese Anwendung der Wissensmanagement-Bausteine auf die Wissensbasis müssen aber auch die Weichen für die Rahmenbedingungen gestellt werden. Es müssen formelle und informelle Räume geschaffen werden, an denen die Wissensarbeit für die Mitarbeiter stattfinden kann. Bei diesen Freiräumen kann es sich um tatsächliche Orte handeln an denen die Beteiligten zusammenkommen und gezielt Wissensmanagement auf der Agenda steht. Möglich sind aber auch Treffpunkte in der virtuellen Welt. Im Vordergrund steht der Gedanke an eine Plattform, die für die Menschen eine Verbindung zum Wissensmanagement bereit stellt.

Der offensichtlich einfacher zu erfassende Fall ist der Austausch von explizitem Wissen, das bereits dokumentiert wurde. Dieses lässt sich von Mensch zu Mensch oder über einen (elektronischen) Mittler weitergeben. Neben dem bereits kodifizierten Wissen ist auch eine Bearbeitung des impliziten Wissens der Mitarbeiter gefordert. Hierzu ist meist ein direkter Kontakt der Experten gewünscht. Es besteht aber auch die Notwendigkeit zur Dokumentation von implizitem Wissen, das somit zu explizitem Wissen werden kann.

---

186 „Web 2.0" bezeichnet einen Trend im Internet, bei dem im Gegensatz zur traditionellen Zusammenhang nicht nur ein zentraler Redakteur Inhalte bearbeitet, sondern die Benutzer die Artikel signifikant selbst mit gestalten. Populäre Beispiele sind Blogs, Wikis, Foto- und Videoportale und "social networks".

5.7. Sprache

Weitere Notwendigkeiten leiten sich aus dem - bei der Zusammenarbeit über Ländergrenzen hinweg - unterschiedlichen Sprache der Teilnehmer ab. Wie bereits festgestellt, ist eine offene Kommunikation innerhalb des Projektes wichtig für das Wissensmanagement. Besteht kein Einverständnis über die verwendete Sprache im Allgemeinen ist eine reibungslose Kommunikation von vorne herein gehemmt.

Notwendige sprachliche Regelungen:

- Schriftliche Kommunikation
- Mündliche Kommunikation
- Verständigung über technische Begriffe

Neben dem schriftlichen Verfassen von Projektdokumenten ist auch für Besprechungen und die alltägliche Kommunikation eine praktikable Lösung notwendig. Die Durchsetzung kann sich hierbei trotz einer zu beobachteten Tendenz, dass sich Englisch in der Europäischen Zusammenarbeit als Quasi-Standard etabliert, im Alltag als schwierig erweisen.

Trotz der Verwendung einer einheitlichen Sprache kann es zu Verständnis-schwierigkeiten kommen, wenn über technische oder wirtschaftliche Begriffe gesprochen wird, die in der individuellen Auffassung der Projektmitarbeiter von einander abweichende Bedeutungen haben. Dies kann aus kulturellen Gründen oder aufgrund der unterschiedlichen Ausbildung geschehen. Eventuell fehlen den Projektmitarbeitern auch die sprachlichen Mittel, um auch komplexe technische Zusammenhänge in einer Fremdsprache auszudrücken. Für technische Fachbegriffe ist es oft auch nicht ausreichend, eine ungefähre Umschreibung oder mehrere durch den muttersprachlichen Hintergrund geprägte Begriffe gleichwertig zu verwenden, sondern eine eindeutige, unverwechselbare Benennung ist gewünscht.

5.8. Interkulturelle Kompetenz

Neben den sprachlichen Eigenheiten gibt es weitere Unterschiede in der Arbeitsweise, die sich in der Landeskultur der Projektmitarbeiter begründen.[187] Bereits erwähnt wurde eine unterschiedliche Einstellung zu Tagesarbeitszeit und Feriengewohnheit. Daneben gibt es auch eine variierende Einstellung zur Einhaltung von Abgabeterminen. Weitere Unterschiede sind auch in der Konzentration von Entscheidungskompetenzen und die Rollenverteilung in den

---

187 Vgl. Haghirian, P. (2007), S. 22 ff.

Hierarchien zu finden. Eine Kultur mag die Delegierung von Verantwortung und Entscheidungsfreiheit auf Projektmitarbeiter als selbstverständlich erachten, während andere Länder die Entscheidungen auf höhere Hierarchien konzentrieren. Was soweit gehen kann, dass sogar vorherige Zusagen von niedriger angestellten Mitarbeitern als nicht bindend betrachtet werden.

Außerdem ist zu bedenken, dass die Projekt-Teilnehmer z. B. wegen unterschiedlichen Gepflogenheiten in den Ländern oder wegen Zeitverschiebung die Projektteilnehmer zu unterschiedlichen Tageszeiten am Projekt arbeiten. Hierbei ist auch eine unterschiedliche Feiertags- und Ferienregelung zu beachten. In manchen südeuropäischen Ländern ist im Gegensatz zu den gewohnten deutschen Abläufen so mit einer ausgedehnten Mittagspause (vgl. „Siesta" in Italien) zu rechnen und einem länger dauernden Arbeitstag. Im Sommer ist meist auch eine längere Werksschließung die Regel, in dieser Zeit kann nicht mit den betroffenen Unternehmen in Echtzeit kommuniziert werden.

6. Konkretisierung des Einsatzes der Gestaltungselemente für die Dimension der Projektphasenabhängigkeit

6.1. Phase 1: Definition

In der Definitionsphase wird aus Wissensgesichtspunkten eine erste Bestandsaufnahme des Standes der Technik unternommen. Festgestellt werden muss, auf welche internen und externen Wissens-Quellen zurückgegriffen werden kann, welche Partner in das Projekt mit eingebunden werden können und welche zusätzlichen Kompetenzen zur Bearbeitung dieser Fragestellungen benötigt werden. Zusätzlich ist eine erste Unterstützung des neu geformten Projektes in Bezug auf Kommunikation, Abstimmung mit den Stakeholdern und Vorbereitung der Zusammenarbeit mit den Projektpartnern wichtig. Geklärt werden müssen auch die Höhe und die Herkunft des Wissensmanagementbudgets. Tabelle 10 zeigt die Gestaltungselemente für die Phase der Definition.

Tabelle 10:   Charakterisierung für die Projektphase 1 (Definition)

Quelle: Eigene Erstellung

Bez.	Gestaltungselemente	Kurzbeschreibung der Inhalte
M.1	Wissensbasis	Auswahl der Projektpartner, Verhandlung der Nutzung von Patenten, unternehmensinternen Regeln/Normen etc., Sondierung der Zusammenarbeitsmöglichkeiten mit den Partnern, Prüfung der Anforderungen möglicher Fördergeber, Recherche des Standes der Technik im Forschungsgebiet, Recherche der technischen Möglichkeiten für das Wissensmanagement, Aufstellung der Mitbewerber, Recherche der Konkurrenz Produkte/Projekte
O.2	Organisationsstruktur	Diskussion der möglichen Organisationsstrukturen
O.3	Verantwortlichkeit für Wissensmanagement	Diskussion der Verantwortlichkeit
O.4	Zieldefinition und Strategie	Verhandlung des Forschungszieles, Ableitung der Wissensziele
M.8	Sprache	Findung einer Kommunikationssprache und Bestimmung der Vertragssprache(n)
O.7	Budget	Aufstellung und Verhandlung des Wissensmanagement-Budgets
M.4	Kommunikation	Einrichtung von Kommunikationskanälen, Durchführung regelmäßigen Austausches
O.5	Stakeholder	Identifikation der Stakeholder, Dialog mit den Stakeholdern
M.5	Interkulturelle Kompetenz	Information über kulturelle Unterschiede, Schaffung einer „Cultural Awareness"

6.2. Phase 2: Planung

Mit Übergang in die Planungsphase gewinnt das Projektteam an Konturen und muss in diesem Formungsprozess unterstützt werden. Die Recherchebasis wird breiter, die Kontakte zu Wissensträgern werden mehr und es wird der Grundstein für den Projektablauf mit der Planung der Prozesse und Pakete gelegt. Es ist von Bedeutung, in diese Strukturen das Wissensmanagement mit einzubinden. Die organisatorischen Gesichtspunkte für das Wissensmanagement müssen berücksichtigt werden. Zu beachten ist auch die Vernetzung der Wissensmanagement-Konzepte mit der Projektstrategie. So müssen zum Beispiel Verantwortlichkeiten geklärt, Zugriffsrechte auf Patente anderer Unternehmen oder auch die Verwendung des Wissensmanagementbudgets geklärt werden. Tabelle 11 zeigt die Gestaltungselemente für die Phase der Planung.

Tabelle 11: Charakterisierung für die Projektphase 2 (Planung)
Quelle: Eigene Erstellung

Bez.	Gestaltungselemente	Kurzbeschreibung der Inhalte
M.1	Wissensbasis	Auswahl des Projektteams, Planung des Beteiligungsumfanges und des Einsatzes der Experten, Eingrenzung der technischen Auswahl für das Wissensmanagement, Fokussierung der für das Forschungsgebiet relevanten Recherche
O.1	Prozessanbindung	Einplanung der Wissensmanagementaktivitäten, Planung der Wissensmanagementprozesse, Integration des Wissensmanagement in die Forschungs- und Projektmanagementprozesse, Aufstellung von Regeln für die Zusammenarbeit („Housekeeping")
		Definition der Ansprechpartner für WM und Kompetenzen/Pflichten, Projekt- und Terminplanung unter Berücksichtigung des Forschungsfreiraumes und Kreativitätsförderung
O.2	Organisationsstruktur	Planung, Dokumentation und Verabschiedung der Organisationsstruktur
O.3	Verantwortlichkeit für Wissensmanagement	Verankerung der Verantwortlichkeit in den Projekt-Grundlagen und mögliche Installation der Position eines Wissensmanagement-Verantwortlichen
O.4	Zieldefinition und Strategie	Ableitung der operativen Wissensmanagementziele und Umsetzungskonzepte
M.8	Sprache	Definition von Projektsprachen für die Kommunikation und die Berichte, Aufstellung von Tabellen mit Gleichtexten für technische Fachbegriffe und Bezeichnungen von Teilen in den Sprachen aller Teilnehmer
O.7	Budget	Planung der Verwendung des Budgets
M.4	Kommunikation	Start des Kommunikationsprozesses, Erstellung von Kontakt-Listen, Yellow Pages, Expertenverzeichnisse, Planung der Kommunikationskanäle und -frequenzen
O.5	Stakeholder	Identifikation der konkreten Ansprechpartner und Kontaktaufnahme/Vorstellung
T.3	Integration	Planung der gegenseitigen technischen Anbindung zur Zusammenarbeit und Definition von Software-Standards bzw. Austauschformaten
T.5	Sicherheit	Planung der notwendigen Schritte zur Sicherung der Datenverbindungen und Daten, Berücksichtigung bei der Wahl der Wissensmanagement-Instrumente

6.3. Phase 3: Durchführung

In der Phase der Durchführung hat zu Beginn die Formung des Projekt-Teams große Bedeutung. Neben dem Kennenlernen der Teammitglieder und die Kenntnis über die Expertise der Kollegen spielt auch die Schaffung von Vertrauen eine große Rolle. Erst dadurch wird eine Basis für den Umgang miteinander und der Bereitschaft zum Wissens-Austausch geschaffen. Von großer Bedeutung ist nach wie vor die Unterstützung von Prozessen der Wissensgenerierung und der Kreativität. Vorgesehen werden müssen auch Unterstützung bei der Dokumentation und Archivierung des Wissens. Von aufsteigender Bedeutung hin zum Ende der Projektphase sind die Nutzung und der Transfer des Wissens in den Arbeitspaketen. Tabelle 12 zeigt die Gestaltungselemente für die Phase der Durchführung.

Tabelle 12:   Charakterisierung für die Projektphase 3 (Durchführung)

Quelle: Eigene Erstellung

Bez.	Gestaltungselemente	Kurzbeschreibung der Inhalte
M.1	Wissensbasis	Feststellung des Bedarfes und Durchführung von Schulungen, Identifikation von Lücken, Recruiting von neuen Fachkräften, Externe Vergabe an Berater/Experten, Beobachten der Konkurrenz, bestehender und Entstehender Initiativen, evtl. Korrekturen
O.1	Prozessanbindung	Ausführung der Prozesse, Überwachung, Kontrolle der Effektivität und evtl. Korrekturen, Koordinierung zwischen den Prozessen, Förderungen des Austausches von Inhalten und Experten, Organisation von Treffen und dem Austausch von Inhalten/Dokumenten, Überprüfung auf Synergien z. B. Terminpläne, Berichte, Abstimmung der Veranstaltungen und Abgabetermine auf die Wissensmanagementprozesse
M.8	Sprache	Pflege und Erweiterung des Glossars
T.1	Funktionalität	Ausgestaltung und permanente Weiterentwicklung der Werkzeuge, Installation und Wartung der IT Programme, Durchführung von Workshops und weiteren Maßnahmen
T.5	Sicherheit	Kontrolle der Datensicherheit, Datenschutz, Nutzung von Firewalls und Verschlüsselungstechnologien, Passwortschutz, Schutz vor Diebstahl, elektronischen Hackerangriffen,
M.7	Raum für Wissensaustausch	Schaffung virtueller und realer Räume, Telefonkonferenzen, Workshops

Bez.	Gestaltungselemente	Kurzbeschreibung der Inhalte
T.2	Interaktion	Anregung von Interaktionsaktivitäten, Austausch von Inhalten, Rotation von Experten, Organisation von Zwischenpräsentationen, Newsletter, Lessons learned, Publikationen, Unterstützung der Bildung von sozialen Netzwerken, Rahmenprogramm, Geschäftsessen
O.6	Informationsprozesse	Sicherstellung von Informationsflüssen (vertikal/horizontal), Austausch von Inhalten zwischen Arbeitspaketen, Abstimmung mit den Kommunikationskanälen
O.8	Entscheidungsfindung und Dokumentation	Einführung technischer Hilfsmittel zur Speicherung und Recherche der Entscheidungen
M.2	Motivation	Schaffung eines „Wir" Gefühls, Identifikation und Beteiligung der Teammitglieder mit/am dem Projekterfolg, Einbindung des Wissensmanagementauftrages in Arbeitsverträge, Incentives, Abendveranstaltungen
O.7	Budget	Lenkung der Mittelverwendung, Rechenschaftsberichte
M.3	Wissensfreundliche Kultur	Vorbildfunktion des Wissensmanagements, Unterstützung der Bildung eines sozialen Netzwerkes, Abendveranstaltungen, Expertenprofile mit Steckbriefen/Bildern der Mitarbeiter
M.6	Vertrauen	Aufbau einer Vertrauensbasis, Initiierung eines Prozesses des „Gebens und Nehmens", Start durch Offenlegung des Wissensstandes bei den Partnern, Vorbildfunktion der Partner mit größerer Beteiligung, Absichtserklärungen und gutes Beispiel der Projektauftraggeber, Lenkungsausschuss und Projektleitung
M.4	Kommunikation	Erstellung von Kontaktlisten, Ermöglichen des Kontaktes und Kennenlernens der Teammitglieder, Aufstellung von Kommunikationsregeln
T.4	Bedienbarkeit	Berücksichtigung der Bedürfnisse der Teammitglieder, strukturierte und funktionelle Benutzeroberflächen von Software
T.6	Leistung	Anforderungen abstimmen und kommunizieren
O.5	Stakeholder	Festlegung der Intervalle zur Information, Erstellung von Newsletter, Berichten, Aufbau einer Website im WWW
M.5	Interkulturelle Kompetenz	Identifikation von Lücken und evtl. Schulung, Wachsamkeit und zur Verfügung Stellung eines Ansprechpartners, Fragen oder Klärungsbedarf

6.4. Phase 4: Abschluss

Das Wissensmanagement kann in dieser Phase unterstützen bei der Dokumentation und Archivierung des Wissens, aber auch bei der Generierung der Projektabschlussberichte. Des Weiteren kann es die Nutzung des Wissens über das Projektende hinaus ermöglichen und durch geeignete Maßnahmen den Erkenntnisgewinn für die organisationale Wissensbasis sichern. Tabelle 13 zeigt die Gestaltungselemente für die Abschluss-Phase.

Tabelle 13:   Charakterisierung für die Projektphase 4 (Abschluss)

Quelle: Eigene Erstellung

Bez.	Gestaltungselemente	Kurzbeschreibung der Inhalte
M.8	Sprache	Formulierungen und Verwendung der Fachbegriffe beachten, Unterstützung bei der technischen Redaktion und sprachlichen Überarbeitung
T.1	Funktionalität	Unterstützung bei Dokumentation, Generierung von Reports
T.5	Sicherheit	Weiterhin gewährleisten
M.7	Raum für Wissensaustausch	Weiterhin Einsatz des Instrumenten Repertoires, Übergabe der Projektergebnisse vorbereiten, Erstellung von Abschlussdokumenten zur Weitergabe an Auftraggeber, Öffentlichkeit und Partner
T.2	Interaktion	Weiterhin Förderung der Interaktion
O.6	Informationsprozesse	Nutzung der aufgebauten Prozesse, Nutzung der vom Auftraggeber oder dem Projektmanagement geforderten Berichte für Wissensmanagementzwecke, Beachtung der Projektzeitleiste und Endtermine für die Wissensmanagementaktivitäten
O.8	Entscheidungsfindung und Dokumentation	Nutzung der Dokumentation für Zusammenfassungen und Ergebnispräsentation
M.2	Motivation	Ergebnisdemonstrationen, Prototypen, Vorstellungen intern/extern, Erfolge für die Teilnehmer verbuchen lassen, Gemeinsame Publikationen und Vorträge
O.7	Budget	Abrechnung, Schließung offener Posten
M.3	Wissensfreundliche Kultur	Wir-Gefühl bestehen lassen, Netzwerke knüpfen, vertiefen, Dank an die Projektteilnehmer
M.6	Vertrauen	Gemeinsame Erarbeitung der Abschlussberichte und Beteiligung aller Partner an den Projektergebnissen

Bez.	Gestaltungselemente	Kurzbeschreibung der Inhalte
M.4	Kommunikation	Offene Kommunikation und transparente Qualitätskontrolle der Projektergebnisse, deutliche Kommunikation in der Projektabschlussphase über Abschlussdatum, Fortsetzungen und Einplanung der Projektmitarbeiter bzw. Rückkehr in die Heimatorganisation
T.4	Bedienbarkeit	Anpassung an die neuen Anforderungen nach Projektende z. B. evtl. offline Verfügbarkeit der Datenbanken und Dokumenten aus der gemeinsamen Online-Plattform
T.6	Leistung	Anpassung an die neuen Anforderungen
O.5	Stakeholder	Ergebnispräsentation, Abschlussveranstaltung
M.5	Interkulturelle Kompetenz	Beachten der Arbeitsweise und Umgang mit speziellen Themen z. B. bei Terminplanung, Deadlines, Kompetenzen, Abschlussveranstaltung

6.5. Phase 5: Nachbearbeitung

Aus Sicht des Wissensmanagements kommt der Phase nach Abschluss des Projektes eine wichtige Bedeutung zu. Für die Projektauftraggeber von Forschungsprojekten ist die anschließende Nutzung der gewonnenen Erkenntnisse sehr wichtig. Angestrebt wird in dieser Transferphase so z. B. eine Übertragung des gewonnenen Wissens in die organisationale Wissensbasis und damit die aktive Nutzung in den Unternehmensprozessen. Dies kann z. B. durch Weiterverbreitung des Projekt-Abschlussberichtes, Schulungen, die Integration der Projektteilnehmer in andere Projekte oder auch durch die Fortführung der Themen in weiteren Forschungs- oder Entwicklungsprojekten geschehen. Tabelle 14 zeigt die Gestaltungselemente für die Phase der Nachbearbeitung.

Tabelle 14:   Charakterisierung für die Projektphase 5 (Nachbearbeitung)

Quelle: Eigene Erstellung

Bez.	Gestaltungselemente	Kurzbeschreibung der Inhalte
M.1	Wissensbasis	Kontaktpflege nach Projektende, unternehmensinterner Wissenstransfer, Schulungsunterlagen, Lessons learned, Einholung von Feedback
M.8	Sprache	Projektsprache beachten, eventuell Dokumentationen übersetzen
T.1	Funktionalität	Offline Verfügbarkeit, weitere Nutzung der Dokumente ermöglichen, Recherchefunktionen

Bez.	Gestaltungselemente	Kurzbeschreibung der Inhalte
T.5	Sicherheit	Auch über den Abschluss des Projektes hinaus müssen der Datenschutz und die Datensicherheit gewährleistet sein
M.7	Raum für Wissensaustausch	Feedback Gespräche, Fragebogen über Nutzung und Nützlichkeit der Wissensmanagement-Maßnahmen, Förderung von Experten Netzwerken
T.2	Interaktion	Netzwerk pflegen
M.2	Motivation	Motivation durch Aufbau der Reputation der Experten, Transferphasen an nächstes Projekt
O.7	Budget	Abschluss und Abwicklung
M.3	Wissensfreundliche Kultur	Weiter den Wissensaustausch fördern, Offenheit für Fragestellung auch nach Projektende
M.4	Kommunikation	Kontakte erhalten, Einladungen der Experten zu Abschlussveranstaltungen, Partnerunternehmen auch an weiteren Nutzungserfolgen teilhaben lassen, Zeitungsartikel und Erfolgsberichte etc. verteilen
T.4	Bedienbarkeit	Zukunftssicher, offene Standards
T.6	Leistung	Angepasst, Zukunftssicher

7. Besonderheiten unternehmensübergreifender internationaler F&E-Projekte

Wie in Kapitel C.4 hergeleitet ergeben sich bei der Durchführung von unternehmensübergreifenden internationalen Projekten besondere Implikationen für die Durchführung des Wissensmanagements aus den Aspekten der Forschung, Internationalität und unternehmensübergreifenden Zusammenarbeit. Aus der differenzierten Interessenslage aufgrund der möglichen Konkurrenzsituation der beteiligten unternehmen ist aus Sicht des Wissensmanagements eine hohe Transparenz aller Vorgänge anzustreben, um den Teilnehmern neutral einen Zugriff auf das Wissen zu ermöglichen. Des Weiteren müssen aus diesem Grund die Rechte und Pflichten zur Bereitstellung relevanten Unternehmenswissens sowie der spätere Zugriff auf das Projektwissen eventuell sogar vertraglich geregelt werden.

Durch die internationale Zusammenarbeit kommt es zu einer räumlichen Distanz und somit einem erhöhtem Aufwand bei der Durchführung von persönlichen Treffen der Projektteilnehmer. Dies führt zu längeren Anreise-Zeiten und steigenden Kosten für Besprechungen vor Ort. Zu beachten sind bei der Zusammenarbeit auch die kulturellen und sprachlichen Unterschiede. Hieraus können sich für die Dimension Mensch Auswirkungen ergeben. Die Anforderung zur systematischen, methodischen und nachvollziehbaren Herangehensweise an die Forschungsfragestellung bedeutet für das Wissensmanagement, dass eine gute Dokumentation des Wissens und Vorgehens anzustreben ist. Da die Projektteilnehmer auf Basis des Stands der Technik neue Erkenntnisse erarbeiten, ist zunächst das aktuelle Wissen bei allen Projektteilnehmern, Projektpartner-Unternehmen und externen Quellen festzustellen. Im weiteren Projektverlauf müssen dieses Wissen sowie die neu entwickelten Forschungsergebnisse den Projektteilnehmern zur Recherche zur Verfügung stehen. Bei F&E-Projekten ist regelmäßig eine abschließende Interpretation und Zusammenfassung der Forschungsergebnisse gefragt, bei diesen Aufgabe sollte das Wissensmanagement ebenfalls unterstützen.

▶ *Technik*

Für die Dimension Technik muss für den untersuchten Fall berücksichtigt werden, dass die verwendeten technischen Wissensmanagement-Instrumente die zu erwartenden hohen Datenmengen verarbeiten können. Die Interaktion der Projekt-Teilnehmer über Unternehmensgrenzen hinweg kann nach dem heutigen Stand der Technik mit Internet-Technologien nahezu problemlos über weite Strecken abgebildet werden. Zu beachten ist die Integration abweichender EDV-Technologien, die bei internationalen Projekten bezüglich Hardware und Software Standards eventuell größere Unterschiede aufweisen können. Durch die vorgeschlagene Zusammenarbeit über das Internet und der zu erwartenden sensiblen F&E-Inhalte, ist besonderer Augenmerk auf die Sicherheit der Datenverbindungen und Daten durch Verschlüsselung und Passwortschutz zu legen.

▶ *Organisation*

Für die Gestaltungselemente der Dimension Organisation stellt die internationale Zusammenarbeit im F&E-Bereich eine Besonderheit dar. Die Organisationsstruktur sowie die Anbindung der Prozesse des Wissensmanagements muss innerhalb der virtuellen, verteilten Strukturen erfolgen. Über die räumliche Distanz, Organisations- und Ländergrenzen hinweg ist hierbei mit erhöhtem Koordinationsaufwand zu rechnen. Dabei kann es hilfreich sein, die Verantwortlichkeit für das Wissensmanagement bereits zu Beginn schriftlich zu fixieren. Zur Vermeidung von Problemen aufgrund der möglichen Konkurrenz- und Interessenskonflikte ist es notwendig, die Zieldefinition und die Aufstellung der Wissensmanagement-Strategie bereits sehr früh zu Beginn des Projektes vertraglich zu festzuhalten. Durch die Bildung eines internationalen Konsortiums ist auch mit internationalen Stakeholdern zu rechnen, die wiederum eigene

Interessen an der Durchführung des Projektes vertreten. Durch diesen überregionalen Bezug sind unter Umständen auch politische Interessen von Ländern, Regierung oder auch der Europäischen Union zu bedenken. Diese Verflechtungen sind durch entsprechende Informationsprozesse und Diskussionsschleifen zu berücksichtigen. Die besondere Notwendigkeit zur Dokumentation der Forschungsergebnisse auch zur späteren Nachvollziehbarkeit der Entscheidungen erfordert organisatorische Regelungen um die Inhalte in Datenbanken zu erfassen. So müssen hierzu z. B. die Arbeitsanweisungen entsprechend angepasst oder zeitliche Kapazitäten eingerechnet werden. Bei der Aufstellung des Budgets für das Wissensmanagement sind die Ansprechpartner aus den verschiedenen Partnerorganisationen zu koordinieren. Es ist damit zu rechnen, dass es aufgrund der internationalen Zusammenarbeit zu vermehrten Abstimmungsaufwand kommt.

▶ *Mensch*

Des Weiteren sind für die Dimension Mensch Auswirkungen auf die Gestaltungselemente zu erwarten. Durch die internationale Zusammensetzung der Wissensbasis unter Beteiligung von Projekt-Teilnehmern aus unterschiedlichen Kulturkreisen ist bei der Gestaltung des Wissensmanagements der Aufbau von interkultureller Kompetenz besonders zu beachten. Hierzu können Schulungen, Festlegung von Verhaltensregeln und Intensivierung persönlicher Kontakte beitragen. Für die Kommunikation ist eine gemeinsame Sprache notwendig. Bei internationalen Projekten wird in der Regel eine Projekt-Sprache festgelegt. Zusätzlich ist es sinnvoll, die technischen Fachbegriffe mit den Übersetzungen in den Landessprachen zu definieren. Beim Aufbau einer wissensfreundlichen Kultur ist darauf zu achten, dass die unterschiedlichen Kulturkreise bei z. B. dem unterschiedlichen Umgang mit Hierarchien, Terminen und Arbeitszeiten berücksichtigt werden. Auch hier kann der Aufbau von Vertrauen und Gegenseitigem Verständnis durch persönlichen Kontakt zu Beginn des Projektes unterstützen. Aufgrund der internationalen Projekt-Strukturen können aber nicht alle Wissensmanagement-Maßnahmen unter persönlicher Anwesenheit der Teilnehmer durchgeführt werden. An dieser Stelle können z. B. Schulungen mit Hilfe von E-Learning im Internet durchgeführt werden[188]. Als Raum für den Wissensaustausch sind wegen der eingeschränkten Möglichkeit zu persönlichen Kontakt eine Online-Plattform, Telefonkonferenzen und E-Mail während des Projektes die wichtigen Kanäle für den Wissensaustausch.

---

188 Vgl. Möhrle, M. G. (1996),S. 1 ff.

E. Empirische Untersuchung zu Validierung des Gestaltungsansatzes

1. Aufbau des Kapitels

Zur Validierung des in den vorherigen Kapiteln entwickelten Gestaltungsansatzes wird in diesem Kapitel als praktischer Anwendungsfall das im Rahmen des sechsten Rahmenprogramms der EU durchgeführte Forschungsprojekt StorHy (Teilprojekt kryogene Flüssigspeicherung) evaluiert. Hierzu werden zunächst das Design und die Methodik der empirischen Untersuchung dargelegt. Darauf folgt eine Beschreibung des Aufbaus der Fallstudie. Schließlich wird die Umsetzung des Wissensmanagements unter Anwendung des Gestaltungsansatzes dargestellt. Basierend auf den Erfahrungen aus der Fallstudie erfolgt eine Auswertung der gesammelten Erkenntnisse. Abschließend wird ein Fazit der Fallstudie und der Anwendung des Gestaltungsansatzes gezogen. Die Struktur des Kapitels ist in Abbildung 45 dargestellt.

Abbildung 45: Struktur von Kapitel E

Quelle: Eigene Darstellung

2. Design und Methodik der empirischen Untersuchung

Der vorliegenden Arbeit liegt ein anwendungsorientiertes Forschungsverständnis zugrunde. Das Forschungsvorhaben zur Entwicklung eines Gestaltungsansatzes für das Wissensmanagement in unternehmensübergreifenden F&E-Projekten im internationalen Umfeld wird hierfür an der praktischen Problemsituation ausgerichtet. Die Untersuchungen zur empirischen Validierung müssen sich deshalb auf ein passendes Praxisbeispiel beziehen. Zur Analyse dieses Anwendungsbeispiels kommt der Fallstudienansatz in Frage, da im Bezug auf das Wissensmanagement vor allem die Frage, ob und wie es in F&E-Projekten umgesetzt werden kann, im Mittelpunkt steht.[189]

Für diese Arbeit wird eine Einzelfallstudie als Intensiv-Fallstudie durchgeführt. Obwohl diese grundsätzlich einer natürlichen Einschränkung bezüglich der Anzahl der analysierten Daten und Situationen unterliegt, so kann eine derartige Intensiv-Fallstudie im Hinblick auf das Untersuchungsziel jedoch valide Ergebnisse liefern.[190] Dies ist der Fall, weil sich die Fallstudie auf eine konkret ausformulierte Theorie bezieht und das gewählte Praxisbeispiel alle Rahmenbedingungen des zu testenden Gestaltungsansatzes erfüllt.[191] Des Weiteren handelt es sich bei dem untersuchten Projekt StorHy um einen typischen Vertreter von unternehmensübergreifenden Projekten im internationalen Umfeld, die Gegenstand der Untersuchungen dieser Arbeit sind.[192] Die Gültigkeit dieser Kriterien wird über die Prüfung des Anforderungskataloges in E.5.1 durchgeführt.

▶ *Qualitätssicherung für die Fallstudie*

Qualitätssicherung der Fallstudienforschung kann durch Überprüfung der Konstrukt-Validität, internen Validität, externen Validität und der Verlässlichkeit sicher gestellt werden.[193] Zur Validierung wurde dabei das in Tabelle 15 dargestellte Vorgehen gewählt.

▶ *Teilnehmende Beobachtung*

Um möglichst viele Erkenntnisse über die Fallstudie zu sammeln, wird als Forschungsmethode die teilnehmende Beobachtung gewählt.[194] Durch die persönliche, aktive Teilnahme in der Rolle des Projektmanagements des Fallstudienprojektes, kann das Verhalten und Handeln der Projektteilnehmer sowie die Auswirkungen der Umsetzung des Gestaltungsansatzes unmittelbar erfasst werden. Um die für die wissenschaftliche Reflexion notwendige Distanz zur beobachteten Projektgruppe zu wahren, wurden regelmäßige Feedback-Gespräche mit einem nicht im Projekt involvierten Betreuer an der HAW Ingolstadt geführt.

---

189 Vgl. Yin, R. K. (2009), S. 5 ff.
190 Vgl. Yin, R. K. (2009), S. 46 ff. Yin führt an dieser Stelle aus, dass Durchführung von Einzelfallstudien begründet ist, wenn es sich z. B. um einen kritischen Fall (Englisch: „critical case") zum Test von konkreten Theorien oder um einen besonders repräsentativen Fall (Englisch: „representative case") handelt.
191 Vgl. Yin, R. K. (2009), S. 47.
192 Vgl. Yin, R. K. (2009), S. 48.
193 Vgl. Yin, R. K. (2009), S. 40.
194 Vgl. Atteslander, P. (2003), S. 105 ff.

Tabelle 15:   Sicherstellung der Qualität für die Fallstudienforschung

Quelle: In Anlehnung an Yin, R. K. (2009), S. 41.

Test	Beschreibung	Vorgehen für die Fallstudie
Konstrukt-Validität	Identifizierung von geeigneten Maßnahmen um das Forschungsobjektes messbar und untersuchbar zu machen	• Teilnehmende Beobachtung an der Fallstudie • Diskussion der Ergebnisse mit Experten • Diskussion der Ergebnisse mit den Verantwortlichen in den Partnerunternehmen • Durchführung einer Teilnehmerbefragung mit einem Fragebogen
Interne Validität	Sicherstellung der internen Logik zwischen Forschungsdesign und Forschungsergebnissen	• Aufgrund des Charakters der Fallstudie kann keine Beziehung zwischen Variablen oder Daten hergestellt werden. • Validierung über logische Konsistenzprüfung innerhalb des Forschungsrahmens der teilnehmenden Beobachtung
Externe Validität	Zuordnung und Generalisierbarkeit der Ergebnisse	• Theoretische Erarbeitung des Themengebietes • Experteninterviews im Vorfeld der Studie mit Experten aus den Partnerunternehmen • Überprüfung des Zutreffens des allgemeinen Anforderungskatalogs für die Fallstudie
Verlässlichkeit	Reproduzierbarkeit der Forschungsmethoden	• Fallstudienprotokoll

▶   *Expertengespräche*

Vor und während der Durchführung des Projektes wurden Gespräche mit Experten aus dem Gebiet Projektmanagement und Wissensmanagement geführt. Dabei wurde mit Mitarbeitern aus den Partnerunternehmen, externen Experten für Wissensmanagement-Software und der Gesamtprojektleitung des Projektes gesprochen. Die Gespräche hatten formellen oder informellen Charakter und wurden als qualitative Interviews geführt, um grundlegende Einsichten in die Thematik zu erhalten oder Forschungsergebnisse zu diskutieren.

► *Fragebogen und Interviews mit den Projektteilnehmern*

Um ein direktes Feedback von den Projektteilnehmern zu erhalten, wurde am Ende des Forschungsprojektes ein Fragebogen zur Evaluierung des Projektes in Bezug auf das Wissensmanagement ausgearbeitet. Dieser wurde von den Partnerunternehmen beantwortet und die Ergebnisse zum Teil direkt in die Beobachtungen dieses Kapitels eingearbeitet und zum Teil als Ergebnisse der Auswertungen direkt in E.6 aufbereitet.

Der Fragebogen wurde praxistauglich kurz gestaltet und auf wesentliche Fragen beschränkt. Offene Fragen bei der Beantwortung oder Detaillierungen wurden, wenn notwendig, im Nachgang mündlich geklärt, um die Zeit der Projektteilnehmer nicht übermäßig zu fordern. Vor Durchführung der Befragung wurde der Fragebogen auf Anwendbarkeit und Verständlichkeit mit Experten aus den Partnerunternehmen und Wissenschaftlern der HAW Ingolstadt diskutiert. Im zweiten Schritt wurde der Fragebogen vom technischen Projektleiter exemplarisch ausgefüllt und diskutiert. Die Erfahrungen dieser Validierung sind in die Durchführung der Umfrage eingeflossen.

► *Auswertung von Daten und Dokumenten*

Die während des Projektes angefallenen Protokolle und für das Wissensmanagement relevanten Dokumente wurden analysiert und sind in die Erfahrungen der Forschungsergebnisse mit eingeflossen. Bei der Nutzung der Online-Software zum Wissensmanagement wurden automatische Statistiken über das Nutzerverhalten und Daten über Leistung bzw. Kapazitäten der Online-Lösung erhoben. Diese wurden ebenfalls berücksichtigt.

3. Aufbau der Fallstudie

3.1. Umsetzung von EU Forschungsprojekten in Rahmenprogrammen

Die EU schafft einen Binnenmarkt mit einer Bevölkerung von 480 Millionen in 27 Ländern. Für Unternehmen führt das zu Veränderungen, die sich auf die Absatzmöglichkeiten, Beschaffungsmärkte, Kapitalmärkte, aber auch auf das Kaufverhalten und die Konkurrenzsituation auswirken. Dies ist natürlich auch relevant für den Umgang mit Wissen. Für die Umsetzung von F&E-Projekten innerhalb des Europäischen Wirtschaftsraumes ist außerdem von Bedeutung, dass die EU Förderungsmöglichkeiten zur Finanzierung von bestimmten F&E-Vorhaben zur Verfügung stellt. Die Förderung ist innerhalb von Europäischen Rahmenprogrammen umgesetzt. Gefördert werden Themengebiete, die den Europäischen Wirtschaftsraum strategisch weiterentwickeln, um die Wettbe-

werbsfähigkeit der Europäischen Unternehmen im globalen Vergleich sicherzu-
stellen. Zum Zeitpunkt der Durchführung des Projektes war das sechste
Rahmenprogramm in Kraft. Das Projekt der Fallstudie wurde innerhalb dieses
Rahmenprogrammes ausgeführt und ist deshalb   im Kontext eines EU-
Förderprojektes zu sehen.

3.2. Wasserstoffspeicherung als Gegenstand der Forschung

3.2.1. Wasserstoff als mobiler Energieträger

Die natürlichen Öl- und Gas-Reserven der Erde sind endlich. Die Prognosen für
die verbleibenden fossilen Reservoirs an Erdöl gehen derzeit von einer
Reichweite bis ca. in das Jahr 2050 aus.[195] Wobei die Kosten der Förderung und
somit Bereitstellung dieser Energieträger mit abnehmender Verfügbarkeit
steigen, da mit der Zeit immer schwerer zu erschließende Ölfelder erschlossen
werden müssen. Vor diesem Hintergrund sind steigende Kosten und eine
geringere Verfügbarkeit von mobilen Energieträgern, wie sie für Automo-
bil/Schifffahrt/Luftfahrt benötigt werden, zu erwarten. Derzeit werden als
Treibstoff für den Transport hauptsächlich Produkte auf Basis von fossilem Öl
eingesetzt.

Im wichtigen Bereich des Individual-Transportes wird von der Automobilindustrie bereits intensiv an der Nutzbarmachung von alternativen Energieträgern
gearbeitet. Zur Disposition stehen Fahrzeuge, die sogenannte regenerative
Brennstoffe wie z. B. Biodiesel verbrennen oder auch die Nutzung sogenannter
synthetischer Kraftstoffe. Des Weiteren werden Autos mit Elektroantrieb
diskutiert, die auf Batterien zur Stromspeicherung zurückgreifen. Eine weitere
Alternative sieht die Automobilindustrie im Energieträger Wasserstoff (H_2). Die
alternativen Treibstoffe befinden sich in unterschiedlichen Stadien der
Marktreife und ziehen mehr oder weniger große Veränderungen für den
Einzelnen nach sich. Ein Ersatz von Diesel oder Benzin durch synthetische oder
biologische Kraftstoffe kann auf die herkömmliche Infrastruktur (z. B.
Tankstellen) und Technologien (z. B. Motoren) zurückgreifen. Beim Umstieg
auf ein Elektromobil ändert sich aber dementsprechend ebenfalls nicht nur der
Antrieb sondern auch Tankgewohnheit und Konstruktion der Autos.

3.2.2. Wasserstoff als alternativer Energieträger

Für den Einsatz von Wasserstoff als alternativen Treibstoff der Zukunft können
neben dem Argument der beschränkten zukünftigen fossilen Rohstoffreserven

---

195 Vgl. Stribrny, B. / Gerling, P. (2000), S. 1 ff.

noch weitere Vorteile gelten. Bei der Verbrennung von Wasserstoff oder der Erzeugung von Strom mithilfe einer Brennstoffzelle entsteht kein Kohlendioxid. CO_2 gilt als schädliches Treibhausgas und der derzeitige hohe Ausstoß von CO_2 als mitverantwortlich für die globale Erwärmung. An dieser Stelle kann Wasserstoff einen Beitrag zu einer Energiewirtschaft ohne Treibhausgasproblematik leisten. Aufgrund der Tatsache, dass bei der Energieerzeugung Wasserstoff (H_2) mit Sauerstoff (O_2) zu Wasser (H_2O) reagiert entstehen außerdem keine Schadstoffe im Abgas. Dies trägt zur Vermeidung lokaler Emissionen (wie z. B. HC, NO_X, usw.) bei und ist in Zeiten von Luftbelastung, Feinstaub und Smog gerade für Großstädte ein wichtiges Thema.

Um Wasserstoff als Ersatz für Benzin und Diesel in Autos einzusetzen, sind Neuentwicklungen und Investitionen notwendig. Gefordert ist der Aufbau einer kompletten Wasserstoff-Wirtschaft. Neben dem Ausbau einer Wasserstoff-Tankstelleninfrastruktur muss die Erzeugung und der Transport zum Tankstellennetzwerk sichergestellt werden. Im Gegensatz zu fossilen Treibstoffen handelt es sich bei H_2 nicht um eine primäre Energiequelle, die z. B. durch Förderung auf einer Bohrinsel gewonnen wird, sondern lediglich um einen Energieträger mit potentiellem mobilem Einsatzgebiet. Der Erfolg von Wasserstoff wird deshalb auch von Möglichkeiten der ausreichenden und effizienten Erzeugung abhängen. Das Problem des wachsenden Energiebedarfs der Weltbevölkerung bei gleichzeitigem Versiegen fossiler Rohstoffquellen gilt jedoch nicht nur für Wasserstoff, sondern für alle alternativen Kraftstoffe der Zukunft in einer Post-Öl-Ära und wird von der Menschheit gesondert zu lösen sein.

3.2.3. Mobile Wasserstoff-Speichersysteme

Die Wasserstoffspeicherung für die mobile Anwendung in Autos gilt als Schlüsseltechnologie für die Umsetzung einer kommenden Wasserstoff-Wirtschaft. Die Identifikation von vielversprechenden Wasserstoffspeichertechnologien für die automotive Anwendung ist ein aktuelles Forschungsgebiet der Industrie. Die Speicherung von H_2 ist im Vergleich mit Benzin oder Diesel aufwendiger, da es bei Raumtemperatur gasförmig ist und eine niedrige volumetrische Speicherdichte aufweist. Es ist das leichteste chemische Element und relativ leicht entflammbar. H_2 kann in gasförmiger Form in Druckgasflaschen, tief kalt in kryogenen Flüssigspeichern oder chemisch in Feststoffe eingebunden gelagert werden. Herausforderung der Wasserstoffforschung ist die Entwicklung von robusten, sicheren und effizienten Kraftstoffsystemen, sowie deren Herstellungstechnologien entsprechend den Anforderungen der Automobilindustrie und der Endkunden. Angestrebt wird ein Tanksystem, das in Funktion, Speicherdichte, Gewicht, Herstellungskosten und Sicherheit konkurrenzfähig zu Benzintanks ist.

3.3. Vorstellung des Fallstudienprojektes StorHy

Im Rahmen des sechsten Forschungsprogramms der Europäischen Union haben sich im Projekt StorHy führende Automobilkonzerne, Technologieunternehmen und Institute zu einem Forschungsprojekt zur Speicherung von Wasserstoff für die automobile Anwendung zusammengefunden. Von März 2004 bis Juni 2008 wurden im Rahmen von StorHy Tanksysteme für Wasserstoff (H_2) auf gasförmiger, flüssiger und fester Basistechnologie erforscht. Das sechste Rahmenprogramm für Forschung und technologische Entwicklung trat 2003 als Hauptinstrument der EU zur Finanzierung von Forschungsvorhaben in Europa in Kraft. Das Programm wurde als finanzielle und rechtliche Grundlage mit dem Ziel der Förderung eines gemeinsamen Europäischen Forschungsraums geschaffen. Unter Anderem stehen damit den teilnehmenden Unternehmen finanzielle Förderungen zur Verfügung. Im vorliegenden Fall wurde das Projekt mit einem Budget von 18,7 Millionen Euro ausgestattet, wobei eine Summe von 10,7 Millionen Euro als Förderung durch die EU getragen wurde. Die Schaffung des Europäischen Forschungsraums ist eine der politischen Prioritäten im Bereich Wissenschaft und Forschung mit dem Fernziel der Evolution einer gemeinsamen, Europäischen Forschungspolitik. Seit 2007 wird diese Strategie mit dem siebten Rahmenprogramm[196] mit einer Laufzeit bis 2013 fortgeführt.

3.3.1. Organisation

Das Projekt StorHy[197] ist als „integriertes Projekt" des sechsten Forschungsrahmenprogramms der EU organisiert (siehe Abbildung 46). Die Erforschung der Speichertechnologien ist in die drei Unterprojekte Gasspeicherung („Pressure Vessel"), Flüssigspeicherung („Cryogenic Storage") und Feststoffspeicherung („Solid Storage") aufgeteilt. Das Teilprojekt „Pressure Vessel" beschäftigt sich mit der Herstellung von Behältern zur Speicherung von komprimiertem Gas in Leichtbauweise. Im Bereich „Solid Storage" liegt der Fokus auf der Forschung bezüglich Untersuchung von Metall-Hydriden. Das Teilprojekt „Cryogenic Storage", welches auch die Grundlage für die folgenden Untersuchungen bildet, hat sich zum Ziel gesetzt, einen Freiform-Wasserstofftank zur Speicherung von flüssigem Wasserstoff in Leichtbauweise zu entwickeln. Daneben wurden Unterprojekte für Sicherheitsaspekte und die Bewertung der Technologien für die automotive Einsatzmöglichkeit (Evaluation) hinsichtlich technischer, umweltrelevanter, wirtschaftlicher und sozialer Aspekte eingerichtet. Die Aufgabe des Unterprojektes „User" ist die Definierung der automotiven Anforderungen an die Speichersysteme.

---

196 Siehe www.forschungsrahmenprogramm.de
197 Siehe www.storhy.net

Das Management, die Koordinierung des Gesamtprojektes und der Kontakt zu den relevanten Stellen der Europäischen Kommission wird von den Vertretern des „Executive Committee" durchgeführt. In diesem Gremium sitzen die Projektleiter der Unterprojekte. Ein im Rahmen des „Executive Committee" ernanntes Management-Team leitet die Geschäfte. Das „Governing Board" setzt sich aus Vertretern der Partnerunternehmen zusammen und trifft die Entscheidungen über die Strategie und Durchführung des Projektes. Dieses Gesamt-Gremium tagt mindestens einmal jährlich oder unter bestimmten Voraussetzungen auf Anfrage der Partnerunternehmen. Auf Basis der von allen Partnern in den beschriebenen Gremien getroffen Richtlinien, Budgets, Forschungszielen und Programmplänen organisieren sich die Unterprojekte mit Ihren jeweiligen Partnern selbst. Am Projekt sind insgesamt 34 Unternehmen und Forschungseinrichtungen aus 13 Europäischen Ländern beteiligt. Davon sind fünf Unternehmen OEMs der Automobilindustrie, 15 Forschungsinstitute und 14 Unternehmen aus der Zulieferindustrie.

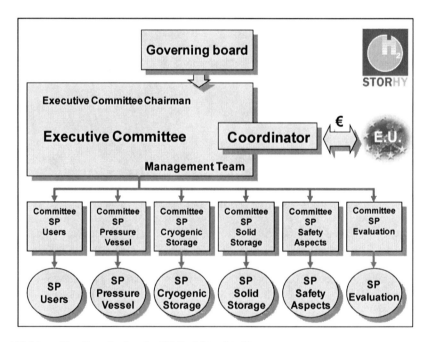

Abbildung 46:   Organisation des EU-Projektes StorHy

Quelle: Strubel (2008), S. 3.

Tabelle 16:	Projektdaten StorHy
Quelle:	Eigene Darstellung nach den Informationen von Strubel (2008), S. 1 ff.

Name:	"Hydrogen Storage Systems for Automotive Application" Integrated Project n° 502667 within the EU FP6 (www.storhy.net)
Kurz-Name:	StorHy
Koordinator:	MAGNA STEYR Fahrzeugtechnik AG & Co KG
Zeitrahmen:	2004 – 2008 (4,5 Jahre)
Budget:	€ 18.7 m (€ 10.7 m EU-Förderung)

3.3.2. Kryogene Wasserstoffspeicherung

Wasserstoff ist bei Raumtemperatur ein farb- und geruchloses Gas. Erst bei einer Temperatur von -253°Celsius wird es flüssig. Unter kryogener Flüssigspeicherung von Wasserstoff versteht man die Speicherung von Wasserstoff bei Temperaturen unter diesem Siedepunkt von H_2. Die wichtigsten chemischen und physikalischen Eigenschaften des Gases sind in Tabelle 17 zusammengefasst.

Tabelle 17:	Chemische und physikalische Eigenschaften von Wasserstoff
Quelle:	Eigene Erstellung nach Geitmann, S. (2004), S. 54.

Eigenschaft	Wert
Dichte	0,0899 kg m−3 bei 273 K
Schmelzpunkt	14,025 K (−259,125 °C)
Siedepunkt	20,268 K (−252,882 °C)

Bei dieser technischen Fragestellung gilt es mehrere Fachgebiete mit einzubeziehen, um die Herausforderungen der Flüssigspeicherung zu meistern. Aufgrund der tiefen Temperaturen nahe dem absoluten Nullpunkt von -273° Celsius muss das Speicherbehältnis sehr gut gegenüber der Umgebung isoliert sein. Dies erreicht man durch einen der Thermoskanne vergleichbaren Aufbau mit einem Innen- und Außentank. Das so im Hohlraum zwischen den Tankhüllen entstandene Vakuum wird zusätzlich gegen Wärmeeintrag in Form von Strahlung durch mehrere Lagen Metallfolie abgeschirmt. Alle Aufhängungen müssen speziell konstruiert sein, damit die Wärmeübertragung innerhalb der Feststoffverbindungen möglichst gering gehalten wird. Ein wichtiges Thema für die Auslegung von Gefäßen für tiefkalte Stoffe ist die Verwendung von

Materialien mit geeigneten kryogenen Eigenschaften, wie z. B. thermische Leitfähigkeit, Wasserstoffbeständigkeit, etc..

3.3.3. Stand der Technik für kryogene Speicher und Zielsetzung

Wasserstoff als alternativer Energieträger spielt in der Automobilindustrie zum jetzigen Zeitpunkt noch keine tragende Rolle in der Massenproduktion. Jedoch wurden von einigen OEMs bereits erste Modelle und kleine Serien vorgestellt. So ist beispielsweise der BMW H7 mit einem Verbrennungsmotor ausgerüstet, der sowohl H_2 als auch Super Benzin verbrennen kann. Weitere Modelle sind z. B. von Daimler oder der VW in Planung. BMW setzt in seiner neuesten Generation H7er zylindrische Metalltanks zur Speicherung von Flüssigwasserstoff ein. Diese können 10 kg Wasserstoff aufnehmen.

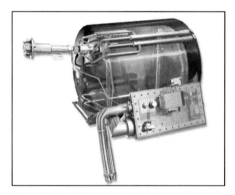

Abbildung 47:   State-of-the-Art Flüssigwasserstofftank

Quelle: Magna Steyr

Das Teilprojekt „Cryogenic Storage" hat sich zum Ziel gesetzt, einen Freiform-Wasserstofftank zur Speicherung flüssigen Wasserstoffs in Leichtbauweise zu entwickeln. Dabei sollen Leichtbauverbundwerkstoffe zum Einsatz kommen. Anstatt der traditionell verwendeten Metalle, stand die Erforschung der Einsatzmöglichkeiten von kohlefaserverstärkten Kunststoffen (CFK)[198] im Fokus. Neben der Materialentwicklung und der damit einhergehenden Innovation in den Fertigungsprozessen lag ein weiteres Entwicklungsziel auf einem möglichen Freiform-Design, um das Tanksystem besser den tatsächlichen

---

198 Bei kohlefaserverstärkten Kunststoffen (CFK) werden Kohlenstofffasern in ein oder mehreren Schichten zur Verstärkung in eine Kunststoffmatrix aus z.B. Epoxidharzen eingebettet. So entstandene Werkstoffe können mit hoher Festigkeit bei gleichzeitig niedrigem Gewicht ausgestattet werden.

Gegebenheiten im Auto anpassen zu können. Der Verbau-Ort für den Stand der Technik nimmt aufgrund der zylindrischen Bauform und Größe einen Großteil des Kofferraums ein, wohingegen sich herkömmliche Benzintanks in weiten Grenzen frei dem verfügbaren Platz am Unterboden des Fahrzeuges anpassen.

4. Analyse des Projektrahmens

4.1. Vertragliche Grundlagen

Die Zusammenarbeit der Konsortialpartner des EU-Projektes basiert auf den Regelungen des sechsten Rahmenprogrammes. Die teilnehmenden Organisationen mit ihren Rechten und Pflichten sind im „Consortium Agreement" mit mehreren Anhängen geregelt. Innerhalb des Vertragswerkes sind neben den angestrebten Forschungszielen auch die geplanten Budgets, sowie die von den Unternehmen einzubringenden Leistungen (Mannmonate, Material, Maschinen, Patente, etc.) geregelt. Die Anforderungen des FP6 sehen außerdem vor, dass zu Beginn und folgend jeweils jährlich ein sogenannter „Implementation Plan" für die folgenden Monate aufgestellt werden muss. Hierbei überschneidet sich die Planungsperiode jeweils um sechs Monate. Dies ermöglicht den Partnern und der EU einen zeitlichen Spielraum zur Bearbeitung der Anträge. Der „Implementation Plan" gibt einen detaillierten Einblick in die geplante Verwendung des Budgets und die geplanten Forschungsaktivitäten.

4.2. Projektorganisation

Innerhalb des Unterprojektes „Cryogenic Storage" sind ca. 60 Mitarbeiter aus den zehn Partnerunternehmen eingebunden. Dies führt zu einer verteilten und interdisziplinären Arbeitsweise. Den Regeln des Konsortialvertrages folgend, ist ein Projektleiter bestimmt. Zusätzlich ist ein Projektmanager vorgesehen. Aufgabe des Projektleiters ist die technische und strategische Führung des Projektes. Das Projektmanagement-Team unterstützt in der Planung, Verfolgung, Terminplanung, Organisation und dem Controlling des Projektfortschritts. Als Aufgabenstellung der Projektleitung wurde im Vorfeld die Planung, Terminierung und Verfolgung des Projektverlaufes gemeinsam durch die Projektpartner festgelegt. Des Weiteren zählt die Planung, Vorbereitung, Durchführung und Dokumentation von Sitzungen und Entscheidungen zu den definierten Aufgaben. Das Projektmanagement übernimmt außerdem die Koordinierung der Projektpartner, die Steuerung des Budgets, das Berichtswesen an das Gesamtprojekt und die EU und den Kontakt mit der Gesamtprojektleitung, der Öffentlichkeit und externen Experten. Nicht zuletzt beinhaltet die initiale Regelung den Auftrag an die Projektleitung, ein Wissensmanagement-konzept zu erarbeiten und umzusetzen.

Die Arbeit innerhalb des Projektes ist wiederum aufgeteilt in fünf Arbeitspa-kete, die von Arbeitspaket-Leitern organisiert werden. Die Aufgabe dieser Teilprojektleiter ist hauptsächlich in der Verantwortung für die technisch, wissenschaftliche Umsetzung der Forschungsarbeit zu sehen. Die Benennung und zeitliche Abfolge der Arbeitspakete sind in Abbildung 48 dargestellt.

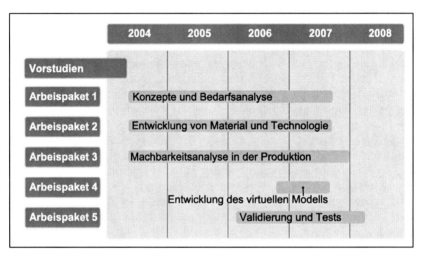

Abbildung 48:   Arbeitspakete und zeitliche Abfolge für das EU-Projekt StorHy Cryo
Quelle: Eigene Darstellung

4.3.   Projektpartner „Cryogenic Storage"

Am Teilprojekt „Cryogenic Storage" waren zehn Unternehmen beteiligt. Neben Vertretern der Automobilindustrie (BMW Group, Volvo) und der Zulieferin-dustrie (Magna Steyr Fahrzeugtechnik) wurden Wasserstoffspezialisten (Air Liquide, Linde) und Leichtbauexperten aus der Raumfahrt (Austrian Aerospace, MT Aerospace, Oerlikon) mit eingebunden. Als zusätzlicher wissenschaftlicher Partner unterstützte Prochain den Projektablauf. Die Unternehmen sind in Tabelle 18 aufgelistet.

Firma	Ort, Land
Austrian Aerospace	Wien, Österreich
BMW Group	München, Deutschland
MSF	Graz, Österreich
IVW –Institut für Verbundwerkstoffe	Karlsruhe, Deutschland
Oerlikon	Zürich, Schweiz
MT Aerospace	Augsburg, Deutschland
Linde	München, Deutschland
Air Liquide	Frankreich, Paris
Prochain	Ingolstadt, Deutschland
Volvo	Göteborg, Schweden

4.4. Zeitrahmen und Ablauf des Projektes

Die Laufzeit des Unterprojektes orientiert sich an der Laufzeit von StorHy, mit April 2004 als aktuellem Projektstart-Termin. Ende des Hauptteils der Projektarbeit für „Cryogenic Storage" wurde auf August 2007 festgelegt, mit der Fortführung einiger, kleinerer Aktivitäten, abschließenden Tests und den Vorbereitungen für die Abschlussveranstaltung des Gesamtprojekts bis zum Projektende StorHy im Juni 2008. Die Zeitleiste des Projektes ist in Abbildung 49 zu sehen.

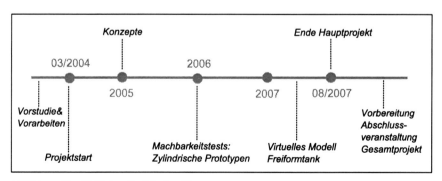

Abbildung 49:   Zeitleiste Projekt StorHy

Quelle: Eigene Darstellung

Bemerkenswert ist, dass bereits vor dem Start des Projektes insgesamt sechs Arbeitstreffen abgehalten wurden, in denen Vorarbeit für das Projekt geleistet wurde. Der Zeitplan sieht vor, dass zu Beginn des Jahres die Entwicklung der Konzepte und die Anforderungen an die Tanks definiert sind. Im Zwischenschritt über zylindrische Tanks wurden als Machbarkeitsstudie Konstruktions- und Material-Innovationen getestet. Die Entwicklung des virtuellen Freiformmodells und weitere Tests waren für den Abschluss der Tests ab Mitte 2007 vorgesehen. Der Aufbau eines tatsächlichen Prototyps war aufgrund von Budgetbeschränkungen nicht vorgesehen.

4.5. Wissen als Ressource im Projekt

Im Projekt StorHy ist für das Team „Cryogenic Storage" im Forschungsantrag an die EU ein klares Entwicklungsziel formuliert. Als Ergebnis soll ein virtuelles Modell eines Freiform-Tanks in Leichtbauweise für die Flüssigwasserstoff-Speicherung entstehen. Aus dem formulierten Entwicklungsziel geht somit hervor, dass bei diesem Projekt der Entwicklung von Wissen zentrale Bedeutung beigemessen wird. Der Forschungsauftrag beinhaltet klar die Aufforderung, neues Wissen zu gewinnen. Dies soll durch Recherche bestehenden Wissens, Neukombinationen und Transfers aus anderen Bereichen (z. B. Raumfahrt in die Automobilindustrie), Ideensammlung, systematische Tests bis hin zur Evaluierung der Umsetzbarkeit in Konstruktionsmodellen, geschehen. Der gesamte Projektverlauf muss sich hierbei der Evaluierung durch interne Experten in Form des Unterprojektes Evaluation als auch dem kritischen Auge externer Experten der EU während des jährlichen Fortschrittsberichtes stellen.

Im Zusammenschluss eines gemeinsamen Forschungsprojektes stellen sich die beteiligten Unternehmen der gemeinsamen Aufgabe der Entwicklung eines Leichtbau Freiform-Tanks für flüssigen Wasserstoff. Die Unternehmen bringen unterschiedliche Fachkompetenzen in das Konsortium ein. Dies geschieht zum einen durch die direkte Beteiligung von Experten an der Projektarbeit und zum anderen durch die Eröffnung des unternehmenseigenen expliziten Wissens in Form von Forschungsberichten (auch Dissertationen und Diplomarbeiten), Unternehmensnormen, Erfahrungen und Patenten. Wissen wird hier als wichtige Ressource identifiziert und folgerichtig ein aktiver Umgang mit den Wissensinhalten als Weg eingeschlagen.

5. Gestaltung des Wissensmanagements

5.1. Prüfung der Implikationen für das Wissensmanagement im Fallbeispiel

Bei der Entwicklung des Gestaltungsansatzes wurde in C.7 ein Anforderungskatalog basierend auf den durch das Wissensmanagementumfeld entstehenden Implikationen aus den Bereichen Projektmanagement, Themeneingrenzung und wirtschaftlichen Umfeld entwickelt. Vor der Analyse der Umsetzung des Gestaltungsansatzes für das vorliegende Beispiel ist die Anwendbarkeit des allgemeinen Anforderungskatalogs auf das Projekt zu prüfen. Dadurch soll nun unter Berücksichtigung der Analyse unter E.4 überprüft werden, ob eine hinreichende Übereinstimmung zwischen dem theoretischen Ansatz und dem Praxisprojekt bestehen. Für die vorliegende Fallstudie kann dies bestätigt werden. Dies bestätigt zum einen die Relevanz des aufgestellten Anforderungskataloges für die Praxis und ermöglicht es zum anderen, den Gestaltungsansatz auf das Praxisprojekt anzuwenden. Im Folgenden werden die Punkte des Anforderungskataloges im Einzelnen geprüft.

Allgemeine Anforderungen

- Integration:
  Wie gefordert, handelt es sich um ein F&E-Projekt mit der Notwendigkeit Wissensmanagement zu integrieren.
- Anpassungsfähigkeit:
  Um die Kosten gering zu halten und bestehende Erfahrungen der Projektteilnehmer zu nutzen, sollen bekannte Wissensmanagement-Konzepte und – Instrumente in den Ansatz integrierbar sein.
- Berücksichtigung der Interessensgruppen:
  Die Interessen der EU, Partnerunternehmen, Öffentlichkeit und der Experten müssen im Fallbeispiel berücksichtig werden.

Implikationen aus dem Projektmanagement

- Organisationsstruktur im Projekt:
  Das Praxisbeispiel ist als Projektorganisation umgesetzt. Die Organe wie z. B. Projektleiter, Lenkungsausschuss, Auftraggeber und Teammitglieder sind dementsprechend vorhanden.
- Ablauf- und Projektphasen:
  Für das Projekt ist eine Einteilung in die Phasen Definition, Planung, Durchführung, Abschluss und Nachbearbeitung vorgesehen. Dies entspricht den Prämissen des Gestaltungsansatzes.

- Elemente der Projektsteuerung:
  Eine Nutzung von Hilfsmitteln des Projektmanagements wie Projektstruk-turplänen, Gantt-Charts, Aufgabenlisten, Aufteilung in Arbeitspakete ist für das Projekt der Studie vorgesehen.
- Simultaneous Engineering:
  Das Projekt besteht wie in E.4 analysiert aus 5 Arbeitspaketen, die parallel bearbeitet werden sollen. Überlappende Start- und Endtermine sind gege-ben.
- Faktoren erfolgreicher Projektarbeit:
  Es handelt sich um eine projektwürdige Aufgabenstellung mit messbaren Forschungszielen innerhalb einer Projektorganisation. Des Weiteren wird eine gezielte Dokumentation sowie ein nachhaltiger Wissenstransfer in die Partnerorganisationen nach Abschluss des Projektes erwartet.

Implikationen aus dem spezifischen Umfeld der Themeneingrenzung

- Unternehmensübergreifende Kooperation:
  StorHy ist innerhalb des Rahmens eines EU-Projektes als Konsortium orga-nisiert. Aufgrund der Konkurrenzsituation einiger Partner sind unterschied-liche Interessenslagen gegeben.
- Internationalität:
  Die Partnerunternehmen stammen aus unterschiedlichen Ländern, die Zu-sammenarbeit ist somit international und überschreitet Landes- bzw. Sprachgrenzen.
- Forschungsaspekt:
  Gegenstand des Projektes ist ein Forschungsthema. Die Bearbeitung erfolgt nach den typischen Forschungsphasen (Zielsetzung, Bestimmung des aktu-ellen Wissensstandes, Planung, Durchführung, Dokumentation, Interpretati-on und Zusammenfassung).

Implikationen aus dem aktuellen wirtschaftlichen Umfeld

- Wettbewerbssituation:
  Das Forschungsvorhaben steht in Konkurrenz zu Forschungen aus den USA oder Japan. Zur Stärkung des Europäischen Wirtschaftsraumes wird es unter der Förderung der EU durchgeführt.
- Gesellschaft:
  Zur Bearbeitung der F&E-Fragestellung sind Experten auf den unter E.3.2 beschriebenen Gebieten der Wasserstofforschung notwendig. Damit steht das Projekt im Wettbewerb um die am besten qualifizierten Experten für den Themenbereich. Die Neuartigkeit von H_2 als mobilen Energieträger erfordern eine Behandlung „Well-to-Wheel" und somit die Beteiligung von Gasherstellern, Automobilherstellern und Technologieträgern. Gleichzeitig

wird ein standardisiertes Produkt zum Einsatz bei verschiedenen Herstellern erwartet.

■ Technik:
Für die Arbeitsweise der Teammitglieder in der F&E ist eine EDV orientierte Arbeitsweise zu erwarten. Des Weiteren wird mit großen Datenmengen und hohem Kommunikationsaufkommen gerechnet.

5.2. Anwendung des Gestaltungsansatzes

Der Aufbau des Wissensmanagements in der Fallstudie baut auf dem in dieser Arbeit vorgestellten Gestaltungsansatz auf und basiert somit auf dem Gestaltungsrahmen Technik, Organisation, Mensch und der Berücksichtigung der Projektphasenabhängigkeit der Gestaltungselemente. Im Weiteren wird zunächst kurz ein Bezug der Gestaltungsdimensionen zum Projekt hergestellt. Darauf aufbauend werden in den folgenden Absätzen die Gestaltungsdimensionen bezüglich der Umsetzung in der Fallstudie analysiert.

▶ *Technik*

Für das untersuchte Projekt kann aufgrund des hohen technischen Bezugs des Forschungsthemas von einer Technik-Affinität der Projektteilnehmer ausgegangen werden. Es ist zu erwarten, dass der Einsatz entsprechender EDV-Technologien eine große Rolle spielen wird.

▶ *Organisation*

Die Herausforderungen bezüglich der Gestaltung der Organisation liegen in der Fallstudie voraussichtlich in der Findung und Umsetzung einer für das Wissensmanagement passenden Organisationsstruktur und der Verankerung der notwendigen Verantwortlichkeiten.

▶ *Mensch*

Aufgrund des Forschungscharakters der Fragestellung stellen die Experten eine wichtige Ressource zur Lösung der Fragestellung dar. Bei einer ersten Prüfung wird identifiziert, dass vor allem entsprechender kreativer Freiraum für die Projektteilnehmer sowie möglichst eine Unterstützung bei der Bearbeitung der Aufgabenstellung bezüglich des Wissensmanagements gefordert ist.

▶ *Projektphasenabhängigkeit*

Die Durchführung der Forschungsfragestellung ist als Projekt organisiert. Das Projekt ist hierbei in greifbare Projektphasen aufgeteilt. Während der Laufzeit des Projektes ist mit der Notwendigkeit der Anpassung der Wissensmanagement-Maßnahmen auf die Projektphasen zu rechnen. Eine zeitabhängige Steuerung der Wissensmanagement-Maßnahmen scheint auch schon zur Schonung der Budgets sinnvoll, da vermutlich weder finanziell noch aufgrund der zur Verfügung stehenden Kapazitäten alle Gestaltungselemente zu jedem Zeitpunkt in vollem Umfang eingesetzt werden können.

5.3. Gestaltung der Dimension Technik

Als Umsetzung der technischen Wissensmanagementstrategie kam im Projekt eine Onlineplattform zum Einsatz. Aufgrund des virtuellen Charakters des Projektes und der unternehmensübergreifenden Zusammenarbeit konnte so ein Teil der Wissensarbeitstätigkeiten mit Hilfe dieser technischen Unterstützung erledigt werden. Im vorliegenden Beispiel wurde eine Software der Firma FINEBRAIN[199] ausgewählt, die speziell auf die Bedürfnisse des Projektes angepasst werden konnte. Vor der Auswahl wurden unter anderem Systeme auf Lotus Domino Basis und der vom Fraunhofer-Institut FIT entwickelte BSCW-Server untersucht. Aufgrund der Funktionalität, des individuellen Supports sowie des Preis-Leistungsverhältnisses fiel die Wahl jedoch auf das Produkt der Schweizer Firma. Die Software bietet eine Online-Plattform im Internet. Dabei werden Experten mit Profilen und Artikel in einer gemeinsamen Wissensstruktur in Kategorien erfasst. Dies ist in Abbildung 50 dargestellt.

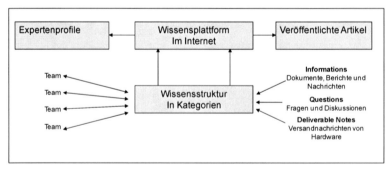

Abbildung 50:   Zugriffsstruktur Onlineplattform
Quelle: Eigene Darstellung

---

199 Nähere Informationen zur Firma und der verwendeten Software im Internet unter www.finebrain.com.

5.3.1. Verwendung der Online-Plattform

Die eingesetzte Software wird als zentrales System auf einem Server installiert. Der eigentliche Zugriff auf die Funktionalitäten erfolgt mittels Internet-Browser über das öffentliche Internet. Somit ist gewährleistet, dass die ca. 60 Teammitglieder die Datenbank aus den Unternehmensnetzwerken, aber auch von unterwegs erreichen können und so bei Bedarf jederzeit am Wissensmanagementprozess teilnehmen können.

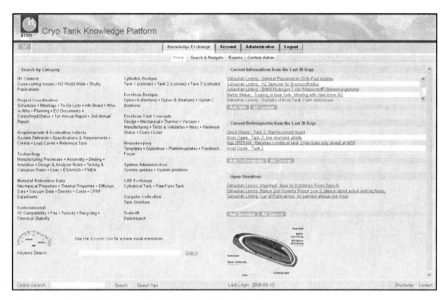

Abbildung 51: Bedienungsoberfläche der Onlineplattform

Quelle: Eigene Darstellung nach der Bedienungsoberfläche der Software der Firma FINEBRAIN.

5.3.2. Umsetzung der Gestaltungselemente

Basierend auf den Untersuchungen der möglichen Gestaltungselemente für die Dimension Technik im Kapitel D.3 erfolgte im Projekt die Ausgestaltung der technischen Seite des Wissensmanagements. Dabei konnte mit Hilfe der theoretisch erarbeiteten Elemente die Gestaltung der wirklichen Projektsituation umgesetzt werden. Für den Bereich Technik nimmt hierbei die Nutzung der Online-Plattform eine zentrale Rolle ein. Im Folgenden werden die Gestaltungselemente in Bezug auf die Gestaltung im Projekt kurz erläutert.

173

▶ *Funktionalität*

Als Funktionalität bietet die Software grundsätzlich die Veröffentlichung von Informationen und Expertenprofilen. Daneben sind umfangreiche Recherche-funktionen implementiert.[200] Durch den Einsatz einer optionalen Benachrichti-gungsfunktion über neue Dokumente wird den Benutzern Hilfestellung geboten, um sich über aktuelle Meldungen informieren zu lassen. Die Software unter-scheidet im Detail zwischen drei Arten von Veröffentlichungen:

- „Information" für Dokumente, Berichte und Nachrichten
- „Questions" für Fragen und Diskussionen
- „Delivery Notes" für Versandnachrichten von Hardware zwischen Unter-nehmen als Überblick für die Projektleitung

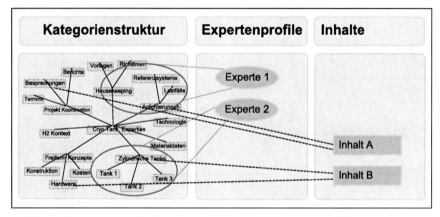

Abbildung 52:   Zuordnung der Kategorienstruktur zwischen Inhalten und Experten

Quelle: Eigene Darstellung

Die Wissensmanagement-Software   speichert alle Inhalte zentral in der Datenbank. So stehen den Projektmitgliedern die Informationen über den gegenseitigen Forschungsstand zur Verfügung. Die Bearbeitung der Dokumente ist über eine Versionierung mit Historie-Funktion nachvollziehbar. Des Weiteren ist für jedes Projektmitglied ein Profil mit Kontaktdaten sowie einer Auflistung der Wissensschwerpunkte erstellt worden. Diese Expertise der Team-Mitglieder ist den Schlagworten in einem Kategoriensystem zugeordnet. Die Kategorien wurden zu Beginn des Projektes auf Basis der Wissensgebiete im Projekt erstellt. Das in Dokumenten niedergeschriebene Wissen wird ebenfalls innerhalb dieses Kategoriensystems abgespeichert. Über diese Zuordnung ist

---

200 Genaue Funktionsbeschreibung, siehe www.finebrain.com.

nun das Wissen in einem für das Projekt sinnvollen Kontext abgelegt. Dies trägt dem Gedanken nach einer sinnvollen Beschreibung und Steuerung des Wissensverteilungsumfanges[201] Rechnung. Gleichzeitig wird durch die Verwendung der identischen Struktur für Experten und Inhalte eine sinnvolle Querverbindung hergestellt. Diese Verbindung ist in Abbildung 52 dargestellt.

► *Interaktion*

Die Wissensmanagement-Software der Firma FINEBRAIN stellt Interaktionsmöglichkeiten zur Verfügung. Innerhalb der Kategorienstruktur ist ein Diskussionsforum realisiert. Durch die automatische Zuordnung der Teammitglieder aufgrund ihrer Expertenprofile ist ein Kontakt hier auch möglich, wenn z. B. neue Teammitglieder mit den relevanten Experten in einem bestimmten Teilgebiet in Kontakt treten wollen. Die Auswahl der richtigen Ansprechpartner kann das System aufgrund des Verzeichnisses der Expertenprofile durchführen. Darüber hinaus wird so sicher gestellt, dass für die Fragestellungen auch tatsächlich immer alle relevanten Experten über die Diskussion informiert werden. Die Kommunikation wird an dieser Stelle durch die Möglichkeit von automatischen Systembenachrichtigungen für neue Diskussionsbeiträge gefördert.

An anderer Stelle unterstützt die Online-Plattform die Benutzer beim Austausch großer Dateien. Viele Unternehmensnetzwerke beschränken die maximal erlaubte Größe von Dateianhängen für Emails auf z.B. 5MB. Gerade für technische Dokumente oder Konstruktionszeichnungen reicht dies aber oft nicht aus. Über den Dateiaustausch innerhalb der Wissensmanagement-Software können Dateien bis zu den sinnvollen Grenzen der Übertragungskapazitäten der Internet-Verbindungen ausgereizt werden.

► *Bedienbarkeit*

Die Online-Plattform ist über herkömmliche Internet-Browser erreichbar und somit zu den meisten internetfähigen Arbeitsumgebungen kompatibel. Da sich die Bedienungsoberfläche an die im Internet üblichen Merkmale hält, finden sich auch neue Benutzer schneller zurecht, als wenn erst die Schnittstellen erlernt werden müssten.

► *Sicherheit*

Alle Datentransfers ins Internet sind über das HTTPS-Protokoll verschlüsselt. Das System verfügt über eine Benutzerverwaltung und einen durch Passwort geschützten Zugriff. Auch eine Rechteverwaltung zur Einschränkung der

---

201 Vgl. Probst, G. / Raub, S. / Romhardt, K. (2003), S. 147.

Zugriffsrechte auf einzelne Bereiche ist implementiert. Die Online-Plattform wurde über eine Internetadresse zugänglich gemacht.

▶ *Leistung*

Die Kapazität der Datenaufnahme ist theoretisch durch die Aufnahmekapazität der in den Internet-Server verwendeten Datenspeicher begrenzt. Aufgrund des aktuellen Stands der Technik für IT-Systeme ist dies, wie auch im analysierten Fall, meist kein Problem mehr. Dies gilt auch für die Verfügbarkeit, Geschwindigkeit und Erreichbarkeit des Internets bzw. der Internet-Server. Durch die Arbeit auf einem Echtzeit-System mit online Zugriff ist außerdem sicher gestellt, dass alle Benutzer immer mit den aktuellen Daten arbeiten.

▶ *Integration*

Wie in Kapitel D gezeigt, kann es eine Barriere für das Wissensmanagement darstellen, wenn die technische Lösung nicht auf die bestehenden IT-Strukturen abgestimmt ist. Eine Online Lösung im Internet umgeht viele Probleme, da so z. B. keine Spezialsoftware bei den Unternehmen installiert werden muss oder direkte Datenverbindungen zwischen den Netzwerken hergestellt werden müssen. Durch die Verwendung von standardisierter Internet-Technologie wird eine virtuelle gemeinsame Struktur geschaffen. Im technischen Bereich von F&E-Projekten - so auch im vorliegenden Fall – spielen Spezialprogramme zur CAD-Konstruktion oder der Durchführung von z.B. Festigkeitsberechnungen eine große Rolle. Da diese Programme bei den Unternehmen zum Zeitpunkt des Projektstarts in unterschiedlichen Versionen vorlagen, wurde ein Austauschformat festgelegt.

5.4. Gestaltung der Dimension Organisation

In Kapitel C wurde ein Gestaltungsansatz definiert, der die Grundlage für die Integration einer nachhaltigen Wissensmanagement-Organisation schafft. Für das zu untersuchende Forschungsprojekt kann eine wie in Abbildung 53 dargestellte Organisation abgeleitet werden. Es zeigt sich, dass alle identifizierten Organe und Interessensgruppen abgebildet werden können:

- Das Konsortium besteht aus zehn Partnerunternehmen.
- Die EU bezieht die Position des Fördergebers.
- Die Forschungsprozesse setzen sich aus den Aufgaben der fünf Arbeitspakete zusammen.
- An die Stelle des Projektmanagements kommt die für dieses Projekt gewählte Kombination aus Projektleiter und Projektmanager.

- Die Wissensmanagementverantwortlichkeit ist dem Projektmanagement zugeordnet.
- Die Wissensbasis ist durch das von den Unternehmen aufgrund der vertraglich im Konsortialvertrag geregelten Verpflichtungen geregelt, und setzt sich aus den von den Unternehmen eingebrachten Patenten, technischen Dokumenten, Unternehmensnormen, bisherigen Forschungsergebnissen und natürlich dem Wissenskapital der im Laufe des Projekts ca. 60 beteiligten Experten zusammen.
- Die Prozesse der Ziele und die Kontrolle werden unter Beteiligung des lokalen Projektmanagements von den Gremien des „Executive Committees" und des „Governing Boards" ausgeführt.
- Sowohl die interessierte Öffentlichkeit, als auch die Gruppe der Experten aus dem Bereich der Wasserstoff- und Tanksystemforschung werden eingebunden.

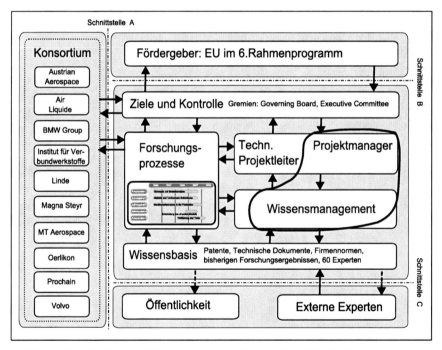

Abbildung 53:   Struktur des Wissensmanagements für das Projekt StorHy Cryo

Quelle: Eigene Darstellung

5.4.1. Wirkzusammenhänge in der Praxis

Die Wirkzusammenhänge beschreiben im Gestaltungsansatz die Integration und Interaktion der Bausteine untereinander. Der Zusammenhang zwischen Wissensbasis, Wissensmanagement und Forschungsprozessen wird als Schema I bezeichnet. Die Abbildung gelingt ohne Änderung des Gestaltungsansatzes. Das gilt ebenso für Schema II als Zusammenhang zwischen Wissensbasis, Wissensmanagement, Projektmanagement, Ziele und Kontrolle und den Forschungsprozessen. Um die Abläufe dieser Schemata zu gestalten, sind entsprechende Maßnahmen vorzusehen.

Der Kontakt der Partnerunternehmen zum Projekt in Form der Schnittstelle „A" wird vertraglich durch die im Konsortialvertrag festgelegte Bildung eines Konsortiums geregelt. Dort sind neben den Pflichten auch die Kontrollrechte und die Beteiligung an den Projektergebnissen geregelt. Über die Installation einer mindestens jährlich tagenden Generalversammlung mit Stimmrechten für alle Partner in Form des „Governing Boards" wird der weitere Kontakt der Partnerunternehmen sicher gestellt. Die permanente Information über die Forschungsaktivitäten wird den Organisationen über die Beteiligung eigener Mitarbeiter an den Forschungsprozessen ermöglicht.

Für die Anbindung der Schnittstelle „B" zu den Fördergebern in Form der Europäischen Kommission ist im vorliegenden Fall durch die Installation eines Gremiums unter Beteiligung der Gesamtprojektleitung StorHy und den Projektleitern der einzelnen Forschungsprojekte wie z. B. der Gruppe „Cryogenic Storage" gegeben. Dieses Gremium tagt mindestens vierteljährlich, bei Bedarf auch öfter.

Die Schnittstelle „C" zur Öffentlichkeit wird im Projekt über eine Webseite mit Informationen und die Berichterstattung durch die Presse ermöglicht. Im Fall der Anbindung der externen Experten sind zusätzliche Kontaktmöglichkeiten durch die Teilnahme an wissenschaftlichen Konferenzen, sowie speziell angebotenen Veranstaltungen geschaffen worden.

5.4.2. Umsetzung der Gestaltungselemente

Als Grundlage für die Gestaltung der Dimension wurden im Projekt die im Kapitel D.4 beschriebenen Elemente verwendet. Wichtig ist zu beachten, dass jedes der Instrumente bestimmte Stärken und Schwächen besitzt und der Einsatz von Fall zu Fall geprüft werden musste. So sind tatsächliche Treffen mit höherem Aufwand durch die Reisekosten verbunden. Außerdem stehen meist nur eine begrenzte Zeit und eine begrenzte Teilnehmerzahl zur Verfügung. Dadurch bietet sich dieses Instrument an, um sich auf eine Konsensfindung, die Entscheidung über das weitere Vorgehen, sowie die Pflege der persönlichen Kontakte zu konzentrieren. Werden Methoden der virtuellen Vernetzung genutzt, so ist man zeitlich und räumlich flexibler, potentiell kann allen Mitarbeitern Zugang gewährt werden. Dadurch eigenen sich diese Mittel auch zur intensiven Vor- und Nachbereitung der Besprechungen und dem laufenden Austausch über Informationen sowie der Diskussion von Fragestellungen, die Vorbereitung erfordern. Die guten Dokumentationsmöglichkeiten dieser Technologien bieten zusätzlich einen großen Informationspool auch für neu einzuarbeitende Mitarbeiter. Es ist anzustreben, dass sich beide Welten sinnvoll ergänzen. Im Folgenden werden die Gestaltungselemente in Bezug auf die Verwendung im Projekt kurz erläutert.

► *Prozessanbindung*

Durch die Einführung der in Abbildung 53 beschriebenen Struktur ist das Wissensmanagement in die Prozesse des Projektes fest mit eingebunden. Die hier eingeführten Wirkzusammenhänge bilden die Grundlage für die strategische und operative Verankerung im Projekt.

► *Organisationsstruktur*

Für die grundlegende Regelung der Zusammenarbeit wurden auf organisatorischer Ebene Richtlinien aufgestellt. Diese Vorschriften sind in dem Dokument „Housekeeping Rules" zusammengefasst. Aufgenommen sind unter anderem Punkte über das Zu-Stande-Kommen von Entscheidungen und Stimmrechten, Informationsrechte und Pflichten zum Beispiel zur Nutzung des gewonnenen Wissens oder das Ausleihen von Ausrüstung oder Demonstratoren. Darüber hinaus sind auch Regelungen über die Einberufung von Besprechungen wie Art, Form und Zeitraum der Einladungen sowie des geplanten Teilnehmerkreises enthalten.

► *Verantwortlichkeit für Wissensmanagement*

Im Rahmen der Definition des Projektes wurde der Aufgabenbereich der Projektleitung festgelegt. Zum vereinbarten Arbeitsgebiet gehört die Erarbeitung eines Wissensmanagementkonzeptes sowie dessen Umsetzung und Begleitung. Mit diesem klaren Auftrag verfügt das Projektmanagement gleichzeitig über die notwendige Autorität, um finanzielle und personelle Ressourcen dafür einzusetzen. Als Beitrag eines jeden Projektteilnehmers wurde die aktive Mitarbeit an den Wissensmanagementaktivitäten vereinbart.

► *Zieldefinition und Wissensmanagementstrategie*

Als Ziel des Wissensmanagement wurde in der Fallstudie die Erreichung der Forschungsziele festgelegt. Somit ergeben sich für die Gestaltung des Wissensmanagements auf die Projektziele abgestimmte Konzepte. Die Umsetzung des

Wissensmanagements auf Basis des in dieser Arbeit vorgestellten Gestaltungsansatzes erfolgte von Anfang an. Durch die jährliche Überprüfung des Projekt- und Wissensfortschritts wurde im Projektverlauf die Zielerreichung kontrolliert.

▶ *Stakeholder*

Als externe Interessensgruppe können im vorliegenden Fall die öffentlichen Förderträger, die Partnerunternehmen, die Projektleitung und die Projektmitarbeiter gesehen werden. Als Förderträger schreibt die EU in den Richtlinien zur Projektdurchführung vor, das gewonnene Wissen zu schützen, zu veröffentlichen und zu nutzen[202]. Das betriebswirtschaftliche Wissensmanagement leistet hierzu den Beitrag, indem die notwendigen Voraussetzungen dafür durch die konsequente Entwicklung und Speicherung geschaffen werden.

Die einzelnen Partnerunternehmen erwarten die Bündelung der Kompetenzen zur Problemlösung und wollen natürlicherweise aus den Projektergebnissen lernen. Hierzu wurde bei der Erstellung von Projekt-Zwischenberichten auf Verständlichkeit für Außenstehende zur internen Weiterverwendung in den Partnerunternehmen geachtet. Im Rahmen einer speziellen, einwöchigen wissenschaftlichen Schulung gegen Ende des Projektes konnten die wichtigsten Forschungsergebnisse darüber hinaus an ein interessiertes Publikum weiter vermittelt werden.

Die einzelnen Projektmitarbeiter haben Interesse, im Rahmen des Wissensmanagements einen Austausch mit dem Expertennetzwerk zu erhalten. Dies gilt für bereits explizites, in Dokumenten kodifiziertes Wissen ebenso wie für mögliches implizites Wissen der anderen Experten. Durch die Arbeit mit der Online-Plattform konnte dieser Austausch und Kontakt sicher gestellt werden. Dedizierte Workshops zur Vertiefung der Experten-Diskussion unterstützen an dieser Stelle den virtuellen Kontakt. Die gute Zugriffsmöglichkeit auf die gemeinsame, zentrale Speicherung der Informationen, Dokumente und Diskussionsbeiträge erübrigte in vielen Fällen eine parallele Speicherung aller Inhalte in den Unternehmensnetzwerken.

Aus Sicht der verantwortlichen Projektmanager gilt es die heterogenen Nutzergruppen und Interessen zusammenzubringen. Die Projektmitarbeiter stammen, wie oben beschrieben, aus verschiedenen Unternehmen, unterschiedlichen Ländern und Kulturen. In den meisten Fällen befinden diese sich ebenfalls nicht am gleichen Ort. Das bedeutet, es handelt sich um vornehmlich virtuelle Teams. Weiterhin sind die Mitarbeiter in derartigen Projekten unter Umständen nicht mit 100% der Kapazität beteiligt. Außerdem ist mit einer Fluktuation bei den Projektmitarbeitern zu rechnen. Während die Wissensmanagement-Software zur virtuellen Zusammenarbeit genutzt wurde, konnte über die großzügige

---

202 Vgl. Europäische Kommission (2007), S: 1 ff.

Vergabe von Leserechten in den Dokumenten ein gleichmäßiger Wissenstransfer zwischen den Arbeitspaketen ermöglicht werden.

▶ *Informationsprozesse*

Durch die Bündelung der Kommunikationsprozesse über die Online-Plattform konnten die Informationsprozesse transparent gestaltet werden und zuverlässig alle Teilnehmer erreicht werden. Die konsequente Vor- und Nachbereitung der Besprechungen erfolgte durch das Projektmanagement. Während des Projektverlaufs neu hinzugekommene Projektmitarbeiter wurden fachlich in die Thematik eingeführt und auf die Verwendung der Wissensmanagement-Instrumente geschult.

▶ *Budget*

Die Durchführung von Wissensmanagement ist zunächst immer mit Aufwand verbunden. Auch wenn sich die zeitliche und finanzielle Investition in Wissensaktivitäten unter dem Strich rechnet, so müssen doch zunächst Mittel zur Verfügung gestellt werden. Da die Verantwortlichkeit für das Wissensmanagementkonzept im Projekt StorHy dem Bereich des Projektmanagements zugeteilt wurde, ist das Budget ebenfalls hier vorgesehen. Aufgrund einer Kooperation mit den Herstellern der Software der Online-Plattform[203] konnten die Kosten für den Betrieb gering gehalten werden. Es wurde vereinbart, die für das Wissensmanagement verwendete Zeit sowohl bei den Projektleitern als auch bei den Teilnehmern nicht gesondert aufzuführen, da aufgrund des Forschungscharakters des Projektes der organisatorische Aufwand gering und die Freiheit der Mitarbeiter möglichst hoch sein sollte. In Punkt E.6 dieses Kapitels sind einige Statistiken zum Verhalten der Teilnehmer und der Verwendung der Arbeitszeit aufgeführt. Im Folgenden werden die Gestaltungselemente in Bezug auf die Verwendung im Projekt kurz erläutert.

▶ *Entscheidungsfindung und Dokumentation*

Für das Projekt ergeben sich ebenfalls Anforderungen an das Wissensmanagement aus möglichen Dokumentationspflichten und Notwendigkeiten, Entwicklungsentscheidungen transparent und nachvollziehbar zu machen. Die Umsetzung dieser Punkte konnte durch die zentrale Archivierung der Entscheidungswege auf der Online-Plattform erreicht werden. Die notwendige Transparenz ist bereits vertraglich geregelt, da für alle wichtigen Entscheidungen dokumentierte Abstimmungen ausgeführt werden mussten.

---

203 Firma Finebrain, Basel (Schweiz) www.finebrain.com.

5.5. Gestaltung der Dimension Mensch

Zur Bearbeitung der Dimension Mensch konnte auf die Systematik in Kapitel C erarbeitete Einteilung in die Gestaltung des Rahmens, des Verhaltens und der notwendigen Fähigkeiten zurück gegriffen werden. Die Umsetzung für die einzelnen Themenbereiche wird im Folgenden kurz charakterisiert und in den folgenden Abschnitten näher erläutert.

▶ *Rahmen*

Die Auswahl der Wissensbasis spielt auch im Fallbeispiel eine wichtige Rolle. Zu Beginn steht hier die Analyse der zur Bearbeitung der Forschungsfragestellung notwendigen Expertise. Darauf basieren die Auswahl der Projektpartner und die Bildung eines Projektteams. Ebenfalls berücksichtigt wurden der Aufbau einer Vertrauensbasis zur Zusammenarbeit und die Schaffung adäquater Räume für das Wissensmanagement.

▶ *Verhalten*

An dieser Stelle ist es wichtig, die Umsetzung der Stiftung einer gemeinsamen wissensfreundlichen Projektkultur zu untersuchen. Der Anforderungskatalog nimmt hier insbesondere Bezug zur unternehmensübergreifenden Zusammenarbeit der Projektteilnehmer. Dadurch besteht eine zusätzliche Schwierigkeit, da die Mitarbeiter aus unterschiedlichen Unternehmenskulturen kommen, die sich beim Umgang mit Wissen unterscheiden können. Dieser Effekt wird durch die Tatsache, der internationalen Ausrichtung des Projektes noch verstärkt. Die Menschen besitzen neben der unterschiedlichen Unternehmenskultur unter Umständen auch noch einen anderen Hintergrund aufgrund Ihrer Herkunft aus verschiedenen Ländern. Um die Projektmitarbeiter zur konsequenten Nutzung des Wissensmanagement-Instrumentariums zu motivieren, konnten auch im Beispiel Maßnahmen gefunden werden. Dies gilt ebenfalls für Maßnahmen zur Verbesserung der Kommunikation.

▶ *Fähigkeiten*

Die Bearbeitung des Themas einer gemeinsamen Projektsprache spielt beim Fallbeispiel, wie aus dem Anforderungskatalog ersichtlich, ebenfalls eine wichtige Rolle. Ebenfalls berücksichtigt wurden Aspekte zum Aufbau der interkulturellen Kompetenz der Projektteilnehmer.

5.5.1. Analyse der notwendigen Expertenprofile

Das Expertenprofil für die "Cryo-Tank"-Entwicklung setzt sich zusammen aus Fähigkeiten der Konzeptentwicklung für den H_2-Tank, der Definition der Anforderungen und Spezifikationen aus dem Automobilbau, der Konstruktion (CAD) und Berechnung unter Leichtbaugesichtspunkten, Kompetenzen im Bereich Material für kohlefaserverstärkte Kunststoffe (CFK) und Stahl. Außerdem sind Spezialisten aus der Fertigung und Produktion von H_2-Tank Systemen notwendig. Dies beinhaltet auch Sachverständige für Vakuumtechnik und für die Isolationstechnik des Systems bei tiefkalten, kryogenen Bedingungen. Zur Koordination dieser Fachbereiche müssen speziell Kompetenzen im Projekt- und Wissensmanagement in das Gesamtprojekt integriert werden.

Jeder Konsortialpartner ist mit Spezialisten beteiligt. Über den Zusammenschluss im Netzwerk profitieren die Beteiligten durch das Expertennetzwerk von der Kompetenz der Partnerunternehmen.[204] Durch diese Kombination von Expertenwissen ist die umfassende Bearbeitung einer Fragestellung möglich, welche sonst insbesondere für KMU aber auch z. B. einen großen Automobil OEM wegen fehlender Spezialisten, Ausrüstung oder Patenten nur schwer durchführbar ist. Als Konsortium hingegen sind die Partner in der Lage, eine komplette Systemlösung zu erstellen.[205]

5.5.2. Umsetzung der Gestaltungselemente

Basierend auf den Untersuchungen der möglichen Gestaltungselemente für die Dimension Mensch im Kapitel D.5 erfolgte im Projekt die Umsetzung für das Wissensmanagement. Der Schwerpunkt im vorliegenden Praxisfall lag dabei auf der Gestaltung der Wissensbasis durch die Auswahl und Weiterentwicklung der Experten für das Projekt. Des Weiteren nahmen kulturelle Aspekte und Elemente zur Vertrauensbildung, Motivation und Förderung der Kommunikationen einen wichtigen Raum ein. Im Folgenden werden die Gestaltungselemente in Bezug auf die Verwendung im Projekt kurz erläutert.

▶ *Wissensbasis*

Ein wichtiges Kapital zur Durchführung des Forschungsauftrages stellt die Wissensbasis in Form des von den Partnerunternehmen eingebrachten Wissens dar. Deshalb ist bereits bei der Gründung des Konsortiums darauf zu achten, einen Abgleich zwischen den benötigten Kompetenzen und der Spezialisierung der Organisation durchzuführen. Beim vorliegenden Projekt wurden deshalb vor Projektstart eine Vorstudie zum Stand der Technik und eine Sondierung der

---

204 Vgl. Oelsnitz von der, D. / Hahmann, H. (2003), S. 128 ff.
205 Vgl. Weissenberger-Eibl, M. (2006), S. 120.

verfügbaren Spezialisten durchgeführt. Als Ergebnis dieser Initiative fand sich das endgültige Konsortium mit der Befähigung zur kompletten Systemlösung zusammen. Die Gegenüberstellung der notwendigen Expertise ist in Abbildung 54 zu sehen. Neben den Automobilherstellern BMW und Volvo sind daran Gasspezialisten wie Linde und Air Liquide, sowie die Raumfahrtunternehmen Austrian Aerospace, Oerlikon Space und MT Aerospace mit Erfahrung im Bau von Flüssigwasserstofftanks und Vakuumisolierungen beteiligt. Mit Magna Steyr ist eine internationale Größe der Automobilzulieferer Industrie vertreten, die außerdem zu Projektbeginn das Referenztanksystem aus Stahl herstellt. Verstärkt wird das Konsortium durch die Universitäten und Forschungsinstitute IVW Karlsruhe und Prochain e.V.

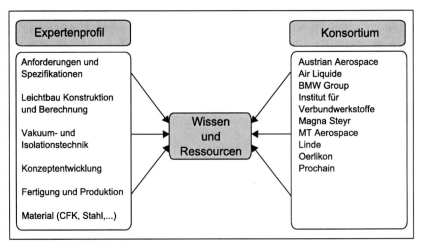

Abbildung 54: Zusammenstellung der notwendigen Expertise für das Projekt StorHy Cryo

Quelle: Eigene Darstellung

Nach dieser Beschreibung des Wissensumfeldes steht die grobe Rollenvertei-lung durch die Expertise der Partnerunternehmen fest. Im nächsten Schritt wurden nach Beginn des Projektes die Experten bei den Organisationen namentlich identifiziert, ihre Fähigkeiten im Bereich H_2-Tank Entwicklung festgestellt und ihre entsprechenden Expertenprofile als Beschreibung für alle Teammitglieder zusammengestellt. Die Wissensgebiete wurden so zu Beginn in einen systematischen „Wissensbaum" kategorisiert, siehe Abbildung 55. Die Teammitglieder sind in diesen Kategorien entsprechend dem eigenen Profil registriert und auffindbar.

Diese Erhebung erleichtert die gezielte Ansprache der Experten zu Sachfra-gen und formt ein virtuelles Team. Bestehendes bzw. erarbeitetes Wissen in

184

Form von Zwischenberichten, Normen, Firmen-Normen, Patenten und Arbeitsberichten wurde ebenfalls in dieser Kategorienstruktur verankert.[206] Dieser Mechanismus wird durch die weiter unten beschriebene Online-Wissensdatenbank unterstützt. Zusätzlich wurde hier die Möglichkeit genutzt, Dokumente gleichzeitig in mehreren Kategorien zu verlinken. Dies schafft Transparenz über Arbeitsvorgänge und unterstützt beim Auffinden von Experten und Dokumenten in der Datenbank.

Im weiteren Projektverlauf wurde die zu Beginn geschaffene Wissensstruktur nicht als unabänderbar und statisch gesehen, sondern den eventuell veränderten Gegebenheiten angepasst. Dies kann z. B. durch Zwischenergebnisse oder geänderte Anforderungen notwendig werden. Als praktikable Möglichkeiten des Wissenserwerbs für das Projekt haben sich hier sowohl interne Maßnahmen, wie die Rekrutierung weiterer Mitarbeiter aus dem Unternehmenskonsortium als auch das Hinzuziehen externer Experten[207] bewährt. Durch den Kontakt zur wissenschaftlichen Gemeinschaft und Recherche auf Konferenzen, Literatur und Internet wurde zusätzliches Wissen erworben.

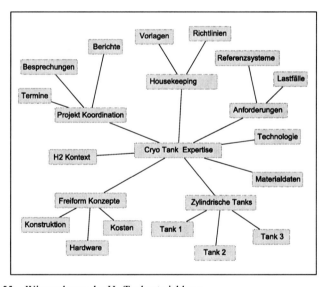

Abbildung 55:   Wissensbaum der H$_2$-Tankentwicklung

Quelle: Eigene Darstellung

---

206 Vgl. Lorenz, S. / Jattke, A. (2007), S. 331.
207 Vgl. Gehle, M. / Mülder, W. (2001), S. 49.

► **Wissensfreundliche Kultur**

Um den Wissensaustausch im Projekt herbeizuführen, war im vorliegenden Fall vor allem eine Herausforderung schnell eine wissensfreundliche Kultur herzustellen. Dazu zählt, Wissen deutlich als wichtige Ressource gegenüber den Projekteilnehmern zu präsentieren und Wissensmanagement als eine positive Leistung zu etablieren. Durch die aktive Einbindung der Teilprojektleiter in die Gestaltung des Wissensmanagementkonzeptes wurde die notwendige Akzeptanz geschaffen. In den persönlichen Treffen und Besprechungen wurde dem Wissensmanagement in regelmäßigen Zeitpunkten hierzu ein eigener Tagesordnungspunkt eingeräumt. Zur gezielten Wissensentwicklung fanden außerdem spezialisierte Workshops statt, in denen die Ideen-Entwicklung, Weiterführung und Kreativität im Vordergrund stand.

► **Motivation**

Da die Aufgabe das Wissensmanagement durchzuführen vor allem bei den Projekteilnehmern lag, war es auch im vorliegenden Fall notwendig, für Motivation zur Nutzung der Wissensmanagement-Instrumente zu sorgen. Durch die Realisierung gemeinsamer Erfolge auch im Wissensbereich wie z. B. Presseartikel, Veröffentlichungen, Teilnahme an Konferenzen, Aufbau von Prototypen und der Durchführung weiterer Veranstaltungen oder gemeinsamer Abendessen wurde ständig die Identifikation des Einzelnen mit den Wissensmanagementerfolgen erhöht. Die Nutzung der Online-Plattform wurde durch aktive Kanalisierung der Kommunikation durch dieses Medium erhöht. Von Seiten der Projektleitung und der Teilprojektleitungen wurde das Wissensmanagement aktiv als Bestandteil des Projekterfolges gefördert und so in die Zielvereinbarungen der Mitarbeiter mit aufgenommen.

► **Kommunikation**

Durch die verteilte Projektstruktur ergibt sich ein Schwerpunkt bei der Kommunikation auf fernmündliche und elektronische Kommunikationskanäle. Als Standard Kanal zur Information der Projekteilnehmer durch die Projektleitung wurde die Kommunikationsplattform genutzt. Dies gilt auch für die Vor- und Nachbereitung von gemeinsamen Projektsitzungen. Zum gedanklichen Austausch und der Diskussion der Projekteilnehmer kamen neben den Arbeitstreffen auch telefonische Kontakte und Konferenzen zum Einsatz. Da eine Dokumentation der Vorgehensweise sowie der Entscheidungen für den Fortschritt des Projekts unumgänglich ist, wurden alle wichtigen Ergebnisse solcher Ereignisse auf der gemeinsamen Online-Plattform protokolliert. Da Emails im Geschäftsalltag, wie sich auch im Projekt zeigt, gewohnheitsmäßig eine große Rolle spielen, musste im Projektverlauf mehrfach auf die Veröffentlichung dieser Emails auf der Online-Plattform gedrängt werden. Als Grundprinzip wurde im analysierten Fall eine Informationspflicht bzw. Hohlschuld der Projektteilnehmer eingeführt. Auf der Online-Plattform veröffentlichte Meldungen, Diskussionen, Besprechungseinladungen gelten bei dieser Vorgehensweise als den Teilnehmern zugegangen, ohne dass diese von den Absendern im eigentlichen Sinne persönlich erreicht werden müssen oder der Empfänger die Nachricht bestätigen muss. Durch eigenständiges, regelmäßiges Überprüfen der veröffentlichten Beiträge oder Nutzung einer automatischen Email-Benachrichtigungsfunktion konnte so eine eigenverantwortliche, reibungslose Kommunikation sicher gestellt werden.

▶ *Interkulturelle Kompetenz*

Zur Schaffung eines arbeitsfähigen Projektes mit Teammitgliedern aus unterschiedlichen Kulturkreisen innerhalb von Europa, konnte auf die Gemeinsamkeit in Form des Interesses für die Technik aufgebaut werden. Durch den einigenden Bezug zur F&E im selben Fachgebiet kommen die kulturellen Unterschiede in dem analysierten Praxisprojekt nicht so stark zum Tragen. Allerdings mussten insbesondere die unterschiedlichen Feiertage bzw. Sommerferien berücksichtigt werden. Während die schwedischen Partner mit zahlreichen Feiertagen zu beachten waren, sind bei den französischen Partnern die Sommermonate während der französischen Schulferien nur sehr eingeschränkt für strategische Entscheidungen zu nutzen. Dem wurde mit einem gemeinsamen Kalender zur Übersicht der Haupturlaubssituation begegnet.

▶ *Vertrauen*

Aufgrund der teilweisen Konkurrenzsituation der Unternehmen z. B. bei den Gasherstellern bestehen natürlich zu Beginn große Bedenken, den eigenen aktuellen Entwicklungsstand offen zu legen. Auf rechtlicher Seite wurde dieses Problem durch vertragliche Regelung des zu veröffentlichenden Wissens in Form von Patenten usw. gelöst. Viel wichtiger waren an dieser Stelle allerdings die operative Gestaltung des Austausches, sowie das notwendige Vertrauen für eine erfolgreiche Zusammenarbeit zu schaffen. Für das Projekt StorHy gelang das unter Anderem durch eine Kombination aus „gutem Beispiel" der großen Kooperationspartner und der Projektleitung. Eine große Rolle spielte hier aber auch der Aufbau guter persönlicher Beziehungen zwischen den Teammitgliedern. Deshalb wurde bereits zu Beginn eine mehrtätige Startveranstaltung durchgeführt. Einerseits konnten darüber alle Mitglieder gleichmäßig über den Stand der Technik zu Projektstart informiert werden, andererseits boten sich in den Zwischenpausen und Abendveranstaltungen Gelegenheiten zum Austausch und Kontaktaufbau. Während des Projektes wurde weiterhin großer Wert auf die Pflege der Netzwerke gelegt.

▶ *Raum für Wissensaustausch*

Als wichtiger Punkt zur Umsetzung der Wissensmanagementstrategie wurde zu Beginn des Projektes die Schaffung von adäquatem Raum für die Durchführung der Wissensarbeit festgestellt. Aufgrund der Zusammenarbeit der Projektteammitglieder über die Ländergrenzen hinweg, kamen dafür nicht nur persönliche Treffen in Frage. Um Kosten zu sparen war es ein Ziel, zum einen die Anzahl der notwendigen Reisen gering und zum anderen die Effektivität der tatsächlichen persönlichen Treffen möglichst hoch zu gestalten. Auf Seite der virtuellen Unterstützung kam die beschriebene Online-Plattform zum Einsatz. Weiterer Raum wird in Form von Besprechungen oder Telefonkonferenzen zur Koordination des Projektes und durch dedizierte Workshops zur Ideenfindung geschaffen.

▶ *Sprache*

Als internationales Projekt waren unter den Teammitgliedern Englisch, Deutsch, Französisch und Schweizer Deutsch vertreten. Als gemeinsame Projektsprache wurde Englisch bestimmt, da zu erwarten war, dass alle Projektteilnehmer über zumindest ausreichende Kenntnisse in dieser Sprache verfügen würden. Unterstützt wurde diese Entscheidung von der Notwendigkeit, die Berichte und Ergebnisse für die EU ebenfalls in Englisch bereitzustellen. Projekt-Treffen, Protokolle und Email-Kommunikation wurden ebenfalls auf Englisch durchgeführt. Bei Kommunikation innerhalb von einsprachigen Teilprojektgruppen wurden bei Bedarf entsprechende Zusammenfassungen in Englisch erarbeitet. Um die Bezeichnung von Bauteilen, Baugruppen, Maschinen und Verfahren zu vereinheitlichen, wurde ein Glossar der wichtigsten technischen Begriffe in Englisch mit einer entsprechenden Beschreibung erarbeitet.

5.6. Phasenabhängige Gestaltung der Dimensionen

Bei der Analyse des zeitlichen Ablaufes von StorHy wird ebenfalls die Systematik des Gestaltungsmodells angewandt. Das Projekt kann ohne Änderungen in die Phasen Definition, Planung, Durchführung, Abschluss und Nachprojektphase unterteilt werden. In Abbildung 56 sind die Abschnitte aufgezeigt. Basierend auf dieser Einteilung können nun die Einflussfaktoren entsprechend ihrer Charakterisierung den drei Gruppen Gestaltungsvorgaben, instrumentenbezogenen Faktoren und der Gruppe der Treiber/Motivatoren zugeordnet werden. Im vorliegenden Projekt hilft diese Einteilung dabei, die richtige Auswahl an Methoden zu treffen sowie den zeitlichen Einsatz der Instrumente besser zu steuern.

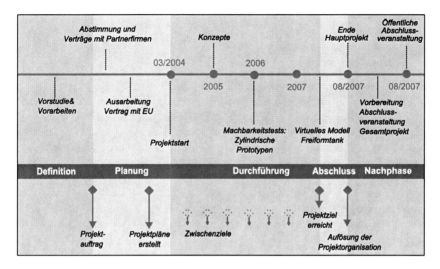

Abbildung 56:   Meilensteine im Projektverlauf StorHy

Quelle: Eigene Darstellung

Dementsprechend wurde bei der Definition des Projektes Mitte 2003 bis zur Planung bis Anfang 2004 hauptsächlich mit gestaltgebenden Faktoren gearbeitet. Während der gesamten Laufzeit über die Phasen der Durchführung, Abschluss und Teilen der Nachprojektphase wurden intensiv Wissensmanagement-Instrumente eingesetzt. Entsprechend der Theorie wurden hier außerdem Methoden zur Steigerung der Effizienz und Aktivität der Wissensarbeit hinzugezogen. Die Schwerpunkte bei der Gestaltung des Wissensmanagements in den Projektphasen werden im Folgenden in akzentuierter Form zusammengefasst.

▶   *Phase 1: Definition*

Als wichtiger Punkt für die Formung einer Wissensbasis stellte sich in der Praxis die Auswahl der Partnerunternehmen heraus. Basierend auf den Kompetenzen der drei größeren Projektpartner konnte in der ersten Projektphase eine Aufstellung des für die Projektlösung notwendigen Wissens erstellt werden. In Vorstudien wurde hierzu der Stand der Technik für kryogene Wasserstoffspeicherung festgestellt sowie die wichtigsten Forschungspartner identifiziert. Durch gezielte Ansprache führender Unternehmen konnte der Kreis der Projektpartner so erweitert werden. Gleichzeitig erfolgte bereits in dieser frühen Phase eine erste Recherche der möglichen Wissensmanagement-Instrumente. Auch ein erster Dialog mit den wichtigen internen und externen Interessens-

189

gruppen wie den Förderträgern, Partnerunternehmen und externen Experten wurden durchgeführt.

▶ *Phase 2: Planung*

In der Planungsphase konnte ein zügiger Aufbau des Projektteams erreicht werden, wodurch die Recherchemöglichkeiten und der Zugriff auf themenrelevantes Wissen größer wurde. Während der Planung der Projektprozesse wurde das Wissensmanagement in den Projektstrukturen verankert. Als Projektsprache kristallisierte sich eine Einigung auf Englisch heraus. Alle Regeln zur Zusammenarbeit innerhalb des Projektes sind in einem Dokument zusammengefasst worden (Englisch: „Housekeeping-Rules"). Zur Unterstützung der Kommunikation wurden die Ansprechpartner in Kontaktlisten erfasst. Auf Basis dieses Verzeichnisses konnten in weiteren Schritten durch Erweiterung der Liste um die Kompetenzfelder der Kontaktpersonen ein Expertenverzeichnis erstellt werden.

▶ *Phase 3: Durchführung*

Ein Schwerpunkt während der Phase der Durchführung des Projektes war zu Beginn die Förderung eines gegenseitigen Wissensaustausches. Neben dem Ermöglichen eines virtuellen Kontaktes über die Online-Plattform war vor allem die Durchführung von mehreren Workshops mit den Experten als Startveranstaltung von Bedeutung. Dadurch konnte das gegenseitige Verständnis und Wissen um die Expertise der beteiligten Partnerunternehmen gesteigert werden. Insbesondere technische Präsentationen, Führungen durch die Labore der Partnerunternehmen trugen zum Aufbau des Vertrauens unter den Projektteilnehmern bei. Dabei hat es sich bewährt, die Bereitschaft die eigenen Forschungsergebnisse zu teilen, durch die Beispielfunktion der großen Partnerunternehmen zu initiieren. Es konnte festgestellt werden, dass mit wachsendem Projektfortschritt die Dokumentation des neu entwickelten Wissens immer wichtiger wurde. Dies konnte durch die Aufbereitung von Zwischenberichten und Nutzung der Wissensmanagement-Software erreicht werden. Auf Basis dieser Strategie konnte auch ein gleichmäßiger Transfer des Wissens zwischen den Arbeitspaketen erreicht werden. Dies war vor allem durch die parallele Bearbeitung der Aufgaben notwendig, um so z. B. die Bauteilkonstruktion mit dem Fortschritt der Entwicklung der neuen Fertigungstechnologien abzustimmen.

▶ *Phase 4: Abschluss*

Während der Abschlussphase des Projektes rückte die Notwendigkeit, qualifizierte Abschlussberichte zu erstellen in den Vordergrund. Durch das Wissensmanagement war es in dieser Phase möglich, auf das dokumentierte Wissen des Projektes zuzugreifen und die Projektberichte zusammenzustellen. Durch die Realisierung von gemeinsamen Erfolgen wie der Demonstration von Prototypen oder Veröffentlichungen konnte des Weiteren die Motivation der Projektteilnehmer in der Endphase gesteigert werden.

▶ *Phase 5: Nachbearbeitung*

Nach Abgabe der Abschlussberichte und Ende der Projektarbeit erfolgte die Auflösung der Projektstruktur und die Projektmitarbeiter wurden in den Partnerunternehmen für neue Aufgaben eingesetzt. Um den gegenseitigen Kontakt und Austausch aufrecht zu erhalten, konnte die Wissensmanagement-Plattform weiter betrieben werden. Zusätzlich wurden die Inhalte der Plattform den Partnerunternehmen in einer DVD zur lokalen Installation zur Verfügung gestellt. Dies dient auch dem unternehmensinternen Wissenstransfer und soll die Nutzung des Wissens für eigene Projekte fördern.

6. Analysen und Erfahrungen aus dem Projektverlauf

6.1. Aufbau der Auswertungen

Eine universelle Abschätzung des Nutzens stellt sich in Ermangelung eines allgemein anerkannten, passenden Bewertungskonzeptes für den Erfolg von Wissensmanagement schwierig dar. Zwar gibt es verschiedene Ansätze in der Literatur wie z. B. die Aufstellung von Wissensbilanzen[208] oder die Anwendung von „Balanced Scorecard"[209] auf das Wissensmanagement. Eine allgemeingültige und für F&E-Projekte geeignet beschriebene Lösung des Bewertungsproblems zeichnet sich jedoch bisher noch nicht ab. Eine Möglichkeit ist sicherlich, den Erfolg an eigenen Kriterien zu messen. Eine Bewertung kann z. B. anhand einer Abschätzung der quantifizierbaren, als auch einer qualifizierbaren Verbesserung des Projektergebnisses im Vergleich zum fiktiven Fall, dass das Projekt ohne Wissensmanagementkonzept durchgeführt worden wäre, stattfinden. Für das vorliegende Projekt wurden deshalb mehrere Bewertungsmöglichkeiten gesammelt. Zum einen werden die Projektergebnisse aufgezeigt, um

---

208 Eine Wissensbilanz zeigt das intellektuelle Kapital einer Organisation und erfasst so das immaterielle Kapital eines Unternehmens. Siehe z. B. BMWA, Wissensbilanz – Made in Germany auf www.wissenmanagen.net

209 „Balanced Scorecard" ist ein Konzept zur Dokumentation der Ergebnisse aus Messungen der Aktivitäten eines Unternehmens. Im Fall von Wissensmanagement wird das Konzept auf die Ressource Wissen angewandt. Ausarbeitung hierzu siehe Kaps, G. (2001), S. 1 ff. und Haasis, H. (2004), S. 40 f.

Rückschlüsse und eine eigene Interpretation zuzulassen. Zum anderen werden die Ergebnisse einer bei den Teilnehmern durchgeführten Umfrage zur Einschätzung des Wissensmanagements im Projekt präsentiert und durch objektive Statistiken ergänzt. Schließlich wird der Versuch unternommen, ein kurzes Fazit über die Einschätzung der Bewertungen aus Sicht der einzelnen Projektbeteiligten zu ziehen.

6.2. Analyse des Forschungserfolges

Das Projektziel, ein virtuelles Modell eines Freiform Tanks zu entwickeln wurde erreicht. Zusätzlich zum CAD Modell wurde ein funktionsloser Demonstrator für Ausstellungszwecke aufgebaut (siehe Abbildung 57). Als weitere Ergebnisse liegen nach Projektende die Versuchsergebnisse für die Materialeigenschaften der verwendeten Leichtbaumaterialien für die Belastungsfälle bei tiefkalten Temperaturen vor.

Abbildung 57:   Demonstrator des Leichtbau Freiform Tankkonzeptes

Quelle: BMW Group

Weitere Erfolge können im Bereich der Erforschung der Herstellungsverfahren, insbesondere der metallischen Beschichtung des Innentanks als Wasserstoff-permeationssperre verbucht werden. Durch den Aufbau der zylindrischen Prototypen (Exemplarisch Prototyp 1, siehe Abbildung 58) bereits während der frühen Phase des Projektes konnten die Technologien und Materialien verifiziert werden, sowie wichtige Wissenstransfers zwischen den Konstrukteuren und den Mitarbeitern der Fertigung realisiert werden.

Abbildung 58:   Zylindrischer Prototyp Außentank

Quelle: Magna Steyr

Im Vergleich zu den bei Projektstart als Stand der Technik herangezogenen zylindrischen Stahltanks können wesentliche Verbesserungen verzeichnet werden. Die Leistungsdaten des entwickelten Tanksystems werden damit erstmals vergleichbar mit den automobilen Anforderungen der Serie für herkömmliche Benzintanks. Zusammenfassend können die folgenden Punkte für das Ergebnis der F&E-Aktivitäten aufgeführt werden.[210]

- Neuer Typ von vakuumisolierten Flüssigwasserstofftanks. Nutzung von Leichtbaumaterialien wie faserverstärkte Kunststoffe mit metallischen Beschichtungen als Permeationssperre unter tiefkalten Bedingungen
- Erhöhung der Speicherdichte durch Gewichtsreduzierung des Tanksystems um ca. 66% im Vergleich zum Referenzsystem aus Stahl
- Höhere Integration der Hilfssysteme, dadurch weitere Raumeinsparung
- Freiform Konstruktion ermöglicht Anpassung an den Bau-Raum im Fahrzeug

6.3. Analyse des Einsatzes des Wissensmanagement-Instrumentariums

In einer Umfrage am Ende der Hauptprojektaktivitäten im September 2007 wurden in einem Fragebogen Daten zur Evaluierung des Wissensmanagement-konzeptes erhoben. Die Umfrage wurde von allen zehn Partnerunternehmen beantwortet, von einigen Unternehmen liegen aus eigenem Interesse an der Thematik mehrere Rückläufe vor, die zusätzlich zur Antwort des Hauptan-sprechpartners berücksichtigt wurden. Somit liegen 16 auswertbare Fragebögen vor, das entspricht 100% Antworten der Unternehmen.

---

210 Vgl. Strubel, V. (2008), S. 16 ff.

6.3.1. Grund zur Teilnahme der Unternehmen am Förderprojekt

Der einführende Teil des Fragebogens beschäftigt sich mit den Beweggründen, die die Organisationen dazu veranlasst haben, am Projekt teilzunehmen. Den Teilnehmern sind insgesamt zehn Antwortmöglichkeiten vorgegeben, die sie entsprechend ihrer Einschätzung gewichten können. Wie in Abbildung 59 zu erkennen ist, stellt die Bündelung des Experten-Wissens unterschiedlicher Herkunft den größten Anreiz dar. Außerdem will ein Großteil der Unternehmen die Entwicklung im zukunftsträchtigen Markt der Wasserstofftechnologie beobachten und mit Wissenschaftlern in diesem Gebiet zusammenarbeiten. Somit kann festgestellt werden, dass hauptsächlich Wissensgründe den Ausschlag für die Teilnahme gegeben haben. Die finanzielle Förderung durch die EU oder auch die Nutzung freier Ressourcen innerhalb des Unternehmens standen nicht im Vordergrund.

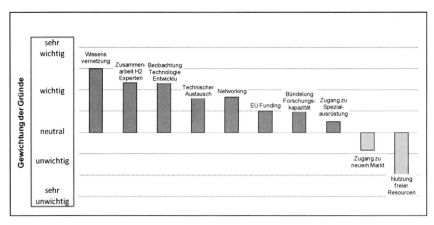

Abbildung 59:   Gründe für die Teilnahme am Projekt StorHy

Quelle: Eigene Darstellung (n =16)

6.3.2. Erfolgsmerkmale im Projekt

Im folgenden Umfrageteil werden die Teilnehmer gefragt, einzuschätzen, inwiefern einzelne der eingesetzten Instrumente im Vergleich untereinander zum Gelingen des Projektes beigetragen haben. Dabei wird in der Bewertung unterschieden, ob der jeweilige Einflussfaktor als relevant eingeschätzt wird und im zweiten Schritt wie das Projektteam die tatsächliche Umsetzung der jeweiligen Maßnahme im Projekt evaluiert. Aus diesen beiden Einschätzungen wird schließlich der Beitrag des Instruments zum Projekterfolg abgeleitet.

Bei der Auswertung liegt die Funktionalität der Online Plattform, das gute Kooperationsklima und der Raum für Wissensmanagement in Besprechungen auf den vorderen Plätzen. Des Weiteren wird die einfache Kontaktmöglichkeit zu den Experten und die nicht zuletzt daraus resultierende Qualität des Wissenstransfers innerhalb des Projektes als wichtig gesehen. Die Möglichkeit des einfachen Datenaustausches und die notwendigen Regelungen für eine gemeinsame Sprache werden hingegen zwar als sehr relevant betrachtet, erhalten in der Umsetzung aber lediglich eine neutrale Bewertung. Ein Hinweis, dass sich das Projektteam an dieser Stelle noch mehr Aktivität hätte vorstellen können. Auch genannt wurden zu diesen Punkten die Verwendung und gute Kommunikation der Elemente der Projektsteuerung wie Meilensteine oder Terminpläne, sowie die durch das Wissensmanagement unterstützte hohe Geschwindigkeit der Entscheidungen.

Die Einschätzung der Wissensmanagement-Instrumente durch die Teilnehmer ist in Tabelle 19 dargestellt. Die Zusammenstellung basiert auf der Auswertung des Fragebogens aus Anhang 2. Hierzu sind neun für das Wissensmanagement relevante Punkte aus dem Abschnitt „II. Project Aspects" ausgewählt. Die Beantwortung der Projekt-Teilnehmer erfolgt anhang einer Skala in fünf Schritten von „sehr niedrig" bis „sehr hoch" getrennt für die Einschätzung der Relevanz des Wissensensmanagement-Instruments für den Projekterfolg und die Einschätzung der Qualität der Durchführung des Instruments innerhalb des Projektes. Aus den 16 Rückläufern ist ein Durchschnitt gebildet.

Tabelle 19:   Einschätzung der eingesetzten Wissensmanagement-Instrumente durch die Projekt-Teilnehmer

Quelle: Eigene Darstellung (n=16) nach Jattke, A. / Lorenz, S. (2008), S. 91.

#	Eingesetzte Wissensmanagement-Instrumente	Relevanz für den Projekterfolg	Evaluation der Durchführung
1	Online Plattform	↗	↑
2	Kooperationsklima	↑	↗
3	Besprechungen	↗	↗
4	Einfache Kontaktmöglichkeit zu Experten	↗	↗
5	Qualität des Wissenstransfers	↗	↗
6	Einfachheit des Datenaustauschs	↑	→
7	Gegenseitiges Verständnis und Sprache	↑	→
8	Meilensteine und Terminpläne	↗	→
9	Geschwindigkeit der Entscheidungen	↗	→

sehr hoch ↑   hoch ↗   neutral →   niedrig ↘   sehr niedrig ↓

6.3.3. Aufteilung der Projektarbeitszeit

Um einen Einblick in die Arbeitsweise der Projektmitarbeiter zu erhalten, wird die Aufteilung der Arbeitszeit nach eigener Einschätzung der Teilnehmer ausgewertet. Wie in Abbildung 60 zu sehen ist, wird fast ein Drittel der Arbeitszeit damit verbracht, Berichte vor- und nachzubereiten. In Besprechungen und bei der theoretischen Forschung verbringen die Projektmitarbeiter insgesamt weitere 34%. Dies sind die Bereiche, bei denen ein effektives Wissensmanagement eine bessere Nutzung der Arbeitszeit verspricht. Durch die Bereitstellung von entsprechenden Instrumenten kann hier z. B. durch die leichtere Zugänglichkeit und Verteilbarkeit von Wissen die Effizienz des Arbeitens gesteigert werden.

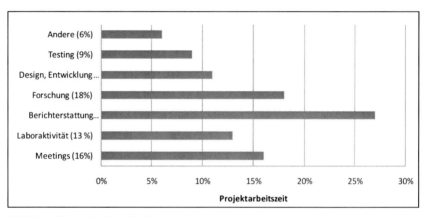

Abbildung 60:   Aufteilung der Projektarbeitszeit

Quelle: Eigene Darstellung (n=16)

6.3.4. Verwendete Kommunikationsmittel

Bei der Analyse der verwendeten Kommunikationsmittel fällt auf, dass die Informationstechnologie immer weiter Einzug in die Arbeitswelt hält. Den größten Anteil an der Kommunikation hat die Versendung von E-Mails. Auch Telefongespräche und tatsächliche Treffen sind beliebte Mittel, um mit den Kollegen zu kommunizieren oder das Wissen zu transferieren. Die bei diesem Projekt eingesetzte Online-Plattform wird nach Angaben der Teilnehmer in circa 20% der Fälle zur Kommunikation genutzt. Das theoretische Ziel, die gesamte E-Mailkommunikation auf die Internetplattform zu verlagern konnte somit nicht erreicht werden. E-Mails stellen nach wie vor ein leicht verfügbares und allgegenwärtiges Kommunikationsmittel im Unternehmensalltag dar. Es kann aber festgestellt werden, dass die Veröffentlichung nicht zuletzt auf wiederholtes

Drängen der Projektleitung zumindest in wichtigen Auszügen nachgeholt wurde. Sowohl bei der Identifikation von Experten und Wissen, als auch bei dessen Speicherung, Transfer und Suche ist die Plattform laut Projektmitgliedern das am häufigsten genutzte Medium. Einzig bei der Beschaffung von externem Wissen werden Quellen wie das Internet, Experten Interviews oder der direkte Kontakt auf Konferenzen häufiger genannt.

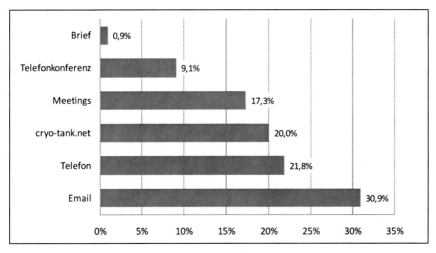

Abbildung 61:　Verwendung der Kommunikationsmittel

Quelle:　　　　Eigene Darstellung (n=16)

6.4.　Online-Plattform und Benutzerverhalten

Die virtuelle Wissensmanagementplattform im Internet spielt für die Wissensmanagementstrategie im Beispiel eine wichtige Rolle. Aufgrund der unternehmensübergreifenden Strukturen und des technikaffinen Projektteams war es möglich, die Wissensarbeit durch die Online-Plattform im Internet gut zu unterstützen. Es scheint daher möglich, aus der Analyse der Statistiken von dieser Wissensmanagementsoftware Rückschlüsse auf das Verhalten der Nutzer sowohl im Laufe des Projektes als auch über das allgemeine Verhalten der Anwender zu erhalten.

6.4.1. Analyse der Verzeichnisstruktur

Wie bei der Beschreibung der Funktionen verwendeten Software dargestellt, können Informationen in einer oder mehreren Kategorien gespeichert werden.

Bei der Analyse der so entstandenen Verzeichnisstruktur war vor allem von Interesse, in welchen Kategorien die meisten Informationen abgelegt wurden. Insgesamt befinden sich in der Datenbank etwa 1450 Informationen, so wie circa 2000 Dateianhänge in ungefähr 500 Kategorien. Die archivierte Größe aller Dateien beträgt insgesamt etwa 2 GB. Dabei wurde jede Information in durchschnittlich 2,5 Kategorien abgelegt. Interessant ist hier die hohe Anzahl der Kategorien, in denen entweder keine oder nur eine Information abgelegt wurde. Dies spricht dafür, dass die zu Projektbeginn vordefinierte Struktur nicht in allen Bereichen den Anforderungen der Benutzer entsprach, diese aber sehr wohl in der Lage waren, die Kategorien Ihren Wünschen anzupassen. Abbildung 62 gibt einen Überblick über die Nutzung der Kategorien.

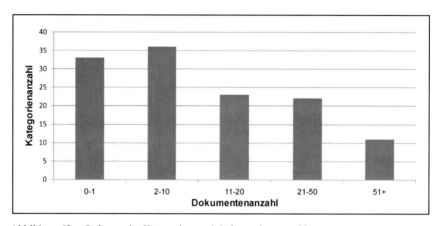

Abbildung 62:   Ordnung der Kategorien nach Informationsanzahl

Quelle: Eigene Darstellung (n=16)

6.4.2. Analyse der Nutzungsgewohnheiten

Bei der Untersuchung der zeitlichen Nutzung der Plattform wurde insbesondere auf zwei Dinge geachtet. Die Nutzung über den Verlauf des Projekts gesehen, sowie die durchschnittliche Nutzung auf die Tageszeiten bezogen. Ziel war es hierbei, festzustellen, ob sich die Nutzungsintensität der Plattform am Verlauf des Projektes orientiert. Außerdem galt es herauszufinden, ob die Zugriffe zu den normalen Bürozeiten erfolgten oder auch außerhalb. Für diese Auswertungen wurden die Logfiles[211] der Software ausgewertet.

---

211 Ein Logfile ist im IT-Bereich ein automatisch erstelltes Protokoll der Aktivitäten des Software oder des Systems.

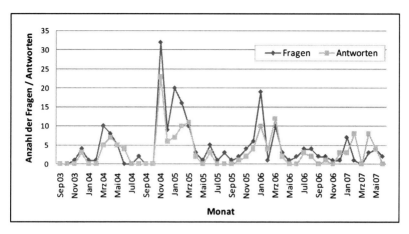

Abbildung 63:   Nutzung der Software im Projektverlauf: Fragen/Antworten

Quelle: Eigene Darstellung

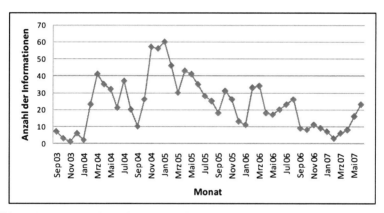

Abbildung 64:   Nutzung der Software im Projektverlauf: Informationen

Quelle: Eigene Darstellung

Insgesamt kann festgestellt werden, dass die Online-Plattform gut angenommen wurde. Abbildung 63 zeigt den Verlauf der Veröffentlichung im Bereich Fragen und Antworten. In den Monaten März 2004, November 2004 bis Januar 2005 sowie im Januar 2006 sind Spitzen zu sehen. Diese sprunghaften Anstiege in der Nutzung der Kommunikationsfunktionen stehen zeitlich in direktem Zusammenhang mit wichtigen Ereignissen im Projekt. Im März 2004 wurde eine Vorstudie angefertigt, zum Jahreswechsel 2004 auf 2005 begann der Bau des ersten Prototyps und im Dezember 2005 wurde mit dem Aufbau des zweiten

Prototyps begonnen. Diese Korrelation ist auch in der Anzahl der veröffentlichten Informationen, wie in Abbildung 64 zu sehen ist, aufzufinden. Gegen Ende der Hauptaktivitäten des Projektes im September 2007 ist nochmals ein Anstieg der Aktivität zu erkennen, der mit den anstehenden Aufgaben zur Erstellung des Projektabschlussberichts zu erklären ist.

Von Interesse ist auch die Nutzung der Plattform im Tagesverlauf. Es war zu überprüfen, ob sich bei einer Internetplattform durch die 24 Stunden Erreichbarkeit die Arbeitsgewohnheiten der Projektteilnehmer ändern. Bei lediglich von den Arbeitsplätzen im Unternehmen erreichbaren Wissensmanagementsystemen ist zu erwarten, dass die meisten Zugriffe auf die Datenbank zu den üblichen Bürozeiten zwischen 8:00 Uhr und 16:00 Uhr erfolgen. Wie in Abbildung 65 zu erkennen ist, trifft diese Arbeitsweise jedoch auch auf den vorliegenden Fall zu, obwohl die Technologie eine höhere Flexibilität erlauben würde. In der Kernarbeitszeit wurden 75% der Zugriffe getätigt, weitere 14% fanden bis 20:00 Uhr statt. Dieses Verhalten ist wegen der gängigen Überstundenregelungen auch zu erwarten. Die Zugriffe außerhalb der üblichen Bürozeiten betrugen somit 11%. Diese Zugriffe sind unter Umständen auf die Vor- und Nachbereitung von Workshops und Besprechungen zurückzuführen und sind eventuell mit Hilfe von mobilen Geräten von unterwegs beziehungsweise aus dem Hotel erfolgt.

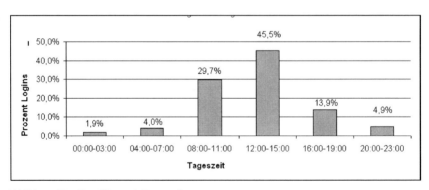

Abbildung 65:   Zugriffe nach Tageszeit

Quelle: Eigene Darstellung

In der Umfrage unter den Teilnehmern des Projektes wurde ebenfalls nach der Einsatzhäufigkeit der Online-Plattform für bestimmte Anwendungsfälle gefragt. Die Antworten sind in Abbildung 66 aufgezeigt. Auffallend ist, dass mit der Verteilung von Berichten und der Datenspeicherung zwei Schwerpunkte gesehen werden, die tendenziell eher mehr in die Informationsverarbeitung eingestuft werden können. Zum einen erscheint das logisch, da eine Vielzahl von derartigen Ereignissen im Projektalltag erwartet werden können und diese Tätigkeiten den Mitarbeitern so verstärkt im Gedächtnis sind. Zum anderen zeigt

200

dies, dass noch weitere Entwicklungen der Funktionalitäten von Wissensmanagement Software notwendig sind, um die Bedürfnisse der Wissensmanager zu treffen.

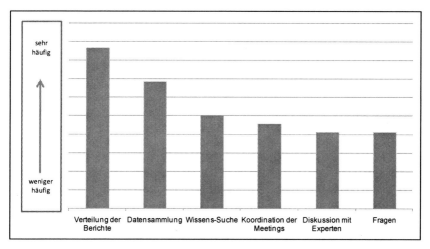

Abbildung 66: Einsatzhäufigkeit der Online Plattform nach Art der Benutzung

Quelle: Eigene Darstellung (n=16)

6.5. Analyse aus dem Blickwinkel der Projektbeteiligten

Am Gelingen des Forschungsprojektes sind eine Vielzahl von Personen beteiligt. Die Wahrnehmung bezüglich des Nutzens des Wissensmanagementkonzeptes ist geprägt vom Blickwinkel der Beteiligten. Im Folgenden soll eine kurze Charakterisierung basierend auf den Erfahrungen, Auswertung der Umfrage, sowie theoretischen Überlegungen erfolgen. Durch diese Abschätzung wird deutlich, dass Wissensmanagement eine ausgewogene Herangehensweise und ein umfassendes Konzept braucht, um erfolgreich zu sein. Eine z. B. nur für die Teilnehmer optimierte Version, lässt mit Sicherheit die Interessen der Öffentlichkeit außen vor.

6.5.1. Projektleitung

Aus Sicht der Projektleitung ergibt sich ein Vorteil aufgrund der erfolgten konsequenten Begleitung der Projektmanagement- und Forschungsaktivitäten durch die Wissensmanagementmethoden. Die systematische Dokumentation unterstützt die Qualität und die Termintreue bei der Erstellung von Berichten.

201

Durch die strukturierte Herangehensweise an den Aufbau der Wissensbasis und den permanent erfolgten Wissenstransfer wird eine verbesserte Nutzung der Wissensressourcen erreicht. Während des Projektes wirken sich die klaren Kommunikationswege und Informationsprozesse positiv auf die Koordination im Projekt aus.

6.5.2. Teilnehmer

Für die Projektteammitglieder stehen der effiziente Wissensaustausch, der schnelle Zugriff auf aktuelle Dokumente über die Online-Plattform, sowie die transparente Information über Forschungsaktivitäten und Projektmanagement im Vordergrund. Außerdem wird die zuverlässige Identifikation und schnelle Kontaktmöglichkeit über die Expertenprofile als positiv empfunden. Dies wird auch durch die klare Regelung über die Kommunikationswege und Sprache unterstützt. Auch genannt werden können an dieser Stelle der den Wissenstransfer, die Wissensnutzung und Wissensentwicklung fördernde geschaffene virtuelle und reale Raum für Wissensmanagement, der eine Konzentration auf eine strukturierte Projektarbeit ermöglicht.

6.5.3. Partnerunternehmen

Den Unternehmen steht das Projekt als Quelle zum Wissenserwerb zu Verfügung. Es besteht hier die Chance, während des Projektes die eigene Wissensbasis im Bereich flüssig Wasserstoff (LH_2) Tanks zu vergrößern. Vergleichbar mit dem Wissensmanagement in Unternehmensnetzwerken liegt Potential zur Steigerung der Effizienz in der Koordination der Projektarbeit durch die Zusammenarbeit der unternehmensübergreifenden Forschungsaktivitäten.[212] Bereits während des Projektes wird der Transfer des Wissens in das eigene Unternehmen gefördert. Als positiv wird auch die im Ansatz integrierte sofortige Nutzungsmöglichkeit des gewonnen Wissens empfunden. Durch die im Projektverlauf immer wieder realisierten Zwischenerfolge in Form von Publikationen, Demonstratoren, Prototypen, Presseberichten oder Versuchsberichten, werden der Erfolg des Wissensmanagements sichtbar und der Aufwand gerechtfertigt.

6.5.4. Förderträger

Aus Sicht der Förderträger der EU, die in diesem Projekt von den Vertretern der Europäischen Kommission repräsentiert wurden, ist unter anderem der klar geregelte Ansprechpartner für Wissensfragen anzumerken. Außerdem war es zu

---

212 Vgl. Probst, G. / Raub, S. / Romhardt, K. (2003), S. 96.

jedem Zeitpunkt möglich, auf Anfragen bezüglich der Nachvollziehbarkeit von Entscheidungen und der Dokumentation des Wissens zu antworten. Dem Anliegen der öffentlichen Vertreter nach Veröffentlichungen mit den Ergebnissen und zusätzlicher Schulungsmaßnahmen für interessierte Experten konnte entsprochen werden.

6.5.5. Öffentlichkeit

Das Interesse der Öffentlichkeit lässt sich kurzfristig auf eine adäquate Information und langfristig auf der Realisierung von qualitativ hochwertiger Forschung fokussieren. Gute Forschungsergebnisse kommen nach der Umsetzung in Produkten der Allgemeinheit zu Gute. Im täglichen Umgang spielt aber sicherlich die Befriedigung der Neugier über den Stand der Technik eine größere Rolle. Über die Webseite, Presseberichte und Artikel in Zeitschriften wurde dieser Zugang zu den Ergebnissen realisiert. Das Interesse an öffentlichen Veranstaltungen war erwartungsgemäß groß.

6.5.6. Externe Experten

Die externen Experten profitieren ebenfalls von einem strukturierten Wissensmanagement. Neben der Teilnahme an vom Konsortium organisierten Fachvorträgen, spielten hier der Austausch auf wissenschaftlichen Kongressen und die veröffentlichten Publikationen eine große Rolle.

6.6. Einschätzung der Gewichtung der Gestaltungselemente der Fallstudie

6.6.1. Grundlage der Untersuchung

Zur ganzheitlichen Gestaltung des Wissensmanagements ist ein umfassender Einsatz der in dieser Arbeit vorgestellten Gestaltungselemente notwendig. Bei der Umsetzung im vorliegenden Fallbeispiel waren dementsprechend viele Elemente zu berücksichtigen und wurden, wie in diesem Kapitel gezeigt, auch eingesetzt. Bei den Betrachtungen zur Fallstudie hat sich jedoch gezeigt, dass einigen Gestaltungselementen eine höhere Bedeutung zugemessen werden konnte. Die Einschätzung hierzu beruht auf den Erfahrungen während der teilnehmenden Beobachtung am untersuchten Projekt. Ziel der Untersuchungen kann es dabei nicht sein, eine allgemeingültige Rangfolge der Wertigkeit dieser Elemente zu bilden. Dies würde unter Umständen ein falsches Signal an die Praxis senden, dass durch die Konzentration auf wenige Gestaltungselemente oder gar die Betonung einer einzelnen Dimension bereits ein Wissensmanagement- Erfolg erreicht werden könnte. Dies wäre aus Sicht eines ganzheitlichen, ausbalancierten Wissensmanagement nicht gewünscht. Des Weiteren unterliegt die Untersuchung der Einschränkung, dass die Gestaltungselemente nur innerhalb der jeweiligen Gestaltungsdimension bewertet wurden, da eine Bewertung über die Dimensions-Grenzen hinweg aufgrund der bereits angesprochenen Ganzheitlichkeit nicht günstig erscheint. Als Resultat der Untersuchung wird demnach eine Rangfolge der Gestaltungselemente jeweils innerhalb einer Dimension als Erfahrungswert aus dem Fallbeispiel zur Verfügung stehen.

▶ *Bildung der Rangfolge*

Die Rangfolge symbolisiert die Gewichtung der Elemente in Bezug auf den Beitrag zur Umsetzung der Gestaltung der jeweiligen Dimension Technik, Organisation oder Mensch. Die Gewichtung soll sich hierbei aus einer eigenen Bewertung aufgrund der Erfahrungen aus der teilnehmenden Beobachtung an der Fallstudie ergeben. Als Basis der Bewertung kann ein direkter, paarweiser Vergleich der Faktoren herangezogen werden. Es ist deshalb notwendig, ein multikriterielles Entscheidungsverfahren anzuwenden.

▶ *Multiattributive Verfahren (MADM)*

Einsatzfeld von multiattributiven Verfahren ist die Bewertung von vorab bekannten Kriterien im Hinblick auf eine definierte Zielvorgabe.[213] „Multi Attribute Decision Making"- Verfahren (MADM-Verfahren) ermöglichen es, Rangfolgen durch Bildung eines Indizes aus den Daten der Entscheidungsalternativen zu bilden. Innerhalb der Gruppe der MADM-Verfahren, sind für den vorliegenden Fall aufgrund der Möglichkeit auch qualitativ vorliegende Daten durch gegenseitigen Vergleich zu bewerten, zwei Verfahren besonders geeignet: die Nutzwertanalyse und das „Analytic Hierarchy Process"-Verfahren.[214] Die Nutzwertanalyse ist zwar generell universell anwendbar, neigt aber aufgrund der Einfachheit der Skala und Methodik zu Schein-Genauigkeiten und ist anfällig für subjektive Manipulationen.[215] Aus diesem Grund wird dem AHP-Verfahren an dieser Stelle der Vorzug gegeben.

6.6.2. Systematik des AHP-Verfahrens

Der „Analytic Hierarchy Process" verfolgt die Grundidee, dass sich komplexe Zusammenhänge durch Abbildung in einer Hierarchie übersichtlich darstellen lassen.[216] Dadurch wird die Komplexität reduziert und die Gesamtaufgabe für den Einzelnen greifbarer. Für das untersuchte Fallbeispiel existiert die geforder-

---

213 Vgl. Eisenführ, F. / Weber, M. (1994), S. 112.
214 Vgl. Ossadnik, W. (1998), S. 22 ff.
215 Vgl. Brauchlin, E. / Heene, R. (1995), S. 180.
216 Vgl. Saaty, L. T. (1980), S.14.

te Hierarchie bereits in Form der Gestaltungsdimensionen und den Gestaltungselementen als Unterpunkten.

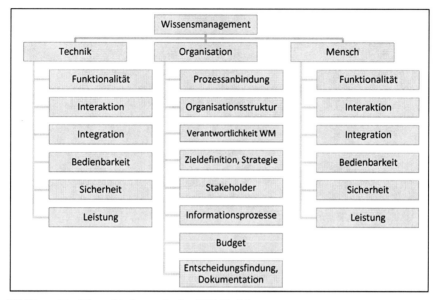

Abbildung 67:   Hierarchieebenen für das AHP-Verfahren
Quelle: Eigene Darstellung

▶   *Vorgehensweise*

Auf Basis der durch die Gestaltdimensionen und Gestaltungselemente definierten Hierarchie erfolgt die Bewertung der Kriterien durch einen paarweisen Vergleich.[217] Zur Bewertung des paarweisen Vergleichs wird die Skala aus Tabelle 20 verwendet. So werden die Beziehungen zwischen den Elementen der Hierarchieebene der Gestaltungsdimension hergestellt. Im Folgenden werden die Gewichte der Elemente berechnet. Als Ergebnis liegen die Rangfolgen der Gestaltungselemente vor.[218]

---

217 Vgl. Saaty, T. L. (2001), S. 1 ff.
218 Auf die vom AHP-Verfahren vorgesehene Konsistenzprüfung durch die Berechnung eines Konsistenzfaktors wird an dieser Stelle aus Gründen der praktischen Vereinfachung und der geringen Daten-Vielfalt verzichtet.

| Tabelle 20: | Skala für den paarweisen Vergleich |
| Quelle: | Saaty, L. T. (1980), S. 54. |

Skalenwert	Wichtigkeitsrelation zweier Unterziele	Erklärung
1	Gleich wichtig	Die Elemente i und j haben die gleiche Bedeutung im Hinblick auf das Bezugsobjekt (Indifferenz).
3	Etwas wichtiger	Erfahrungen und Einschätzung sprechen für eine etwas größere Bedeutung von i.
5	Spürbar wichtiger	Erfahrungen und Einschätzung sprechen für eine erheblich größere Bedeutung von i.
7	Viel wichtiger	Die sehr viel größere Bedeutung von i hat sich klar gezeigt.
9	Extrem wichtiger	Hier liegt der größte Bedeutungsunterschied zwischen i und j.
2, 4, 6, 8	Zwischenwerte	Falls Abstufungen getroffen werden sollen.

▶ *Berechnung*

Durch den paarweisen Vergleich der Elemente innerhalb einer Hierarchieebene erhält man eine Paarvergleichsmatrix. Diese stellt sich formal wie folgt dar.[219]

$$A = \begin{bmatrix} a_{11} & a_{1j} & a_{1n} \\ a_{i1} & ij & a_{in} \\ a_{n1} & a_{nj} & a_{nn} \end{bmatrix} mit \begin{array}{l} \forall i = 1,...,n \quad \forall i = 1,...,n \quad a_{ij} > 0 \\ \forall i = j \qquad\qquad\qquad\qquad a_{ij} = 1 \\ \forall i = 1,...,n \quad \forall i = 1,...,n \quad a_{ij} = a_{ij}^{-1} \end{array}$$

Das AHP-Verfahren berechnet aus den Paarvergleichsmatrizen die Rangfolge durch die Berechnung von Eigenvektor und maximalen Eigenwert nach einem vereinfachten Verfahren.[220] Hierzu kann folgender Ablauf verwendet werden.[221]

- Umwandlung der Werte in Dezimalzahlen
- Sukzessive Quadrierung der Matrix
- Bildung des Eigenvektors durch Berechnung der Reihensumme und Normalisierung
- Iteration der Quadrierung, bis der Unterschied zwischen zwei Rechenschritten
- minimal ausfällt

---

219 Vgl. Zelewski, S. / Peters, M. (2003), S. 1211.
220 Vgl. Saaty, L. T. (2003), S. 58 ff.
221 Vgl. Lütters, H. (2004), S. 213.

6.6.3. Ergebnisse der Analyse

Die Ergebnisse der Analyse sind in Abbildung 68 dargestellt. Die Berechnung der Rangfolge mit Hilfe der AHP-Methode ist in Anhang 1 abgelegt. Für den Wissensmanagement-Aspekt Technik kann man erkennen, dass die Funktionalität und Sicherheit der zur Verfügung gestellten Technologien eine große Rolle spielen.

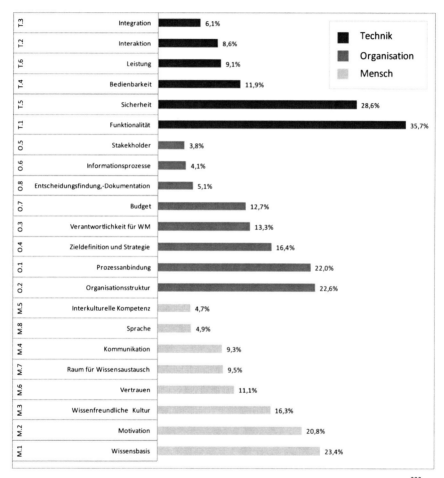

Abbildung 68: Gewichtung der Gestaltungselemente mit den Erfahrungen der Fallstudie[222]

Quelle: Eigene Darstellung

---

222 Bewertung aufgrund der Erfahrungen aus teilnehmender Beobachter.

Für den Themenbereich Organisation scheint die Organisationsstruktur, Prozessanbindung sowie die Zieldefinition und Strategie von Bedeutung. Für den Aspekt Mensch ist die Gestaltung der Wissensbasis wichtig, aber auch die Motivation, Kultur, Kommunikation und Vertrauen tragen wesentlich zur Realisierung bei.

7. Fazit der Fallstudie

Die vorliegende Fallstudie wurde als Einzelfallstudie (Intensivfallstudie) durchgeführt. Als Untersuchungsmethode kam die teilnehmende Beobachtung zum Einsatz. Gegenstand der Betrachtungen war das EU Projekt StorHy im Teilprojekt „Tiefkalte Wasserstoffspeicherung". Das Wissensmanagement wurde im Fallbeispiel mit Hilfe des im Rahmen dieser Arbeit entwickelten Gestaltungsansatzes für das Wissensmanagement in unternehmensübergreifenden F&E-Projekten im internationalen Umfeld abgebildet.

▶ *Anwendbarkeit des Gestaltungsatzes*

Für die praktische Anwendung des Gestaltungsansatzes kann ein positives Fazit gezogen werden. Der Ansatz kann die praktischen Gegebenheiten abbilden. Dies zeigt sich bereits durch den erfolgreichen Abgleich der theoretisch erarbeiteten Anforderungen mit den tatsächlichen Gegebenheiten im Projekt. Mit Hilfe des Rahmens aus den Dimensionen Technik, Organisation, Mensch und der Projektphasenabhängigkeit sowie des Einsatzes der Gestaltungselemente konnte das Wissensmanagement umgesetzt werden. Hierbei erwies sich die Gruppierung der Gestaltungselemente in die drei Gruppen „Gestaltungsbezogene Elemente", „Instrumentenbezogene Elemente" und „Treiber/Motivatoren" als hilfreich, um die Elemente für den Projektphasenabhängigen Einsatz zu gliedern und diese in der Folge an den dynamischen Projektverlauf angepasst, zu steuern. Über die Bewertung der Erreichung der Forschungsziele und Relevanz der Ergebnisse lässt sich ein positives Resümee für das Projekt ziehen. In einer Umfrage im Jahr 2007 am Ende der Hauptforschungsaktivitäten bewerteten die Projektteilnehmer die Projektergebnisse als sehr relevant und es wurde von geplanten oder sogar schon durchgeführten Umsetzungen des gewonnen Gewissens in eigene Produkte und Projekte berichtet (siehe Abbildung 69).

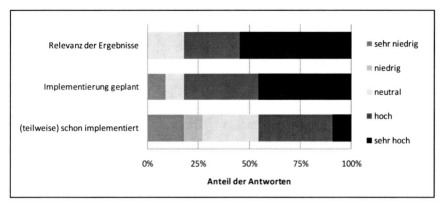

Abbildung 69: Evaluierung des Forschungserfolges durch die Projektteilnehmer
Quelle: Eigene Darstellung (n=16)

▶ *Internationale unternehmensübergreifende F&E-Projekte*

Das untersuchte Projekt bearbeitet einen Anwendungsfall für internationale unternehmensübergreifende F&E-Projekte. Für das Wissensmanagement können die in D.7 hierzu erarbeiteten Besonderheiten bestätigt werden. Aufgrund der räumlichen Distanz durch die internationalen Verteilung der Projekt-Partner wird eine virtuell geprägte Zusammenarbeit notwendig, dies kann durch die Nutzung einer Online-Plattform ausgestaltet werden. Die Definition von Englisch als gemeinsame Projektsprache und die Aufstellung eines Wörterbuches für technische Fachbegriffe bewährt sich im täglichen Umgang. Die Auswirkungen der kulturellen Unterschiede sind auch im Untersuchungsfall spürbar und müssen vom Wissensmanagement berücksichtigt werden. Eine differenzierte Interessenslage aufgrund der Konkurrenzsituation der Partnerunternehmen tritt auch im Beispiel auf, die Transparente Herangehensweise des vorgestellten Gestaltungsansatzes mit der klaren Definition der Rechte, Pflichten und Vorgehensweisen sowie einer offenen Kommunikation und Förderung des gegenseitigen Vertrauens kann hier die Wissensarbeit im Projekt unterstützen. Wie in der Theorie abgeleitet, ist im Arbeitsablauf die zentrale Dokumentation der Forschungsergebnisse und der Entscheidungen wichtig.

▶ *Fazit aus Sicht des Beobachters*

Das Wissensmanagement kann zu Projektbeginn dem Team helfen, den Einstieg in die Projektarbeit und das Forschungsthema zu finden. Im weiteren Verlauf kann durch die zentrale Dokumentation bei der Wissensgenerierung auf einen übersichtlichen, strukturierten Wissensbestand zurückgegriffen werden. Die Aktualität und Verteilung des Wissens ist so sichergestellt. Als positiv wird von den Projektteilnehmern ebenfalls die gute Nachvollziehbarkeit von Entscheidungen bewertet. Durch den Einsatz der beschriebenen Methoden wurde das Wissensmanagement in der Projektgruppe des Flüssigwasserstoff-Speichers über die Unternehmensgrenzen hinweg mit den ca. 60 Experten erfolgreich realisiert. Die Teammitglieder werden in ihrer Funktion als Teilnehmer eines virtuellen Forschungsnetzwerkes wesentlich bei ihren Aufgaben unterstützt. Ein positiver Effekt kann auch durch die hohe Verfügbarkeit von Informationen und Wissen, sowie durch die gute Kontaktmöglichkeit und Interaktionsmöglichkeit der Experten untereinander erreicht werden. Die Teilnehmer empfanden die Nutzung der Wissensmanagement-Möglichkeiten als Arbeitsentlastung und bemerkten eine deutliche Ressourceneinsparung bezüglich der Länge und Häufigkeit für persönliche Treffen. Die Online-Datenbank ist innerhalb der Projektlaufzeit auf ca. 2GB Datenmenge angewachsen. Es sind ca. 1400 Dokumente in Informationen, ca. 300 Dokumente in Fragen und ca. 100 Nachrichten als „Delivery Notes" verfasst worden. Dies repräsentiert alle im Projektverlauf erstellten Berichte und Präsentationen. Eine redundante Datenhaltung der einzelnen Projektteilnehmer am eigenen Arbeitsplatz war so nicht mehr notwendig. Nach Projektende wurde die Wissensplattform allen Projektteilnehmern als Kopie für eigene Zwecke zur Verfügung gestellt. Des Weiteren ist festzustellen, dass ein überwiegender Teil der Kommunikation zwischen den Projektteilnehmern direkt über die Funktionalität der Online-Plattform abgewickelt werden kann. Auf diese Weise können andere Personen bei Bedarf auf die Nachrichten zugreifen, was z. B. bei Benutzung von E-Mail nur den direkten Adressaten möglich gewesen wäre.

Insgesamt kann die Notwendigkeit des Einsatzes von Wissensmanagement und eines entsprechenden, F&E-Projekt-tauglichen Ansatzes bestätigt werden. Insbesondere verifiziert die Fallstudie die Relevanz der Anpassung der Wissensmanagementinstrumente an den dynamischen Projektverlauf. Eine pauschale Installation von Maßnahmen und Methoden wird demnach keinen Bestand haben. Ebenso erscheint eine bloße Reaktion auf veränderte Umwelt oder Projektbedingungen als nicht optimal, vielmehr ist eine dem Projekt- und Forschungsverlauf pro aktiv vorausgehende Anpassung der Wissensmanagementmethoden notwendig. Diesen Forderungen der Praxis können durch Anwendung des in dieser Arbeit vorgestellten Gestaltungsansatzes umgesetzt werden.

F. Zusammenfassung und Schlussbetrachtung

1. Aufbau des Kapitels

In diesem Kapitel wird eine abschließende Betrachtung der Arbeit vorgenommen. Dazu werden zunächst die wesentlichen Ergebnisse dieser Arbeit in akzentuierter Form zusammengefasst. Im Folgenden werden die Auswirkungen der Ergebnisse auf Forschung und Praxis dargelegt. Die Arbeit schließt mit einer Schlussbetrachtung zum Forschungsvorhaben. Die Struktur des Kapitels ist in Abbildung 70 dargestellt.

Abbildung 70:   Struktur von Kapitel F

Quelle: Eigene Darstellung

2. Zusammenfassung der Forschungsergebnisse

Die zentrale Zielsetzung der vorliegenden Arbeit ist es, einen Ansatz zu entwickeln, mit dem das Wissensmanagement für Forschungsprojekte gestaltet werden kann. Das Forschungsvorhaben fokussierte sich hierbei auf den Anwendungsfall unternehmensübergreifender Projekte mit der Beteiligung internationaler Unternehmen. An diese übergeordnete Zielsetzung schließt sich die Forderung nach einer empirischen Validierung des Gestaltungsansatzes im Rahmen einer Fallstudie für ein Praxisprojekt an. Die vorliegende Arbeit ist als ein Beitrag zur angewandten Wissenschaft zu sehen. Die Zielsetzung des Forschungsbeitrages wurde wie folgt formuliert:

Ziel der Arbeit ist die Entwicklung eines Gestaltungsansatzes für die Darstellung von Wissensmanagement in unternehmensübergreifenden Forschungs- und Entwicklungsprojekten (F&E-Projekten) im internationalen Umfeld.

Das Ziel des Forschungsvorhabends ist wie vorgesehen erreicht. Es kann ein Gestaltungsansatz für das Wissensmanagement in unternehmensübergreifenden Forschungsprojekten im internationalen Umfeld vorgestellt werden. Im Mittelpunkt des Ansatzes steht der Bezugsrahmen mit den Gestaltungsdimensionen Technik, Organisation und Mensch. Durch die Verwendung dieser

Dimensionen zur Gliederung des Wissensmanagements wird der Bezug zu bestehenden Ansätzen und Konzepten hergestellt. Für diese Arbeit wird dieser Bezugsrahmen um die Dimension der Projektphasenabhängigkeit erweitert, da aufgrund des dynamischen Projektverlaufes die Anwendung des Wissensmanagement-Instrumentariums in Abhängigkeit der Projektphase zu sehen ist.

▶ *Relevanz*

Die Anzahl der Publikationen im Themenbereich Wissensmanagement nimmt stetig zu und auch die Unternehmen erkennen verstärkt den Nutzen von professionellem Umgang mit der Ressource Wissen. Die Relevanz des Forschungsvorhabens leitet sich insbesondere aus der Bedeutung von Wissensmanagement für unternehmensübergreifende F&E-Projekte im internationalen Umfeld ab. Für Unternehmen spielt der Aufbau von Wissen in der Forschung und Entwicklung eine große Rolle. Wissen ist zu einem wichtigen Wettbewerbsfaktor geworden. Dies stellt für die Unternehmen die Motivation dar, über die Forschung und Entwicklung langfristig Wissen aufzubauen. Die F&E wird hier als dynamisches Umfeld wahrgenommen. In diesem Bereich durchgeführte Projekte kennzeichnet eine starke Wissensbezogenheit. Um dieser Rolle von Wissen als Erfolgsfaktor in der Projektarbeit gerecht zu werden, stellt sich für Unternehmen die Frage nach einer systematischen Herangehensweise an die Komponente Wissensmanagement.

Die Weiterentwicklung von Wissen ist hierbei wegen der Komplexität und Neuartigkeit der Fragestellungen in der Regel nicht auf die eigenen Unternehmensgrenzen beschränkt, sondern erstreckt sich auf Kompetenzfelder, die sich z. B. unter Einbeziehung von externen Dienstleistern oder Partnerunternehmen besser abbilden lassen. Hier zeigt sich, dass durch die unternehmensübergreifende Kombination von Expertenwissen die umfassende Bearbeitung einer Fragestellung ermöglicht werden kann. Im Forschungsprojekt ergänzen sich die Spezialisten mit Erfahrungen, Ausrüstung und z. B. auch Patenten. Positiv auf die Qualität der Wissensbasis kann sich auswirken, wenn das Einzugsgebiet der Partnerunternehmen und somit der Experten auf mehrere Länder ausgeweitet wird. In Anbetracht dieser Tatsachen, kann der Schluss gezogen werden, dass das untersuchte Themengebiet auch in Zukunft weiterhin große Bedeutung haben wird.

▶ *Stand der Forschung*

Das Forschungsvorhaben ist in den Themenbereich Wissensmanagement mit einem Schnittpunkt zum Projektmanagement einzuordnen. Während für beide Gebiete für sich jeweils sehr viele Publikationen und dementsprechend viele Konzepte in der Literatur zu finden sind, ist die Anzahl der Veröffentlichung für den Schnittpunkt gering. Für Wissensmanagement im Kontext von internationalen, unternehmensübergreifenden F&E-Projekten zeigt die Recherche keine bekannten Lösungen.

Der Schwerpunkt der etablierten Konzepte liegt auf der Diskussion von Konzepten zur Umsetzung von Wissensmanagement innerhalb von Organisationen. Aufgrund der weiten Verbreitung von Konzepten von z. B. der Wissensspirale nach Nonaka, I. / Takeuchi, H. (1997) oder den Wissensbausteinen nach Probst, G. / Raub, S. / Romhardt, K. (2003) kann aus den allgemeinen Konzepten jedoch eine begriffliche und konzeptionelle Grundlage abgeleitet werden. Daraus ergibt sich für „Wissen" die folgende Begriffsbestimmung: Wissen ist "die Gesamtheit der Kenntnisse und Fähigkeiten, die Individuen zur Lösung von Problemen einsetzen. Wissen stützt sich auf Daten und Informationen, ist im Gegensatz zu diesen jedoch immer an Personen gebunden"[223].

In Anlehnung an den Stand der Forschung wird weiterhin für die Arbeit Wissensmanagement als die Gesamtheit der personalen, organisatorischen, kulturellen und technischen Praktiken, die in einer Organisation bzw. einem Netzwerk auf eine effiziente Nutzung der Ressource "Wissen" zielen, verstanden. Es umfasst die Gestaltung und Abstimmung aller Wissensprozesse in einem Unternehmen. Dabei wird ein ganzheitlicher Wissensmanagement-Ansatz vertreten, der die Rahmenbedingungen und die strukturelle Ordnung einschließt. Die Recherche nach Wissensmanagement-Ansätzen aus dem Schnittpunkt zum Projektmanagement ergibt, dass sich die bestehenden Arbeiten insbesondere auf die Untersuchung von Fallstudien zu bestimmten Branchen konzentrieren. Weitere Publikationen bearbeiten Teilaspekte in Form von Vorschlägen z. B. zu technischen Instrumenten. Bei wenigen Autoren ist das Ziel eine branchenunabhängige oder eine vom Einzelfall übertragbare Aussage. Die Herausbildung eines allgemein gültigen, etablierten Ansatzes konnte jedoch noch nicht festgestellt werden.

▶ *Bestimmung eines Anforderungskataloges*

Zur Erarbeitung des Gestaltungsansatzes wird zunächst das Umfeld des Forschungsvorhabens bestimmt. Für die Bearbeitung der Fragestellung ergeben sich Implikationen aus den Bereichen des Projektmanagements, der Spezialisierung aufgrund der Themenstellung mit der Thematik eines unternehmensübergreifenden, internationalen Forschungsprojektes sowie dem aktuellen wirtschaftlichen Umfeld. Diese Untersuchungen bilden die Grundlage für den Anforderungskatalog.

---

223 Probst, G. / Raub, S. / Romhardt, K. (2003), S. 22.

Die Eckpunkte der Anforderungen sind:

- Allgemeine Anforderungen: Integration von Wissensmanagement in F&E-Projekte, Anpassungsfähigkeit an bestehende wissenschaftliche Wissensmanagement-Konzepte und Instrumente, Berücksichtigung der Interessensgruppen
- Implikationen aus dem Projektmanagement: Berücksichtigung der Organisationsstrukturen in Projekten , Beachtung der Ablauf- und Projektphasen, Integration der Elemente der Projektsteuerung, Ermöglichung von Simultaneous Engineering, Beachtung der Faktoren erfolgreicher Projektarbeit
- Implikationen aus dem spezifischen Umfeld der Themeneingrenzung: Berücksichtigung der Aspekte der unternehmensübergreifenden Kooperation, Internationalität und des Forschungsaspekts
- Implikationen aus dem aktuellen wirtschaftlichen Umfeld: Berücksichtigung der Wettbewerbssituation, des gesellschaftlichen Trends des 21. Jahrhundert und der aktuellen Veränderungen durch technischen Fortschritt

▶ *Herleitung des Bezugsrahmens*

Die Definition eines Bezugsrahmens soll eine Verknüpfung zu bestehenden Wissensmanagement-Konzepten ermöglichen und somit die vorliegende Arbeit in Bezug zum gegenwärtigen Entwicklungsstand von Wissensmanagement stellen. Aus dem Stand der Forschung wird hierzu das aktuelle und weit verbreitete Konzept der Dimensionen Technik, Organisation und Mensch übernommen. Aus dem Anforderungskatalog ergibt sich des Weiteren die zentrale Forderung nach einer Gestaltung des Wissensmanagements in Abhängigkeit des Projektfortschritts. Mit dieser Arbeit wird deshalb für Projekte zusätzlich die Dimension der Projektphasenabhängigkeit eingeführt.

▶ *Gestaltungsansatz für das Wissensmanagement*

Der Gestaltungsansatz baut konsequent auf der Struktur des Bezugsrahmens auf. Für die vier Gestaltungsdimensionen erfolgt zunächst eine Diskussion mit dem Ziel einer Konzeptionierung des Wissensmanagements unter Berücksichtigung des Anforderungskataloges. Die Ausführungen werden jeweils ergänzt durch die Auswahl eines als Gestaltungselemente bezeichneten Instrumentariums.

▶ *Technik*

Im Mittelpunkt der Dimension Technik stehen die Technologien für das Daten- und Informationsmanagement. Da angenommen werden kann, dass die Projektteilnehmer von Forschungsprojekten mit aktuellen EDV- und Internettechnologien vertraut sind bzw. zügig einen Bezug herstellen können, kann die

Betonung der Umsetzung der Gestaltung der Dimension Technik auf der Nutzung von IuK-Technologien gelegt werden. Der Kontext der unternehmens- übergreifenden Zusammenarbeit erfordert an dieser Stelle eine Strategie zur unternehmensnetzwerkübergreifenden IT-Struktur. Dem wird die Nutzung von Wissensmanagement-Software in Form von Online-Plattformen im Internet gerecht. Neben der technischen Interoperabilität ist der Aufbau virtueller, technischer Teamstrukturen auch durch die Definition geeigneter Daten- Austauschformate wichtig, um Systemgrenzen zu überwinden. Auf dieser strukturellen, technischen Basis kann im weiteren Schritt die für die Projektsitu- ation angemessene Funktionalität der Wissensmanagement-Software bestimmt werden. Insbesondere können hier die nachstehenden Punkte angeführt werden: Dokumenten-Management, Datenbanken, Expertenverzeichnisse, Kontaktlisten, Recherchefunktionen Diskussionsforen, Datensicherung, Kreativitätsunterstüt- zung oder Archivierung.

Für die Dimension Technik werden die folgenden Gestaltungselemente abgeleitet: Funktionalität, Interaktion, Integration, Bedienbarkeit, Sicherheit, Leistung.

▶ *Organisation*

Mittelpunkt der Gestaltung der Dimension Organisation sind die Aktivitäten, Prozesse und Rahmenbedingungen des Projektes. Wichtige Punkte für das Wissensmanagement sind dabei im Bereich des Projektes die Forschungsprozes- se, das Projektmanagement, die Wissensbasis und das Wissensmanagement. Als externe Beteiligte sind im Umfeld außerdem die Fördergeber, das Konsortium mit den Partnerunternehmen und die Öffentlichkeit bzw. externe Experten zu finden. Der Gestaltungsansatz regelt das Verhältnis dieser Akteure und begründet den Aufbau der Struktur der Organisation. Dazu werden zwei Wirkzusammenhänge definiert, hier als Schema I („Wissensbasis – Wissensma- nagement – Forschungsprozesse") und Schema II („Wissensbasis – Wissensma- nagement – Projektmanagement – Ziele und Kontrolle – Forschungsprozesse") bezeichnet. Außerdem werden die Schnittstellen zur Umwelt A („Konsortium"), B („Fördergeber") und C („Öffentlichkeit und Experten") eingeführt.

Für die Dimension Organisation werden die folgenden Gestaltungselemente abgeleitet: Prozessanbindung, Organisationsstruktur, Verantwortlichkeit für Wissensmanagement, Zieldefinition und Wissensmanagement-Strategie, Stakeholder, Informationsprozesse, Budget, Entscheidungsfindung und Dokumentation.

▶ *Mensch*

Mittelpunkt der Gestaltung der Dimension Mensch sind die Bedürfnisse, Einstellungen und Kenntnisse der Mitarbeiter. Bei den im Anwendungsfall vorliegenden Anforderungen einer unternehmensübergreifenden, internationalen Kooperation kommt es durch kulturelle Unterschiede zwischen den Projektteilnehmern potentiell zu Problemen bei der Zusammenarbeit. Durch die aktive Gestaltung der Dimension Mensch sollen die Auswirkungen abgeschwächt werden. Im Rahmen dieses Forschungsvorhabens wird der Bereich Mensch hierzu in drei wesentliche Bereiche gegliedert: Rahmen, Verhalten und Fähigkeiten. Durch die Gestaltung eines passenden Rahmens wird die Grundlage für die Wissensmanagement-Aktivitäten im Projekt geschaffen (Vertrauen, Wissensbasis, Raum für Wissensaustausch). Durch ein Einwirken auf die Projektmitarbeiter soll ein für das Wissensmanagement positives Verhalten der Projektteilnehmer erreicht werden (Motivation, Wissensfreundliche Kultur, Kommunikation). Durch den Aufbau von Fähigkeiten soll die Kompetenz der Mitarbeiter in Bezug auf die Dimension Mensch gesteigert werden (Sprache, Interkulturelle Kompetenz).

Für die Dimension Mensch wurden die folgenden Gestaltungselemente abgeleitet: Wissensbasis, Motivation, wissensfreundliche Kultur, Kommunikation, interkulturelle Kompetenz, Vertrauen, Raum für Wissensaustausch und Sprache.

▶ *Projektphasenabhängigkeit*

Ein Projekt existiert im Gegensatz zu einer Unternehmensorganisation nicht permanent, sondern wird auf Zeit gebildet. Projekte lassen sich üblicherweise in mehrere Phasen einteilen. Für F&E-Projekte konnte im untersuchten Fall eine Einteilung in folgende Phasen erfolgen: Definition, Planung, Durchführung, Abschluss und Nachbearbeitung. Diese Phasen des Projektes charakterisieren sich durch durchaus unterschiedliche Ausprägungen was die Schwerpunkte in den bearbeiteten Aufgaben und in der Konsequenz auch die Arbeitsweise der Projektteilnehmer betrifft. Dies muss Einfluss auf das Wissensmanagement haben. Deshalb wird im vorgestellten Gestaltungsansatz der Projektablauf mit in die Gestaltung des Wissensmanagements berücksichtigt. Hierzu wird eine Einteilung der Gestaltungselemente der Dimensionen Technik, Organisation und Mensch in drei Gruppen vorgeschlagen:

- Strukturierende Faktoren: Fließen in die Planung des Wissensmanagements ein
- Instrumentenbezogene Faktoren: Beschreiben die Instrumente des Wissensmanagements
- Motivatoren/Treiber: Wirken als Treiber/Motivatoren im Gestaltungsansatz

Der Schwerpunkt der Anwendung der strukturierungsbezogenen Instrumente liegt in den Projektphasen der Definition und Planung. Instrumentenbezogene Elemente begleiten den Projektablauf während der gesamten Laufzeit, wobei je nach Einsatz-Szenario Akzente mit vermehrter Aktivität aufgrund der Projektsituation erforderlich werden können. Die Gruppe der Motivatoren/Treiber kommt in den Phasen der Projektdurchführung und dem Projektabschluss besonders intensiv zum Einsatz und kann ebenfalls projektbezogenen leichten Intensitätsschwankungen unterliegen.

▶ *Konzeption des Wissensmanagement-Instrumentariums*

Zur Gestaltung des Wissensmanagements wurden im Rahmen der vorliegenden Arbeit für jede Dimension entsprechende Gestaltungselemente abgeleitet. Ziel war es, auf die Projektsituation abgestimmte Instrumente auszuwählen, die die Formung des Wissensmanagements im Sinne des Gestaltungsansatzes unterstützen. Mit dem Ziel diese Gestaltungselemente praxisgerecht zu bearbeiten, sind die einzelnen Instrumente auf der Basis einer anwendungsorientierten Sichtweise konzipiert. Insbesondere wurden die Gestaltungselemente hierzu in Bezug auf die Dimension der Projektphasenabhängigkeit konkretisiert.

Der Schwerpunkt der Projektphasen aus Sicht des Wissensmanagements wird in der folgenden Aufzählung kurz zusammengefasst:

■ Phase 1, Definition: Bestandsaufnahme des Standes der Technik, Auswahl der Projektpartner, Unterstützung erster Kommunikationsprozesse, Aufstellung Wissensmanagement-Budget
■ Phase 2, Planung: Einleitung der Formung des Projektteams, Strukturierung und Planung der Organisation, Vernetzung der Wissensmanagement-Strategie, Klärung der Verantwortlichkeiten, Rechte und Pflichten
■ Phase 3, Durchführung: Formung des Projektteams, Vertrauensbildende Maßnahmen, Durchführung des Wissensmanagements, Unterstützung des Projektteams bei Kommunikation und Kreativität, Dokumentation und Archivierung des Wissens, Unterstützung von Wissensaustausch zwischen den Forschungsaktivitäten
■ Phase 4, Abschluss: Dokumentation der Forschungsergebnisse, Vorbereitung der langfristigen Wissensnutzung, Integration des Wissens in die Organisationsbasis der Unternehmen
■ Phase 5, Nachbearbeitung: Förderung der weiteren Nutzung der Forschungsergebnisse, Förderung des weiteren Kontakts der Projekt-Experten

In Abbildung sind die Projekt-Phasen mit den jeweiligen Schwerpunkten des Projektmanagements, des Wissensmanagements und der Gestaltungselemente zusammengefasst dargestellt.

▶ *Empirische Validierung anhand der Fallstudie*

Zur empirischen Validierung der Forschungsergebnisse wurde der Gestaltungsansatz im Rahmen einer Einzelfallstudie (Intensivfallstudie) analysiert. Gegenstand der Untersuchungen war das Teilprojekt „Flüssigwasserstoffspeicherung" des im sechsten EU-Rahmenprogramm durchgeführten Projektes StorHy. Das Projekt wird als unternehmensübergreifendes, internationales F&E-Projekt charakterisiert und erfüllt somit die Anforderung zur Validierung des Gestaltungsansatzes. Im ersten Schritt kann nach Prüfung des Anforderungskataloges und der Projektbeschreibung bestätigt werden, dass der Gestaltungsansatz dieser Arbeit auf ein derartiges Projekt anwendbar ist. Im Rahmen der Fallstudie erfolgt Gestaltung des Wissensmanagements auf Basis des hier vorgestellten Ansatzes. Dabei kann bestätigt werden, dass der Ansatz in der Praxis umsetzbar ist. Nach Einschätzung der Teilnehmer hat das Wissensmanagement in dieser Form entscheidend mit zum Gelingen des Projektes beigetragen. Aus Sicht der Praxis kann somit ein positives Fazit für die Tauglichkeit des Gestaltungsansatzes gezogen werden.

Projekt-Phasen	Phase 1	Phase 2	Phase 3	Phase 4	Phase 5
	Definition	**Planung**	**Durchführung**	**Abschluss**	**Nachbearbeitung**
Schwerpunkte der Projektmanagement-Aufgaben	Initiierung des Projektes, Formulierung der Problemstellung und des Projektauftrages	Konkretisierung der Inhalte, Erstellung der Projektpläne, Bildung der Projektorganisation	Abarbeitung der Arbeitspakete, Durchführung der Arbeitsaufträge, Ziel der Erfüllung des Projektauftrages	Zusammenfassung und Dokumentation der Ergebnisse, Übergabe des Abschlussberichts an die Auftraggeber, Auflösung der Projektorganisation	Transfer und Nutzung der Projektergebnisse
Schwerpunkte der Wissensmanagement-Aufgaben	Bestandsaufnahme des Standes der Technik, Auswahl der Projektpartner, Unterstützung erster Kommunikationsprozesse, Aufstellung des Budgets	Einleitung der Formung des Projektteams, Strukturierung und Planung der Organisation, Vernetzung der Wissensmanagement-Strategie, Klärung der Verantwortlichkeiten, Rechte und Pflichten	Formung des Projektteams, Vertrauensbildende Maßnahmen, Durchführung des Wissensmanagements, Unterstützung des Projekt-teams bei Kommunikation und Kreativität, Dokumentation und Archivierung des Wissens, Unterstützung von Wissensaustausch zwischen den Forschungsaktivitäten	Dokumentation der Forschungsergebnisse, Vorbereitung der langfristigen Wissensnutzung, Integration des Wissens in die Organisationsbasis der Unternehmen	Förderung der weiteren Nutzung der Forschungsergebnisse, Förderung des weiteren Kontakts der Projekt-Experten
Schwerpunkte der Gestaltungselemente					
T.1 Funktionalität			x	x	x
T.2 Interaktion			x	x	x
T.3 Integration	x	x			
T.4 Bedienbarkeit			x	x	x

Abbildung 71: Matrix zur Zuordnung der Schwerpunkte der Gestaltungselemente zu den Projekt-Phasen (Fortsetzung auf der nächsten Seite)

Projekt-Phasen		Phase 1	Phase 2	Phase 3	Phase 4	Phase 5
				Schwerpunkte der Gestaltungselemente		
T.5	Sicherheit				x	x
T.6	Leistung				x	x
O.1	Prozessanbindung		x	x		
O.2	Organisationsstruktur	x	x	x		
O.3	Verantwortlichkeit für Wissensmanagement	x	x			
O.4	Zieldefinition und Strategie	x	x			
O.5	Stakeholder	x	x	x	x	
O.6	Informationsprozesse			x	x	
O.7	Budget	x	x	x	x	x
O.8	Entscheidungsfindung und Dokumentation			x	x	
M.1	Wissensbasis	x	x	x		
M.2	Motivation			x	x	x
M.3	Wissensfreundliche Kultur			x	x	x
M.4	Kommunikation	x	x	x	x	x
M.5	Interkulturelle Kompetenz			x	x	
M.6	Vertrauen			x	x	
M.7	Raum für Wissensaustausch			x	x	x
M.8	Sprache		x	x	x	x

Abbildung 71: Matrix zur Zuordnung der Schwerpunkte der Gestaltungselemente zu den Projekt-Phasen

Quelle: Eigene Darstellung

3.   Auswirkungen auf die Unternehmenspraxis

Aus den vorgestellten Untersuchungsergebnissen lassen sich Auswirkungen auf die Unternehmenspraxis ableiten. Über die Durchführung von F&E-Projekten und die Anwendung von Wissensmanagement konnten in dieser Arbeit zahlreiche Erkenntnisse gesammelt werden. Es ist davon auszugehen, dass aufgrund des Wettbewerbsdrucks, der neuen technischen Möglichkeiten und der sich aus Entwicklung des EU-Wirtschaftsraumes ergebenden Chancen die Zahl der unternehmensübergreifenden, internationalen Forschungsprojekte in Zukunft weiter steigen wird.

▶   *Steigende Bedeutung von Wissensmanagement für F&E-Projekte*

Aufgrund der Ergebnisse dieser Arbeit kann von einem positiven Beitrag des Wissensmanagements zum Projekterfolg ausgegangen werden. Wissen spielt innerhalb der Forschung eine große Rolle, dementsprechend ist auch der Umgang mit der Ressource Wissen innerhalb von F&E-Projekten als wichtig zu bewerten. Alle Konzepte und Tätigkeiten, die darauf abzielen, den Umgang mit Wissen gewinnbringend zu gestalten sind deshalb von Seiten der Praxis zu begrüßen. Die Ergebnisse der praktischen Evaluation innerhalb der Fallstudie in dieser Arbeit haben ferner gezeigt, dass Wissensmanagement in Projekten von allen Seiten gut angenommen wird. Positive Stimmen konnten in diesem Zusammenhang aus Sicht der Projektteilnehmer, Partnerunternehmen, externen Experten, der Öffentlichkeit, dem Projektmanagement und der Fördergeber aufgenommen werden.

▶   *Nutzung des Gestaltungsansatzes zur Etablierung von Wissensmanagement in internationalen, unternehmensübergreifenden Forschungsprojekten*

Zu Beginn der Untersuchungen wurde in Theorie und Praxis eine große Lücke in Bezug auf Wissensmanagement in unternehmensübergreifenden, internationalen F&E-Projekten festgestellt. Für die Praxis bedeutete dies, dass keine speziellen Konzepte existierten, um Wissensmanagement in eigenen, derartigen Projekten zu etablieren. Und obwohl durch den Transfer allgemeiner Wissensmanagement-Ansätze ein gewisser Grad an Erfüllung im Einzelfall sicher erreicht werden konnte, so ließ ein derartiges Vorgehen dennoch viele Fragen offen.[224] Auf Basis des in dieser Arbeit nun vorgestellten, speziell auf die Projektsituation angepassten Gestaltungsansatzes wird Wissensmanagement nun

---

224 Dies zeigt sich auch in den konkreten Anforderungen, die ein Wissensmanager derartiger Projekte sich stellen muss. Siehe dazu den in Kapitel C.7 vorgestellten Katalog.

erstmals gut in unternehmensübergreifenden, internationale F&E-Projekte integrierbar.

4. Auswirkungen auf die weitere Forschung

Mit dieser Arbeit wird erstmals das Wissensmanagement für F&E-Projekten im internationalen, unternehmensübergreifenden Kontext betrachtet. Die Forschungsergebnisse haben somit grundlegenden Charakter. Der vorgestellte Gestaltungsansatz soll deshalb auch als Struktur und Ausgangspunkt für weitere Forschung dienen. Dabei wurde darauf geachtet, durch die Wahl einer offenen Systematik und eines Bezugsrahmens auf Basis des etablierten Wissensmanagements, den Gestaltungsansatz grundsätzlich offen und erweiterbar zu halten. Demnach ist es möglich, auch zukünftige Konzepte und Entwicklungen im Zusammenhang zu den hier vorgestellten Ergebnissen zu betrachten. Aus Sicht des Stands der Forschung zum Zeitpunkt der Entwicklung dieser Arbeit können Anknüpfungspunkte für die folgenden Punkte gesehen werden.

▶ *Ausweitung des Gestaltungsansatzes auf Projekte in anderen Umfeldern*

Die vorliegende Arbeit fokussiert sich auf die Situation in F&E-Projekten im unternehmensübergreifenden, internationalen Kontext. Der Gestaltungsansatz basiert auf den Anforderungen derartiger Projekte. Der Theorie und Praxis des Projektmanagements sind Projekte in vielen weiteren Situationen bekannt. Für eine Anpassung des Gestaltungsansatzes auf andere Projekt-Umfelder sind dementsprechend zunächst weitere Anforderungskataloge aufzustellen und in Verbindung mit dem in dieser Arbeit aufgestellten Anforderungskatalog die Auswirkungen auf den Gestaltungsansatz zu prüfen. Im Rahmen solcher Untersuchungen wäre es interessant, Gemeinsamkeiten für die Anforderungen verschiedener Projektsituationen zu identifizieren. In der Zukunft könnte sich so ein allgemeingültiger Ansatz für Wissensmanagement in Projekten entwickeln lassen. Insbesondere die Einführung einer vierten Dimension in Form der Projektphasenabhängigkeit zur Beschreibung der Gestaltung von Wissensmanagement in Projekten scheint zur Übernahme in einen allgemeinen Ansatz geeignet.

▶ *Erarbeitung eines Praxisleitfadens als Hilfestellung für Wissensmanager und Projektmanager*

Die Erarbeitung des in dieser Arbeit vorgestellten Gestaltungsansatzes erfolgte nach Gesichtspunkten der anwendungsorientierten Forschung. Um die theoretischen Ausarbeitung für die Praxis weiter zu komprimieren, wäre die Entwicklung eines Praxisleitfadens für Wissens – und Projektmanager denkbar.

▶ *Entwicklung von Werkzeugen speziell für das Themengebiet Projekt Wissensmanagement*

Für die Umsetzung von Wissensmanagement-Konzepten sind entsprechende Instrumente notwendig. Diese Arbeit greift auch auf etablierte Werkzeuge des Wissensmanagements zurück und prüft bzw. entwickelt diese im Sinne der Themenstellung weiter. Bei den Untersuchungen zu dieser Arbeit wurde aber auch deutlich, dass eine weitere Entwicklung speziell auf das Wissensmanagement in Projekten abgestimmter Instrumente sinnvoll wäre. Denkbar sind hier Entwicklungen in den Bereichen der Technik, insbesondere der Entwicklung von IT-Instrumenten, Online-Plattformen und EDV-gestützten Werkzeugen. Vor allem im Kontext internationaler und unternehmensübergreifender Zusammenarbeit besteht Potenzial zur Erarbeitung von angepassten Softwareprogrammen.

▶ *Entwicklung von Controlling-Instrumenten für das Projektwissensmanagement*

Ein lohnender Schwerpunkt zukünftiger Forschung könnte auch die Entwicklung von Bewertungssystematiken für den Nutzen und die Effektivität der Wissensmanagementmaßnahmen in Projekten sein. Eine entsprechende allgemeingültige Evaluationsmöglichkeit würde sowohl der Rechtfertigung des Wissensmanagementbudgets als auch der internen Zielkontrolle und Steuerung der Wissensarbeit dienen. Als Startpunkt für die Untersuchungen könnte das Konzept der Wissensbilanz[225] und die möglichen Anpassungen an die Projektdynamik stehen.

5. Schlussbetrachtung

In dieser Arbeit wurden Untersuchungen am Schnittpunkt zwischen Wissensmanagement und Projektmanagement durchgeführt. Der Fokus lag dabei auf der unternehmensübergreifenden, internationalen Projektarbeit. Bei der Erarbeitung des Forschungsgebietes wurde festgestellt, dass es zwar erprobte, tragfähige, auch praxiserprobte Bausteine für die Gestaltung von Wissensmanagement gibt, der Schwerpunkt hierbei aber auf organisationsbezogenen Themen zur Gestaltung von Wissensmanagement in Unternehmen liegt. Der Bereich des Projektwissensmanagements erscheint ausbaufähig. Bisher existieren wenige konkrete Ausarbeitungen im Schnittpunkt Wissensmanagement und Projektmanagement. Wie die Erarbeitung des Themengebietes zeigt, besteht aber durchaus großes Potenzial für weitere Publikationen in diesem Forschungsbereich. An dieser Stelle leistet die vorliegende Arbeit einen Beitrag, um diese Lücke zu

---

225 Vgl. Alwert, K. / Heisig, P. / Mertins, K. (2005), S. 2 ff.

füllen. Hier sei auch auf das in dieser Arbeit gezogene positive Fazit für den Einsatz von Wissensmanagementstrategien in Forschungsprojekten hingewiesen. Für die Praxis soll dies als Motivation dienen, Wissensmanagementkonzepte in Zukunft als wichtigen Baustein für den Erfolg verstärkt fest in Projekten zu verankern.

Literaturverzeichnis

Akgün, A. / Byrne, J. / Keskin, H. / Lynn, G. / Imomoglu, S. (2005). Knowledge networks in new product development projects: A transactive memory perspective. *Information & Management*, *Heft 42/8*, S. 1105 - 1120.

Alwert, K. / Heisig, P. / Mertins, K. (2005). Wissensbilanzen - Intellektuelles Kapital erfolgreich nutzen und entwickeln. In K. Mertins / K. Alwert / P. Heisig (Hrsg.), *Wissensbilanzen: Intellektuelles Kapital erfolgreich nutzen und entwickeln*, Berlin, Heidelberg.

Argyris, C. / Schön, D. (1978). *Organizational Learning - A Theory of Action Perspective*, Reading (USA).

Arnold, U. (2002). Global Sourcing - Strategiedimension und Strukturanalyse, 2. Auflage. In D. Hahn / L. Kaufmann (Hrsg.), *Handbuch industrielles Beschaffungsmanagement*, S. 201-220. Wiesbaden.

Atteslander, P. (2003). *Methoden der empirischen Sozialforschung, 10. Auflage*, Berlin.

Ayas, K. (1996). Professional project management: A shift towards learning and a knowledge creating structure. *International Journal of Project Management*, *Heft 14/3*, S. 131 - 136.

Birk, A. / Dingsøyr, T. / Stålhane, T. (2002). Knowledge Management – Postmortem: Never leave a Project without it. *IEEE Software*, *Heft 19/3*, S. 43 - 45.

Boh, W. (2007). Mechanism for sharing knowledge in project-based organizations. *Information and Organization*, *Heft 17/1*, S. 27 - 58.

Borner, R. (2005). *Prozessmodell für projekt- und erfolgsorientiertes Wissensmanagement zur kontinuierlichen Verbesserung im Bauunternehmen*, Zürich.

Brauchlin, E. / Heene, R. (1995). *Problemlösungs- und Entscheidungsmethodik, 3. Auflage*, Bern.

Bresnen, M. / Edelmann, L. / Newell, S. / Scarbrough, H. / Jacky, S. (2003). Social practices and the management of knowledge in project environments. *International Journal of Projectmanagement*, *Heft 21/3*, S. 157 - 167.

Brettreich-Teichmann, W. (2003). *Wissensmanagement in verteilten Organisationen – Infrastruktur für flexible Arbeitsarrangements*, Wiesbaden.

Brookes, N. / Morton, S. / Dainty, A. / Burns, N. (2006). Social processes, patterns and practices and project knowledge management: a theoretical framework and an empirical investigation. *International Journal of Project Management*, *Heft 24/6*, S. 474 - 482.

Bullinger, H. a. (2002). *Wissensmanagement – Wissen als strategische Ressource im Unternehmen*, München.

Bullinger, H. / Warschat, J. (1997). *Forschungs- und Entwicklungsmanagement*, Stuttgart.

Bullinger, H. / Wörner, K. / Prieto, J. (1997). *Wissensmanagement heute. Daten, Fakten, Trends. Fraunhofer IAO-Studie*, Stuttgart.

Burghardt, M. (2006). *Projektmanagement, Leitfaden für die Planung, Überwachung und Steuerung von Projekten, 7. Auflage*, Erlangen.

Carnap, R. (1998). *Der logische Aufbau der Welt*, Hamburg.

Cüppers, A. (2006). *Wissensmanagement in einem Baukonzern – Anwendungsbeispiel bei Bauprojekten*, Düsseldorf.

Davenport, T. / Prusak, L. (2000). *Working Knowledge – How organizations manage what they know*, Boston, USA.

Decker, B. (2005). *Wissen und Information 2005, Fraunhofer-Wissensmanagement Community (Hrsg.)*, Stuttgart.

Deckert, C. (2002). *Wissensorientiertes Projektmanagement in der Produktentwicklung*, Aachen.

Desouza, K. / Evaristo, J. (2004). Managing knowledge in distributed projects. *Communications of the ACM , Heft 47/4*, S. 87.

Drucker, P. (1993). *Die postkapitalistische Gesellschaft*, Düsseldorf.

Ehrenspiel, K. (2009). *Integrierte Produktentwicklung. Denkabläufe, Methodeneinsatz, Zusammenarbeit, 4. Auflage*, Wien, München.

Eisenführ, F. / Weber, M. (1994). *Rationales Entscheiden, 2. Auflage*, Berlin.

Europäische Kommission (2006). *EU: What is FP6?, Abgerufen am 25. 3 2006* von http://cordis.europa.eu/fp6/whatisfp6.htm

Europäische Kommission (2007). *EU: What makes a well managed project,* Abgerufen am *1.* 11 *2007* von http://cordis.europa.eu/fp6/stepbystep/planning.htm

Gassmann, O. (1997). *Internationales F&E Management*, München.

Gehle, M. / Mülder, W. (2001). *Wissensmanagement in der Praxis*, Frechen.

Geitmann, S. (2004). *Wasserstoff und Brennstoffzellen. Die Technik von Morgen*, Norderstedt.

Gibbert, M. / Jenzowsky, S. / Jonczyk, C. / Thiel, M. / Völpel, S. (2002). ShareNet - the next generation knowledge management. In T. Davenport / G. Probst (Hrsg.), *Knowledge Management Case Book, 2. Auflage*, Erlangen.

Güldenberg, S. (2003). *Wissensmanagement und Wissenscontrolling in lernenden Organisationen. Ein systemtheoretischer Ansatz, 4. Auflage*, Wiesbaden.

Güldenberg, S. / North, K. (2009). Wissensarbeiter fördern, fordern und dauerhaft binden. *Wissensmanagement. Das Magazin für Führungskräfte , Heft 5/2009*, S. 44 - 46.

226

Gutenberg, E. (1971). *Grundlagen der Betriebswirtschaftslehre, Bd. 1: Die Produktion, 24. Auflage*, Berlin, Heidelberg, New York.

Haasis, H. (2004). Leistungsmessung und Bewertung: Möglichkeiten des Einsatzes von Operations Research und Wissensmanagement. In Institut der Deutschen Wirtschaft Köln, *Betriebliche Instrumente für nachhaltiges Wirtschaften*, S. 35-43. Köln.

Haasis, H. (2008). *Produktions- und Logistikmanagement*, Wiesbaden.

Haasis, H. / Fischer, H. (2007). Was bedeutet Kooperationsmanagement. In H. Haasis / H. Fischer (Hrsg.), *Kooperationsmanagement*, Eschborn.

Haasis, H. / Kriwald, T. (2001). Betriebliches Wissensmanagement in Produktion und Umweltschutz. In H. Haasis / T. Kriwald (Hrsg.), *Wissensmanagement in Produktion und Umweltschutz*, Berlin.

Haasis, H. (2001). Wissensmanagement und dessen Bedeutung für ein nachhaltiges Wirtschaften. In D. Griesche / H. Meyer / F. Dörrenberg (Hrsg.), *Innovative Managementaufgaben in der nationalen und internationalen Praxis*, S. 141-156. Wiesbaden.

Haghirian, P. (2007). Kultur- und Sprachunterschiede meistern. *Wissensmanagement. Das Magazin für Führungskräfte , Heft 7/2007*, S. 22 -24.

Hanisch, B. / Lindner, F. / Mueller, A. (2009). Knowledge Management in project environments. *Journal of Knowledge Management , Heft 14/4*, S. 148 - 160.

Heinen, E. (1971). Der entscheidungsorientierte Ansatz in der Betriebswirtschaftslehre. *ZfB 41/7 ,* S. 429-444.

Heisig, P. (2001). Knowledge Management. Best Practices in Europe. In K. Mertins / P. Heisig / J. Vorbeck (Hrsg.), Stuttgart.

Hofer-Alfeis, J. / Spek van der, R. (2002). The Knowledge Strategy Process – an instrument for business owners. In T. Davenport / G. Probst (Hrsg.), *Knowledge Management Case Book*, Erlangen.

Hoffmann, M. / Goesmann, T. / Misch, A. (2001). Wie man verborgenen Wissensprozessen auf die Schliche kommt. In *Proceedings zur Tagung Professionelles Wissensmanagement WM2001*, S. 59 - 63.

Howaldt, J. / Kamp, D. / Katenkamp, O. / Kopp, R. / Wilkesmann, M. / Wilkesmann, U. / Rascher, I. / Röhrl, G. (Juni 2007). *Wissensmanagement in kleinen und mittleren Unternehmen und öffentlicher Verwaltung. Ein Leitfaden,* (Bundesministerium für Wirtschaft und Technologie, Hrsg.) Abgerufen am *01. 01 2009* von BMWi: http://www.bmwi.de/BMWi/Redaktion/PDF/Publikationen/wissenmanagen -leitfaden,property=pdf,bereich=bmwi,sprache=de,rwb=true.pdf

Howaldt, J. / Klatt, R. / Kopp, R. (2005). Wissensmanagement im Netzwerk als Gestaltungsaufgabe. In K. Ciesinger / J. Howaldt / R. Klatt / R. Kopp

(Hrsg.), *Modernes Wissensmanagement in Netzwerken. Perspektiven, Trends und Szenarien*, Wiesbaden.

Humpl, B. (2004). *Transfer von Erfahrungen: ein Beitrag zur Leistungssteigerung in projektorientierten Organisationen*, Wiesbaden.

Ilgen, A. (2001). *Wissensmanagement im Großanlagenbau - Ganzheitlicher Ansatz zur empirischen Überprüfung*, Wiesbaden.

Jattke, A. / Lorenz, S. (2008). Maintaining Sustainable Project Results in International Automotive Research Projects using Project and Knowledge Management Methods. In A. Subic / M. Leary / J. Wellnitz (Hrsg.), *Meeting the Challenges to sustainable Mobility*, S. 86-92. Melbourne, Australien.

Jung, H. (2009). *Allgemeine Betriebswirtschaftslehre, 11. Auflage*, München.

Kaps, G. (2001). Erfolgsmessung im Wissensmanagement unter Anwendung von Balanced Scorecards. In H. Nohr (Hrsg.), *Arbeitspapiere Wissensmanagement Nr. 2/2001*, Stuttgart.

Karlsen, J. T. / Gottschalk, P. (2006). Project Manager Roles in IT-Outsourcing. *Engineering Management Journal, Heft 18/1*, S. 3 - 10.

Kasvi, J. / Vartiainen, M. / Hailikari, M. (2003). Managing knowledge and knowledge compentence in projects and project organizations. *International Journal of Project Management, Heft 21/8*, S. 571 - 582.

Kerzner, H. (2009). *Project Management. A Systems Approach to Planning, Scheduling and Controlling, 10. Auflage*, Berea, USA.

Kluge, J. / Stein, W. / Licht, T. / Kloss, M. (2003). *Wissen entscheidet. Wie erfolgreiche Unternehmen ihr Know-how managen – eine internationale Studie von McKinsey*, Frankfurt/Wien.

Koskinen, K. / Pihlantonm, P. (2008). *Knowledge management in project-based companies – an organic perspective*, New York, USA.

Koskinen, K. / Pihlanto, P. / Vanharanta, H. (2003). Tacit knowledge acquisition and sharing in a project work context. *International Journal of Project Management, Heft 21/4*, S. 281 - 290.

Kreitel, W. (2008). *Ressource Wissen. Wissensbasiertes Projektmanagement erfolgreich im Unternehmen einführen und nutzen*, Wiesbaden.

Lehner, F. (2006). *Wissensmanagement: Grundlagen, Methoden und technische Unterstützung*, München.

Leseure, M. / Brookes, N. (2004). Knowledge management benchmarks for project management. *Journal of Knowledge Management, Heft 8/1*, S. 103 - 116.

Liebowitz, J. / Megblugbe, I. (2003). A set of frameworks to aid the project manager in conceptualizing and implementing knowledge management initiatives. *International Journal of Project Management, Heft 21/3*, S. 189 - 198.

Lorenz, S. / Jattke, A. (2007). Wissensmanagement als Erfolgsfaktor in Forschungsnetzwerken – Erfahrungsbericht aus dem EU-Projekt StorHy Gruppe Cryo. In N. Gronau (Hrsg.), *4. Konferenz Professionelles Wissensmanagement - Erfahrungen und Visionen*, Berlin.

Love, P. / Edum-Fotwe, F. / Irani, Z. (2003). Management of knowledge in project environments. *International Journal of Project Management, Heft 21/3*, S. 155 - 156.

Love, P. / Fong, P. / Irani, Z. (2005). Management of Knowledge in Project Environments. In P. Love / P. Fong / Z. Irani, *Management of Knowledge in Project Environments*, Oxford, UK.

Lütters, H. (2004). *Online-Marktforschung: eine Positionsbestimmung im Methodenkanon der Marktforschung unter Einsatz eines webbasierten Analytic Hierarchy Process (webAHP)*, Wiesbaden.

Mandl, H. / Reinmann-Rothmeier, G. (2000). *Wissensmanagement, Informationszuwachs – Wissensschwund? Die strategische Bedeutung des Wissensmanagements*, München, Wien.

Möhrle, M. G. (1996). *Betrieblicher Einsatz computerunterstützten Lernens. Zukunftsorientiertes Wissens-Management im Unternehmen*, Braunschweig.

Möller, T. / Dörrenberg, F. (2003). *Projektmanagement*, München.

Mühlfelder, M. / Kabel, D. / Hensel, T. / Schlick, C. (2001). Werkzeuge für kooperatives Wissensmanagement in Forschung und Entwicklung. *Wissensmanagement. Das Magazin für Führungskräfte, Heft 4/2001*, S. 10-15.

Müller, K. (1994). *Management für Ingenieure, 2. Auflage*, Berlin.

Nebl, T. (2007). *Produktionswirtschaft, 6. Auflage*, München.

Nerdinger, F. (2004). Die Bedeutung der Motivation beim Umgang mit Wissen. In G. Reinmann-Rothmeier / H. Mandl (Hrsg.), *Psychologie des Wissensmanagements. Perspektiven, Theorien und Methoden*, Göttingen.

Nonaka, I. / Takeuchi, H. (1997). Die Organisation des Wissens. Wie japanische Unternehmen eine brachliegende Ressource nutzbar machen. In Frankfurt, New York (USA).

North, K. (2005). *Wissensorientierte Unternehmensführung - Wertschöpfung durch Wissen, 4. Auflage*, Wiesbaden.

Oelsnitz von der, D. / Hahmann, H. (2003). *Wissensmanagement: Strategien und Lernen in wissensbasierten Unternehmen*, Stuttgart.

Olonoff, N. (2000). Features – Knowledge Management and Project Management – Can these two revolutionary desciplines coexist? A team of George Mason University shows the way. *PM Network – Project Management, Heft 14/3*, S. 61 - 64.

Ossadnik, W. (1998). *Mehrzielorientiertes strategisches Controlling - Methodische Grundlagen und Fallstudien zum führungsunterstützenden Einsatz des Analystischen Hierarchie-Prozesses*, Heidelberg.

Palass, B. / Servatius, H. (2001). *WissensWert – Mit Knowledge-Management erfolgreich im E-Business*, Stuttgart.

Peterson, M. (2001). *Wissensmanagement in der strategischen Unternehmensberatung – Erfolgsfaktoren, Methoden, Konzepte*, Wiesbaden.

Polanyi, M. (1985). *Implizites Wissen*, Frankfurt.

Popper, K. R. (1994). *Logik der Forschung, 10. Auflage*, Tübingen.

Popper, R. K. (2002). *Logik der Forschung*, Tübingen.

Probst, G. / Raub, S. / Romhardt, K. (2003). *Wissen managen. Wie Unternehmen ihre wertvollste Ressource optimal nutzen, 4. Auflage*, Wiesbaden.

Rehäuser, J. / Krcmar, H. (1996). Wissensmanagement im Unternehmen. In G. Schreyögg / P. Conrad (Hrsg.), *Wissensmanagement*, S. 1 - 40. Berlin.

Reich, B. (2007). Managing knowledge and learning in IT Projects: a conceptual framework and guidelines for practice. *Project Management Journal , Heft 38/2*, S. 5 - 17.

Reinmann-Rothmeier, G. (2001). *Wissen managen: Das Münchener Modell*, Abgerufen am *1. 11 2009* von http://www.wissensmanagement.net/download/muenchener_modell.pdf

Reinmann-Rothmeier, G. / Mandl, H. (2000). *Individuelles Wissensmanagement. Strategien für den persönlichen Umgang mit Informationen und Wissen am Arbeitsplatz*, Bern.

Saaty, L. T. (1980). *The Analytical Hierarchy Process*, New York, USA.

Saaty, T. L. (2001). *Decision Making for Leaders – The Analytic Hierarchy Process for Decisions in a Complex World, 3. Auflage*, Pittsburgh.

Saaty, L. T. (2003). Decision-making with the AHP: Why is the Principal Eigenvector necessary. *European Journal of Operational Research , Heft 145/1*, S. 58 - 91.

Schanz, G. (1975). *Einführung in die Methodologie der Betriebswirtschaftslehre*, Köln.

Schanz, G. (1988). *Methodologie für Betriebswirte, 2. Auflage*, Köln.

Schanz, G. (1990). Jenseits von Empirismus: Eine Perspektive für die betriebswirtschaftliche Forschung. In G. Schanz (Hrsg.), *Die Betriebswirtschaftslehre als Gegenstand kritisch-konstruktiver Betrachtungen: Kommentare und Anregungen*, S. 65-84. Stuttgart.

Schindler, M. (2002). *Wissensmanagement in der Projektabwicklung, 3. Auflage*, Köln.

Senge, P. (1994). *Die fünfte Disziplin - Kunst und Praxis der lernenden Organisation*, Stuttgart.

Siegwart, H. (1974). *Produktentwicklung in der industriellen Unternehmnung,* Bern, Schweiz.

Steiger, C. (2000). *Wissensmanagement in Beratungsprojekten auf Basis innovativer Informations- und Kommunikationstechnologien: Das System K3,* Paderborn.

Stribrny, B. / Gerling, P. (2000). *Forschungsplan 2000-2001 – Mineralische Rohstoffe (Q6), Fossile Energie (Q4),* Hannover.

Strubel, V. (2008). *StorHy Executive Summary 2008,* Abgerufen am *15. 10 2006* von
http://www.storhy.net/pdf/StorHy_SecondActivityReport_PublishableExec utiveSummary_V3.pdf

Szulanski, G. (2003). *Sticky Knowledge. Barriers to Knowing in the firm,* London, UK.

Turner, J. (2005). Knowledge management and the project management community. *Project Management Today , Heft 17/7,* S. 13 - 17.

Ulrich, H. (1984). *Management,* Bern.

Ulrich, H. (2001). *Die Betriebswirtschaft als anwendungsorientierte Sozialwissenschaft. Gesammelte Schriften, Band 5, S. 17 - 29,* Bern.

Ulrich, H. (1984). Die Betriebswirtschaftslehre als anwendungsorientierte Sozialwissenschaft. In H. Ulrich / T. Dyllick / G. Probst (Hrsg.), *Management,* S. 168-199. Bern.

Wald, A. (2008). *Projektwissensmanagement. Status Quo, Gestaltungsfaktoren, Erfolgsdeterminanten,* Göttingen.

Weissenberger-Eibl, M. (2006). *Wissensmanagement in Unternehmensnetzwerken. Konzepte, Instrumente, Erfolgsmuster, 2. Auflage,* Kassel.

Wildemann, H. (2003). *Wissensmanagement: Ein neuer Erfolgsfaktor für Unternehmen,* München.

Willke, H. (2001). *Systemisches Wissensmanagement, 2. Auflage,* Stuttgart.

Willke, H. (2007). *Einführung in das systemische Wissensmanagement, 2. Auflage,* Heidelberg.

Wöhe, G. / Döring, U. (2008). *Einführung in die Allgemeine Betriebswirtschaftslehre, 23. Auflage,* München.

Yin, R. K. (2009). *Case Study Research. Design and Methods, 4. Auflage,* London, UK.

Zaunmüller, H. (2005). *Anreizsysteme für das Wissensmanagement in KMU,* Wiesbaden.

Zelewski, S. / Peters, M. (2003). Lösung multikriterieller Entscheidungsprobleme mit Hilfe des Analytical Hierarchy Process. *Das Wirtschaftsstudium , Heft 32/10,* S. 1210 - 1218.

ANHANG 1

Berechnung der Ranglisten für die Gestaltungselemente im Fallbeispiel nach AHP (siehe E.6.6). Die Berechnungen wurden mit der Tabellenkalkulation MS Excel durchgeführt. Die Multiplikation der Matrizen ist mit der Funktion „MMULT" umgesetzt.

Bez.	Name Technik	WT.1	WT.2	WT.3	WT.4	WT.5	WT.6		Ergebnis
WT.1	Funktionalität	1	7	7	7	1	1		35,7%
WT.2	Interaktion	1/7	1	3	1	1/3	1		8,6%
WT.3	Integration	1/7	1/3	1	1	1/3	1		6,1%
WT.4	Bedienbarkeit	1/7	1	1	1	1/3	5		11,9%
WT.5	Sicherheit	1	3	3	3	1	7		28,6%
WT.6	Leistung	1	1	1	1/5	1/7	1		9,1%

Matrix Dezimal

WT.1	WT.2	WT.3	WT.4	WT.5	WT.6
1	7	7	7	1	1
0,143	1	3	1	0,333	1
0,143	0,333	1	1	0,333	1
0,143	1	1	1	0,333	5
1	3	3	3	1	7
1	1	1	0,2	0,143	1

Matrix Quadrat 1

WT.1	WT.2	WT.3	WT.4	WT.5	WT.6		Reihensumme	Normalisiert
6	27,33	46	31,2	9,143	58		177,6761905	0,380031506
2,19	6	10	7,2	2,286	12,48		40,15238095	0,085881906
1,81	4,667	6	4,533	1,397	9,81		28,21587302	0,060350915
5,905	9,333	12	6	2,19	14,48		49,9047619	0,106741268
10,29	24	32	20,4	6	36		128,6857143	0,275245804
2,457	9,962	12,63	9,829	2,019	6		42,8952381	0,091748601
							467,5301587	

Matrix Quadrat 2

WT.1	WT.2	WT.3	WT.4	WT.5	WT.6		Reihensumme	Normalisiert	Differenz
599,9	1631	2225	1536	421,9	2269		8682,993197	0,354658874	-2,54%
141,1	388,9	537,9	369,3	102,4	561,4		2100,890703	0,085811369	-0,01%
97,18	279	388,9	269,4	73,71	396,8		1504,950567	0,061470056	0,11%
171,1	526,2	761,9	528,8	147,6	829,2		2964,752834	0,121096018	1,44%
442,8	1268	1797	1237	347	1937		7028,49161	0,287080373	1,18%
153	385,8	546,7	364,8	108,6	641,6		2200,582676	0,089883311	-0,19%
							24482,66159		

Matrix Quadrat 3

WT.1	WT.2	WT.3	WT.4	WT.5	WT.6				
1602936	4452115	6246093	4285426	1203704	6706767		24497041,42	35,72%	0,26%
386150	1072085	1504404	1031983	289993	1616601		5901215,518	8,61%	0,02%
274871	763769	1072085	735480	206666	1152193		4205065,183	6,13%	-0,01%
533590	1481550	2081376	1427168	401560	2242423		8167667,034	11,91%	-0,20%
1280728	3554777	4990813	3422680	962488	5370432		19581919,28	28,56%	-0,15%
407986	1129279	1584331	1086132	305571	1705245		6218543,866	9,07%	0,08%
							68571452,3		

Abweichung <1%
An dieser Stelle als aussreichend bewertet.

Abbildung Anhang-1.1: Berechnung der Rangliste für die Dimension Technik
Quelle: Eigene Darstellung

Organisation

Bez.	Name Organisation	WO.1	WO.2	WO.3	WO.4	WO.5	WO.6	WO.7	WO.8	Ergebnis
WO.1	Prozessanbindung	1	0,333	3	3	5	5	1	5	22,0%
WO.2	Organisationsstruktur	3	1	1	1/3	5	3	3	5	22,6%
WO.3	Verantwortlichkeit für WM	1/3	1	1	1	5	3	1	3	13,3%
WO.4	Zieldefinition und Strategie	1/3	3	1	1	3	3	1	1	16,4%
WO.5	Stakeholder	1/5	1/5	1/5	1/3	1	1	1/3	1	3,8%
WO.6	Informationsprozesse	1/5	1/3	1/3	1/3	1/3	1	1/3	1	4,1%
WO.7	Budget	1	1/3	1	1	1	3	1	5	12,7%
WO.8	Entscheidungsfindung,-Dokumentation	1/5	1/5	1/3	1	1	1	1/5	1	5,1%

Matrix Dezimal

	WO.1	WO.2	WO.3	WO.4	WO.5	WO.6	WO.7	WO.8
	1	0,3333	3	3	5	5	1	5
	3	1	1	0,33	5	3	3	5
	0,33	1	1	1	5	3	1	3
	0,33	3	1	1	3	3	1	1
	0,2	0,2	0,2	0,33	1	1	0,33	1
	0,2	0,3333	0,33	0,33	0,33	1	0,33	1
	1	0,3333	1	1	1	3	1	5
	0,2	0,2	0,33	1	1	1	0,2	1

Matrix Quadrat 1

WO.1	WO.2	WO.3	WO.4	WO.5	WO.6	WO.7	WO.8	Reihensumme	Normalisiert	Differenz
8	16,67	14,67	18,44	43,33	42	13,33	38,67	195,1111111	0,218778032	
12,04	8	18	21,33	40	44	14	51,33	208,7111111	0,234027709	
7,2	8,044	8	10	24,67	24,67	9,6	26,67	118,8444444	0,133260241	
12,4	9,244	8,933	8	30,67	26,67	14,53	32,67	143,1111111	0,160470448	
1,911	2,311	2,533	3,2	6,667	7,2	2,533	7,6	33,95555556	0,038074355	
2,222	2,444	2,667	3,156	7,333	7,333	2,844	8	36	0,040366679	
5,467	7,2	9,2	12,44	22,67	24	7,333	24,67	112,9777778	0,12668195	
2,044	4,4	3,2	3,867	9,2	9,2	3,2	8	43,11111111	0,048340476	
								891,8222222		

Matrix Quadrat 2

WO.1	WO.2	WO.3	WO.4	WO.5	WO.6	WO.7	WO.8			
927,1	1024	1168	1384	3196	3219	1200	3462	15578,80494	0,220240795	0,15%
942,5	1133	1167	1383	3319	3290	1249	3465	15948,87901	0,225472609	-0,86%
545	644,9	705,7	843,8	1946	1955	719,1	2066	9425,418272	0,133249092	0,00%
638,2	810,9	878,2	1069	2403	2427	861,4	2520	11606,90568	0,164089232	0,36%
159,2	185	202,2	240,5	560,5	561,3	208,9	596,2	2713,686914	0,038363954	0,03%
167,8	197,8	216	258	597,4	599,3	221,2	634,2	2891,531852	0,040878185	0,05%
538,2	610,1	662,4	780,9	1854	1847	701,3	1975	8969,204938	0,126799509	0,01%
212,2	232,8	272,2	323,7	737	745,6	274,3	803	3600,89679	0,050906624	0,26%
								70735,3284		

Matrix Quadrat 3

WO.1	WO.2	WO.3	WO.4	WO.5	WO.6	WO.7	WO.8			
5773400	6750930	7365450	8820009	2E+07	2,1E+07	7593679	2,2E+07	99050944,24	0,219742836	-0,05%
5948518	6957119	7813534	9078959	2,1E+07	2,1E+07	7824324	2,2E+07	102011096,5	0,226309883	0,08%
3490449	4084682	4482470	5346091	1,2E+07	1,2E+07	4603644	1,3E+07	60044602,92	0,133207931	0,00%
4304593	5042140	5516296	6580135	1,5E+07	1,5E+07	5664608	1,6E+07	73894361,15	0,163933384	-0,02%
1007927	1178667	1290834	1539448	3570006	3581094	1325635	3797333	17291464,89	0,038360821	0,00%
1073571	1256067	1375064	1639953	3803016	3814819	1412282	4044928	18419709,23	0,040863812	0,00%
3334864	3898977	4269660	5091510	1,2E+07	1,2E+07	4388194	1,3E+07	57196833,05	0,126890202	0,01%
1331540	1557278	1706178	2035018	4717105	4732478	1751458	5018400	22849456,77	0,050691131	-0,02%
								450758468,8		

Abweichung <1%
An dieser Stelle als ausreichend bewertet

Abbildung Anhang-1.2: Berechnung der Rangliste für die Dimension Organisation

Quelle: Eigene Darstellung

Bez.	Name								
	Mensch	WM.1	WM.2	WM.3	WM.4	WM.5	WM.6	WM.7	WM.8
WM.1	Wissensbasis	1	1	3	5	3	3	5
WM.2	Motivation	1	1	3	5	1	3	5
WM.3	Wissenfreundliche Kultur	1	1	3	3	1	1	3
WM.4	Kommunikation	1/3	1/3	1/3	1	3	1	1	3
WM.5	Interkulturelle Kompetenz	1/5	1/5	1/3	1/3	1/3	1	1
WM.6	Vertrauen	1/3	1	1	1	3	1	1
WM.7	Raum für Wissensaustausch	1/3	1/3	1	1	1	1	3
WM.8	Sprache	1/5	1/5	1/3	1/3	1	1	1/3

Ergebnis

23.4%
20.6%
16.3%
9.3%
4.7%
11.1%
9.5%
4.9%

Matrix Dezimal

WM.1	WM.2	WM.3	WM.4	WM.5	WM.6	WM.7	WM.8
1	1	3	5	3	3	5
1	1	3	5	1	3	5
1	1	3	3	1	1	3
0.333	0.333	0.333	1	3	1	1	3
0.2	0.2	0.333	0.333	1	0.333	1	1
0.333	1	1	1	3	1	1
0.333	0.333	1	1	1	1	3
0.2	0.2	0.333	0.333	1	1	0.333	1

Matrix Quadrat 1

WM.1	WM.2	WM.3	WM.4	WM.5	WM.6	WM.7	WM.8
8	10	13.33	21.33	44	20.67	22.67	44
7.333	8	11.33	19.33	38	18.67	20.67	42
5.867	6.533	8	16	32	14	16	32
3.2	3.867	5.333	8	17.33	8.667	9.333	17.33
1.689	1.911	2.844	4.533	8	4.133	4.533	9.333
4.133	4.8	6	11.33	20.67	8	11.33	20.67
3.467	4.133	5.333	9.333	17.33	8.667	8	17.33
1.689	2.356	2.844	4.533	9.333	4.133	4.533	8

Reihensumme	Normalisiert	Differenz
184	0.233581584	
165.3333333	0.209884902	
130.4	0.165538253	
73.06666667	0.092755586	
36.97777778	0.046942	
86.93333333	0.110358835	
73.6	0.093432634	
37.42222222	0.047506206	
787.7333333		

WM.1	WM.2	WM.3	WM.4	WM.5	WM.6	WM.7	WM.8
596.4	710.2	935.6	1593	3111	1449	1615	3151
529.6	632.7	832	1414	2764	1286	1433	2791
414.4	494.9	653	1106	2161	1009	1122	2187
237.6	282.8	372.2	634.8	1238	575.8	642.5	1254
120.8	144.1	189.4	322.5	631.6	293.7	327.3	637.5
261.9	336.2	444	751.5	1473	690.3	763.4	1492
241.3	287.3	378.8	643.9	1260	586.3	655.8	1277
124.1	147.1	194.4	331.1	646.8	302	336.5	658

Reihensumme	Normalisiert	Differenz
13161.24444	0.234190141	0.06%
11683.2	0.207889935	-0.20%
9147.377778	0.162767715	-0.28%
5238.044444	0.093205348	0.04%
2666.951111	0.047455517	0.05%
6231.822222	0.110888551	0.05%
5330.488889	0.094850297	0.14%
2739.84	0.048752496	0.12%
56198.96889		

WM.1	WM.2	WM.3	WM.4	WM.5	WM.6	WM.7	WM.8
3E+06	4E+06	5E+06	8E+06	2E+07	7E+06	8E+06	2E+07
3E+06	3E+06	4E+06	7E+06	1E+07	7E+06	7E+06	1E+07
2E+06	3E+06	3E+06	6E+06	1E+07	5E+06	6E+06	1E+07
1E+06	1E+06	2E+06	3E+06	6E+06	3E+06	3E+06	6E+06
620833	798528	974590	2E+06	3E+06	2E+06	2E+06	3E+06
1E+06	2E+06	2E+06	4E+06	8E+06	4E+06	4E+06	8E+06
1E+06	1E+06	2E+06	3E+06	6E+06	3E+06	3E+06	6E+06
637191	759254	1E+06	2E+06	3E+06	2E+06	2E+06	3E+06

Reihensumme	Normalisiert	Differenz
67618435.73	0.234151464	0.00%
60054005.25	0.207957092	0.01%
47026521.71	0.16284507	0.01%
26912663.02	0.093194103	0.00%
13701569.5	0.04744627	0.00%
32021437.93	0.110884946	0.00%
27378973.76	0.09480886	0.00%
14067144.03	0.048712194	0.00%
288780750.9		

Abweichung <1%
An dieser Stelle als ausreichend bewertet.

Abbildung Anhang-1.3:   Berechnung der Rangliste für die Dimension Mensch
Quelle: Eigene Darstellung

ANHANG 2

Auszug aus dem Fragebogen zur Evaluation des Wissensmanagements im EU-Projekt StorHy Cryo in englischer Sprache. Die Auswertung des Fragebogens ist in die Statistiken in E.6 mit eingeflossen.

1. What were the main reasons that your company/institution took part in this project?

(Please indicate) [x]	Strongly Disagree	Disagree	Neutral	Agree	Strongly Agree
Work together with technical experts in different H2-relevant topics.					
Putting together expert knowledge of different companies to gain results which would otherwise not be possible.					
Technical Knowledge exchange with consortium partners.					
Get access to specialised technical equipment of partners for production, tests, etc.					
Watch the Development of the Technology.					
Funding aid by the European Union					
Bundling of research capacity.					
Entry in new market.					
Use free ressources.					
Gain contacts and networks in H2 Business.					
Other(s):					

2. Overall evaluation of project research?

(Please indicate) [x]	Strongly Disagree	Disagree	Neutral	Agree	Strongly Agree
The research on H2 cryogenic storage is relevant for my company.					
The results of StorHy are relevant for my company.					
The use of research results is planned.					
The research results are already (partly) implemented.					
Other(s):					

(Please indicate) [x]	Strongly Disagree	Disagree	Neutral	Agree	Strongly Agree	very low	low	medium	high	very high
						How relevant do you consider this for the project success?				
Introduction and Training of new project members was quickly possible										
Knowledge Transfer between project members was quickly possible.										
Contact to project partners could easily be established.										
Contact to project co-workers was good and efficient for work.										
The cooperation within the project was good.										
Decisions could be reached quickly.										
Project partners had a common understanding of the project goal.										
Project partners had a common language to name parts and designs.										
Decisions were documented and could be traced back.										
The Online Platform was useful for cooperation.										
Meetings are necessary for successful projects.										
Deliverables and Reports were useful to store knowledge.										
Meeting Minutes help to document decisions and developments.										
Milestones helped to guide through the project.										
Knowledge was equally shared between project partners. All partners had access.										
Companies revealed there research results and state of there development.										
Data exchange with project partners was good										
Double work was avoided.										
Governing Board Meetings did provide a good overview about the other subprojects.										
The Train-IN was usefull to disseminate and train the H2 activities.										
The "ESA/ASA" pre-project was usefull to become familiar with the project partners.										
It was usefull to summarize the pre-existing knowhow in the "ESA/ASA" pre-project.										

1. Time spend: What did you use your time for during the project?

(Please indicate) [x] -> Values should sum up to 100% in total!	0%	~10%	~20%	~30%	~40%	~50%	~60%	~70%	~80%	~90%	~100%
Meetings											
Laboratory Activities											
Reporting											
Theoretical Research											
Design, Development											
Testing											
Comments(s):											

2. Communication channels: Which ones did you use during the project?

(Please indicate) [x] -> Values should sum up to 100% in total!	0%	~10%	~20%	~30%	~40%	~50%	~60%	~70%	~80%	~90%	~100%
Email											
Letter											
Phone											
cryo-tank.net											
Meetings (Governing Board, Subproject, Workpagacke Meetings)											
Phone conference											
Other(s):											

3. Working with Knowledge: What medium did you use for ....

(Choose up to 3 per Line) [x]	cryo-tank.net	Internet	Company Intranet	Personal Data Storage (Hardisk, CD, Network)	Print (Book, Maga-zine)	Scienti-fic Confe-rence	Expert Interviews or reports		sample	proto-type	Other?
Identification and acquisition of Knowledge											
Identification of Experts											
External Acquisition											
Distribution and Sharing											
Development											
Storage, Search and Retrieval											
Storage of information											
Search for information											
Retrieval and getting of information											
Use of knowledge											
Other(s):											

IV. Evaluation Online Plattform

1. What did you use the online plattform for?

	Strongly Disagree	Disagree	Neutral	Agree	Strongly Agree
Data Storage					
Searching for Knowledge					
Distribution of Reports etc					
Discussion with Experts					
Asking Questions					
Coordination of Meetings					
Other(s):					

239

Wertschöpfungsmanagement

Herausgegeben von Hans-Dietrich Haasis

www.peterlang.de